Dieses Buch gehört:

Christiane Schmidt

Es ist ein Geschenk von:

Karl und Dagmar

Datum:

22 April 1990

Die große KINDER-BIBEL

Erzählt von Marjorie Newmann
gezeichnet von Michael Codd

Pattloch Verlag

Deutsche Übersetzung von
Marilis Lunkenbein

Pattloch Verlag 1989

Satz: Fotosatz Völkl, Germering
Gesamtherstellung: World International

ISBN 3 629 00540 3

Inhalt

DAS ALTE TESTAMENT

DAS NEUE TESTAMENT

DAS ALTE TESTAMENT

Die Schöpfung

Am Anfang gab es keine Erde, keinen Himmel, kein Weltall – aber Gott war da, überall und immer.

Und Gott beschloß, Himmel und Erde zu erschaffen. Zunächst einmal ließ er nur Dunkelheit, Wasser und Nebel entstehen. Dann sprach Gott: „Es werde Licht!" Und es wurde hell. Und Gott fand, daß es so gut war.

Also trennte er das Licht von der Dunkelheit und schuf so Tag und Nacht, Morgen und Abend. Das war der erste Tag.

Am nächsten Tag ließ Gott das Wasser zusammenströmen. Es sammelte sich in großen Seen, Teichen, Flüssen und Wasserfällen. Und in großen Strömen floß das Wasser zum Meer. Hier entstanden Sandstrände und Felsenküsten. Wasser und Erde hatten sich getrennt.

An Land ließ Gott Bäume und Pflanzen wachsen. Er schuf große Wälder und bunte Blumen, Bäume mit Früchten und Bäume, die Schatten spendeten. Es gab Pflanzen, die waren gut zum Essen, und andere, die waren schön anzusehen. Und allen Pflanzen gab Gott Samen, damit sie sich vermehren konnten. Das war am dritten Tag. Gott gefiel alles, was er da geschaffen hatte. Seine Welt entstand.

Und Gott erschuf die Sonne, den Mond und die Sterne, um die Tage und die Monate, den Sommer und den Winter zu unterscheiden. Das war am vierten Tag. Und wieder war Gott zufrieden mit seiner Schöpfung.

Aber noch war es auf der Erde ganz still. Nur der Wind rauschte in den Blät-

tern der Bäume, und leise plätscherten die Wellen des Meeres an die einsamen Ufer. Da ließ Gott Fische heranwachsen, große Wale, kleine Goldfische und viele, viele Sorten. Es wimmelte nur so von ihnen im Wasser!
Und am Himmel ließ Gott Vögel fliegen. Fröhlich zwitscherten sie in der Luft, wippten auf den Zweigen der Bäume und bauten ihre Nester. Gott segnete die Tiere und sagte: „Ihr sollt viele Junge haben, voll von Tieren sollen Meer und Himmel sein!" Das war am fünften Tag.
Dann erschuf Gott all die Tiere, die auf dem Land leben: Schlangen und Eidechsen, Löwen und Elefanten, Kühe und Pferde. Voller Liebe sah er sie an und sagte: „Auch ihr sollt euch vermehren und euch über die ganze Erde verbreiten. Denn ihr seid schön!"
Aber auf der Welt gab es noch immer niemanden, der sich um die Erde und die Tiere kümmerte, der Gott liebte und ihn lobpries. Also schuf Gott den Menschen und gab ihm sein Aussehen. Freundlich nahm er ihn an die Hand und sagte: „Auf dieser Erde sollst du mit deinen Kindern leben." Das war der sechste Tag. Alles war gut gelungen. Und Gott war sehr zufrieden mit seiner Arbeit.
Das große Werk der Schöpfung war beendet. Und am siebten Tag legte Gott eine Ruhepause ein. Diesen Tag segnete er. Er nannte ihn *Sonntag*.

Noch heute halten viele Menschen den siebten Tag heilig. Für sie ist das der Sonntag. Anderen Menschen ist der erste Tag der Woche heilig, weil Jesus am ersten Tag der Woche vom Tod auferstanden ist.

Im Paradies

Gott hatte einen Garten angelegt. Darin lebte Adam, der erste Mensch, den Gott erschaffen hatte.
Wunderschön war dieser Garten, voller Blumen und Bäume. In die Mitte hatte Gott zwei ganz besondere Bäume gepflanzt: den Baum des Lebens und den Baum der Erkenntnis. Gott sagte zu Adam: „Von allen Bäumen darfst du Früchte essen, nur nicht vom Baum der Erkenntnis. Wenn du es dennoch tust, wirst du sterben!“
Adam gefiel es sehr in Gottes Garten, den er Eden nannte. Er kümmerte sich um Tiere und Pflanzen. Und dennoch: Gott merkte, daß Adam einsam war. „Ich werde ihm jemanden zur Seite stellen!“ beschloß er.
Zunächst schickte er ihm alle möglichen Tiere. Adam sprach mit ihnen und sorgte für sie. Doch er sehnte sich nach einer Gefährtin. Da ließ Gott Adam einschlafen. Während er tief schlief, nahm Gott eine Rippe aus Adams Körper, formte daraus eine Frau und legte sie neben Adam. Als der erwachte und die Frau sah, freute er sich, daß er nicht mehr allein war. Er nannte sie Eva, und die beiden lebten glücklich im Garten Eden.
Im Garten Eden lebte auch eine Schlange, eine ganz listige, schlaue Schlange.
Eines Tages kroch die Schlange zu Eva und flüsterte ihr zu: „Wenn ihr vom Baum der Erkenntnis eßt, werdet ihr gar nicht sterben. Ihr werdet alles wissen und so klug wie Gott sein. Gott will das nicht, deshalb hat er es euch verboten.“

Eva sah die Schlange an, dann den Baum. Bisher hatte sie eigentlich nie über den Baum nachgedacht. Doch je länger sie ihn ansah, desto mehr Lust bekam sie, die Früchte zu probieren. Wie mochten sie wohl schmecken? Mit einemmal spürte Eva: Sie wollte genauso klug sein wie Gott ...

Vorsichtig sah sie sich um, streckte die Hand aus, pflückte eine Frucht und aß sie. Wie gut sie schmeckte! Einfach köstlich!

„Adam, probier doch auch mal", rief sie und reichte ihm die Frucht. Adam zögerte. Er wußte genau, woher die Frucht war. Doch dann biß auch er ein Stück davon ab.

Kaum hatten sie beide von der verbotenen Frucht probiert, fühlten sie sich mit einem Schlag ganz deprimiert und unglücklich. Vorbei war es mit dem Frieden und dem Glück im Garten Eden. Mit einemmal schämten sich Adam und Eva, daß sie nackt waren. Rasch machten sie sich aus Blättern so eine Art Kleidung.

Als es Abend wurde, ging Gott wie immer durch den Garten Eden. Als die Menschen ihn kommen hörten, versteckten sie sich ängstlich und schuldbewußt zwischen den Bäumen. „Wo bist du?" rief Gott nach Adam.

Denn es war nicht üblich, daß sich die beiden vor Gott versteckten. Zitternd vor Angst traten sie hinter den Bäumen hervor. „Ich habe mich geschämt, weil ich nackt bin, deshalb habe ich mich versteckt", sagte Adam.

„Wer hat euch gesagt, daß ihr nackt seid?" rief Gott. „Habt ihr Früchte von dem verbotenen Baum gegessen?"

Zitternd gestand Adam: „Die Frau, die du mir gegeben hast, hat mir von den Früchten angeboten!" Gott sah Eva strafend an: „Warum hast du das getan?" fragte er dann.

„Die Schlange hat mich verführt!" rief Eva.

Da wurde Gott ärgerlich, und zornig verfluchte er die Schlange: „Für immer sollst du auf der Erde kriechen, und alle Menschen werden dich verachten!"
Und zu Eva sagte Gott: „Von jetzt an sollen Frauen Schmerzen haben, wenn sie Kinder zur Welt bringen." Und zu Adam: „Solange die Menschen leben, müssen sie hart arbeiten, um sich zu ernähren!" Statt der Blätter gab Gott den Menschen dann Kleider aus Häuten und Fellen von Tieren. Er wollte Adam und Eva nicht mehr länger um sich haben und schickte sie hinaus aus dem Garten Eden. Nie mehr durften sie zurückkehren. Und weil sie nicht auf Gott gehört hatten, würden sie eines Tages sterben müssen.

Kain und Abel

Von nun an begann für Adam und Eva ein ganz anderes Leben. Mühevoll mußten sie säen und pflanzen. Aber Gott ließ sie nicht im Stich und sorgte weiterhin liebevoll für sie. Er schenkte ihnen zwei Söhne, Kain und Abel. Als die beiden größer wurden, halfen sie den Eltern bei der Arbeit. Kain wurde Bauer und Abel ein Hirte.

Adam und Eva brachten Gott immer wieder Opfergeschenke. Aus Steinen bauten sie einen Altar und zündeten ein Feuer darauf an. Sie opferten ein Lamm oder brachten die schönsten Früchte ihrer Felder als Geschenke zum Altar. Es war ihr Dank an Gott für seine Liebe.

Eines Tages brachten auch Kain und Abel Gott ihr erstes Opfer. Kain, der Bauer, holte etwas Getreide aus seiner Scheune, allerdings war es nicht gerade das beste.

Ganz anders Abel, der Hirte: Er brachte Gott fröhlich und dankbar die besten Stücke eines frisch geschlachteten Lammes zum Opfer dar.

Gott freute sich über Abels Geschenk, aber Kains Opfer wies er zurück.

Da wurde Kain wütend, doch Gott sprach: „Warum ärgerst du dich? Würdest du voll Liebe an mich denken und mir etwas schenken, dann würde ich dein Geschenk gern annehmen. Aber wenn du nur ungern etwas abgibst und bösen Gedanken nachhängst, wird dich die Sünde beherrschen und dir dein Leben zur Hölle machen."

Kain aber war viel zu zornig, um auf Gottes warnende Worte zu hören. Er war rasend eifersüchtig auf seinen Bruder Abel. Scheinbar freundlich sagte er zu ihm: „Laß uns auf die Felder gehen!" Ahnungslos ging Abel mit ihm. Doch plötzlich nahm Kain einen Stein und erschlug damit seinen Bruder.

„Keiner wird ihn hier finden", dachte Kain. Er ließ den Toten einfach liegen und ging nach Hause, als sei nichts geschehen.

Gott aber fragte Kain: „Wo ist dein Bruder?"

Schuldbewußt murrte Kain: „Woher soll ich das wissen? Muß ich immer auf meinen Bruder aufpassen?"

Da sagte Gott: „Kain, du hast deinen Bruder getötet!" Und Kain erkannte, daß vor Gott nichts verborgen blieb.

Und Gott sprach: „Von jetzt an wirst du niemals mehr auf deinen Feldern ernten. Du mußt fort von hier, immerzu wandern, ohne Rast und Ruhe, bis an dein Lebensende."

„Diese Strafe ist zu hart für mich", schrie Kain. „Wer mich findet, wird mich töten!"

„Nein, ich werde dich beschützen", antwortete Gott. Und er versah Kain mit einem Merkmal, das ihn vor den

Angriffen der Menschen schützte. An diesem Mal konnte aber auch jeder erkennen, daß Kain seinen Bruder getötet hatte.

Und Kain verließ seine Heimat. Adam und Eva aber bekamen noch einen Sohn. Sie nannten ihn Set. Set heiratete und bekam Kinder. Und diese Kinder gründeten wieder Familien. Neue Kinder, neue Familien kamen dazu. Bald war die Erde voller Menschen.

Noah

Gott betrachtete die Welt und die Menschen, die er geschaffen hatte.
Traurig sah er, daß sich die Menschen umbrachten, bestahlen und betrogen und ständig miteinander stritten. Immer weniger dachten sie an ihn, dafür immer mehr an sich selbst. Böse waren sie, und Gott tat es leid, daß er sie erschaffen hatte.
Nur ein Mann war ganz anders. Noah! Der liebte Gott, und Gott liebte ihn. Eines Tages erzählte Gott Noah, was er vorhatte. „Ich will ein Ende mit den Menschen machen. Sie haben nur Gewalt gebracht in meine Welt. Ich werde eine große Flut über die Erde schicken und alles Leben darin ertränken."
Da fürchtete sich Noah, aber Gott beruhigte ihn: „Du bist ein guter Mann. Dich und deine Familie will ich verschonen. Wir schließen einen Bund: Tue alles, was ich dir sage, und ihr werdet gerettet."
So befahl Gott Noah, ein Schiff zu bauen. Eine Arche, ganz aus Holz, außen und innen mit Teer wasserdicht gestrichen. Die Arche sollte hundertvierzig Meter lang, dreiundzwanzig Meter breit und dreizehn Meter hoch sein, mit drei Decks und verschiedenen Räumen. Auf einer Seite sollte eine Tür und ein Fenster eingebaut werden.
Als Noah das hörte, wunderte er sich: „Warum soll die Arche wohl so groß werden? Meine Frau und ich, dazu unsere drei Söhne mit ihren Frauen, wir acht Menschen brauchen doch gar nicht so viel Platz!"
Doch Gott fuhr fort: „In der Arche mußt du von allen Tieren je ein Paar unterbringen. Sie sollen mit euch am Leben bleiben. Sorge auch für ihr Futter und bringe alles, was sie brauchen, in die Arche."
Das war ein riesiger Auftrag. Aber Noah vertraute Gott und machte sich mit seiner Familie an die Arbeit. Rund um sein Haus wurde fieberhaft gehämmert, gesägt, geklopft und gehobelt. Noahs Nachbarn machten sich lustig über ihn.
„Er baut ein Schiff, der Narr. Hier! Weit weg vom Meer. Und was für ein Riesenschiff! Es wird nie schwimmen. Und was redet er da von einer Flut? Er muß verrückt geworden sein."
Bald hörte Noah auf, sie zu warnen. Er vertraute auf Gott und baute fleißig weiter an seiner Arche.
Schließlich war sie fertig. Nun sammelten Noah und seine Familie Futter für die Tiere: Getreide, Früchte, Heu und Blätter. Doch wie sollte er die Tiere zur Arche locken?
Als Noah noch darüber rätselte, geschah etwas Erstaunliches. Von ganz allein kamen die Tiere zu ihm, jeweils ein Männchen und ein Weibchen. Landtiere und Vögel, kleine und große. Noah führte sie zur Arche, und die Tiere, immer zu zweit, folgten ihm. Dort wurden sie in den vorbereiteten Ställen untergebracht.
Als alle in der Arche waren, schloß Gott die Tür.
Erstaunt und noch immer ein wenig spöttisch sahen die Nachbarn zu. Und schon begann es zu regnen, und dann stürzte das Wasser wie aus Eimern

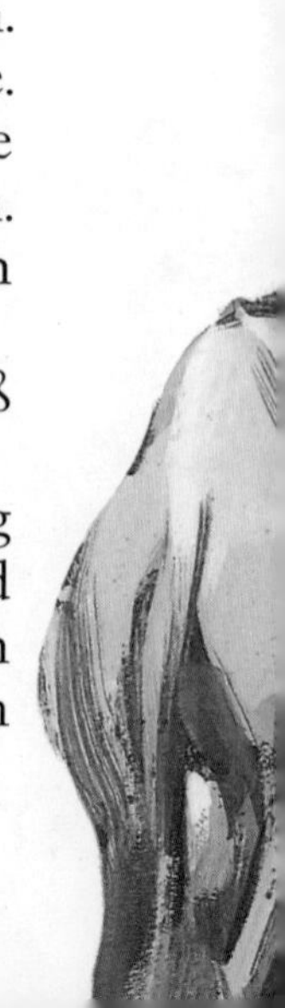

vom Himmel. Bäche und Flüsse traten über die Ufer und wurden zur Flut. Höher und höher stieg das Wasser, höher noch als die Berge. Und alles Leben auf der Erde versank, so wie Gott es vorausgesagt hatte. Aber die Arche mit Noah und den Tieren schwamm sicher auf dem Wasser.

Vierzig Tage und vierzig Nächte regnete es. Tagsüber versorgte Noah die Tiere, nachts lauschte er dem Trommeln des Regens auf dem Dach der Arche. Und dann, eines Morgens, als Noah erwachte, waren die Regentropfen verstummt. Der Regen hatte aufgehört.

„Hurra!“ rief Noahs Familie und wollte nach draußen stürmen.

„Wartet!“ rief Noah. Rasch lief er ans Fenster, um hinauszusehen. Rundum sah er nichts als Wasser. Noch konnte niemand die Arche verlassen.

Hundertfünfzig Tage lang bedeckten gewaltige Wassermassen die Erde. Doch Gott hatte Noah und die Seinen nicht vergessen. Er schickte einen starken Wind, der schnell das Wasser wegtrocknete. Ganz allmählich sanken die

Fluten. Noch schwamm die Arche ruhig auf dem Wasser, aber eines Tages stieß sie mit einem dumpfen Krachen auf festen Grund.

„Jetzt können wir doch bestimmt raus!" riefen Noahs Söhne. Doch noch immer war vom Fenster aus nichts als Wasser zu sehen.

„Wir sitzen auf einer Bergspitze", sagte Noah. „Noch müssen wir warten."

Das dauerte noch zwei weitere Monate. Jetzt tauchten rund um die Arche weitere Bergspitzen aus dem Wasser auf. Da ließ Noah eine Taube fliegen.

„Wenn die Taube trockenes Land findet, wird sie nicht zur Arche zurückkehren", sagte er.

Gespannt schauten alle der Taube nach. Alle hofften, daß sie nicht zurückkäme. Aber die Taube kam zurück. Naß und zerrupft landete sie auf der Arche, und Noah ließ sie hinein.

„Die Flut bedeckt noch immer die Erde", sagte er.

Sieben Tage wartete er noch, dann ließ Noah wieder eine Taube fliegen, doch auch sie kam zurück.

Noch einmal sieben lange Tage Warten. Wieder ließ Noah eine Taube fliegen, wieder kehrte sie zurück. Aber als Noah sie in die Arche holte, entdeckte er einen Ölzweig in ihrem Schnabel.

„Oliven wachsen vor allem im Tal. Also muß es dort draußen trockenes Land geben."

War das eine Freude! Nach sieben Tagen ließ Noah die Taube wieder fliegen. Dieses Mal kam sie nicht zurück!

Vorsichtig öffnete Noah die Tür der Arche. Die Erde draußen war trocken.

Da hörte Noah Gottes Stimme: „Noah, du und deine ganze Familie und alle Tiere können jetzt die Arche verlassen."

Noah tat, wie Gott sagte. Nach ihm und seiner Familie kamen alle Tiere ins Freie. Erst reckten und streckten sie sich und blinzelten in die Sonne. Dann galoppierten, hoppelten, krochen und flogen sie davon – hinaus in die Welt, um sich ein Zuhause zu suchen und Junge aufzuziehen.
Welch ein grandioser Anblick!
Die Welt war wieder sauber, glitzernd und strahlend schön. Noah und seine Familie bauten als erstes einen Altar und dankten Gott für ihre Rettung.
Gott freute sich. Er segnete Noah und seine Familie und sagte: „Ihr sollt viele Kinder haben und die Erde wieder mit Menschen beleben. Nie wieder werde ich eine Flut schicken, die alles zerstört." Und da, quer über dem Himmel, sahen Noah und die Seinen einen wunderschönen Regenbogen – rot, orange, gelb, grün, blau und violett – vor den Wolken glänzen.
„Seht ihn euch an", sprach Gott, „dies ist das Zeichen für meinen Bund mit euch. Immer wenn ihr diesen Regenbogen seht, sollt ihr euch an mein Versprechen erinnern. Und mein Versprechen wird für alle Zeit Gültigkeit haben."

Der Turmbau zu Babel

Nach der Sintflut gündeten Noahs Söhne und ihre Frauen große Familien mit vielen Kindern. Diese wiederum bekamen auch viele Kinder, so daß Noah schließlich eine riesige Familie mit zahllosen Enkeln und Urenkeln hatte. Obwohl die Familien verstreut lebten, sprachen sie alle dieselbe Sprache. Auf ihrer Suche nach neuem Siedlungsraum zogen sie ostwärts und ließen sich in einer Ebene nieder.

Sie wußten, wie man aus Lehm Ziegelsteine herstellt, und so beschlossen sie, eine große Stadt mit einem riesigen Turm in der Mitte zu bauen. Ein Turm, der bis an den Himmel reichen sollte. Er sollte die Menschen zusammenbringen, ihr Mittelpunkt sein. Der Turm sollte jedem zeigen, welch großes Volk hier lebte.

So gingen sie an die Arbeit, und schon bald wuchs der Turm in die Höhe. Aber Gott gefiel das Werk der Menschen überhaupt nicht. Er sah ihre Überheblichkeit und merkte, daß sie schon wieder nicht mehr an ihn dachten, sondern nur an ihren Turm, mit dem sie bis in den Himmel kommen wollten. Gott aber wußte, sie würden es nicht schaffen. Wenn sie so weitermachten, wären sie nicht besser als die Menschen vor der Sintflut. Er mußte ihnen Einhalt gebieten.

Und Gott griff ein.

Eines Morgens, als die Menschen wieder zur Baustelle kamen, konnten sie sich plötzlich nicht mehr verstehen. Gott hatte ihre Sprachen verwirrt. Keiner verstand mehr den anderen. Das machte die Menschen wütend. Sie gerieten ganz durcheinander. Sie schrien und stampften mit den Füßen – nichts half. Keiner konnte sich mehr verständlich machen oder Anweisungen verstehen.

Der Turmbau wurde eingestellt, weil zu viele Fehler den Weiterbau gefährlich machten.

Mit der Zeit entdeckten der eine und der andere, daß es da doch Leute gab, deren Sprache sie verstanden. Sie schlossen sich zu Gruppen zusammen und zogen fort.

So erfüllte sich Gottes Plan. Die Menschen wurden in alle Welt zerstreut, jedes Volk hatte seine eigene Sprache. Körperlich aber war niemand zu Schaden gekommen.

Der unvollendete Turm hieß von da an *Babel*. Das ist hebräisch und heißt *Verwirrung*.

Abraham

Abraham war ein mutiger Mann. Auf ihn konnte man sich immer und in aller Not verlassen. Auch was Gott von ihm verlangte, das tat Abraham.
Abraham lebte in der Stadt Ur. Deren Bürger glaubten nicht an Gott. Nur Abraham saß abends auf dem Flachdach seines Hauses und sprach mit Gott. Über ihm leuchteten die Sterne.
Eines Tages sagte Gott zu ihm: „Abraham, ich möchte, daß du diese Stadt verläßt und in ein Land gehst, das ich dir zeigen werde. Ich will dich segnen, dich, deine Kinder und Kindeskinder. Und ich will mit euch sein. Ihr werdet ein großes Volk werden!"
Abraham zögerte, aber nur einen Augenblick lang. Sollte er alles, was er kannte, aufgeben? Eine Reise antreten, ohne zu wissen wohin? Aber er liebte Gott und vertraute ihm. Und so machte er sich an die Reisevorbereitungen. Seine Frau Sarah und sein Neffe Lot begleiteten ihn.
Bald machte sich eine große Gruppe auf den Weg – die Familie mit den Dienern, mit Schafen und Ziegen. Abraham führte die Gruppe. Keiner wußte, wohin es ging, alle folgten Abraham, und der folgte Gottes Anweisungen.
Nachts schlugen sie ihre Zelte auf, am Tage zogen sie weiter.
Als sie ins Land Kanaan zogen, dort wo die Kanaaniter lebten, sagte Gott zu

Abraham: „Eines Tages werde ich dir und deinen Kindern dieses Land schenken!"
Aber Abraham und Sarah hatten gar keine Kinder. Dennoch vertraute Abraham Gottes Versprechen. Er unterbrach die Reise, baute einen Altar auf und dankte Gott mit Opfergeschenken. Noch aber war die lange Reise nicht zu Ende.
Weil eine Hungersnot im Lande herrschte, zog Abraham weiter nach Ägypten. Doch er war voller Sorgen.
„Ich habe schon viel von den Ägyptern gehört", sagte er zu Sarah. „Wenn sie sehen, wie schön du bist, werden sie dich ihrem König, dem Pharao, zur Frau geben wollen. Mich aber werden sie töten. Laß uns also sagen, du wärest meine Schwester. Das ist besser für uns beide."
Sarah stimmte dem Vorschlag zu. Es war ja auch nicht gelogen. Denn sie war Abrahams Halbschwester. Und als sie in Ägypten ankamen, geschah alles so, wie es Abraham vorausgesehen hatte. Der Pharao wollte Sarah unbedingt zur Frau und schickte Abraham wertvolle Geschenke.
Aber Gott mißfiel Abrahams List. Er ließ den Pharao und die Leute um ihn herum schwer erkranken. Und der Pharao, der den Grund für die Krankheit ahnte, ließ Abraham holen.
Zitternd vor Angst und voller Scham stand dieser vor dem Pharao. „Was hast du mir angetan?" rief der. „Warum hast du mir nicht gesagt, daß Sarah deine Frau ist? Fast hätte ich etwas Schreckliches getan. Hier, nimm deine Frau und geh!"
Er befahl Abraham, Sarah und Lot, sofort sein Land zu verlassen. Die Geschenke des Pharao durfte er mitnehmen. So war Abraham ein reicher Mann, als er Ägypten verließ.

Lot in Gefangenschaft

Abraham und Lot besaßen zwei große Schaf- und Rinderherden. Zwischen den Hirten kam es des öfteren zu Streitereien um die besten Weideflächen und darum, wer sein Vieh zuerst an die Wasserstellen führen dürfe. Auch wurde es immer schwieriger, für die Ernährung so vieler Menschen und Tiere zu sorgen. Die Auseinandersetzungen wurden immer hitziger, und Abraham sann auf Abhilfe.

„Lot", sagte er, „wir wollen nicht streiten. Unsere Wege sollten sich trennen. Wähle du dir ein Weideland aus, ich nehme dann ein anderes."

Lot war begeistert, nicht nur von dem Vorschlag, sondern auch davon, daß der Anführer Abraham ihm, Lot, den Vortritt bei der Wahl der Weiden ließ. Das fand er großartig. Lot sah sich um und blickte auf die grünen Wiesen der Ebene am Jordanfluß. Gras und Wasser im Überfluß. Hier würde es keine Ernährungsprobleme geben. „Ich nehme die Ebene!" entschied sich Lot.

Abraham stimmte zu, und die beiden Gruppen trennten sich. Ohne sich noch weiter um seinen Onkel zu kümmern, sammelte Lot seine Leute und Herden, um sich mit ihnen nahe der Stadt Sodom niederzulassen. Deren Bewohner waren als gottlos bekannt. Abraham und die Seinen blieben in Kanaan.

Gott war zufrieden mit Abraham. „Du kannst hier im ganzen Land siedeln", sagte er, „denn ich gebe es dir und deinen Nachkommen, die ein großes Volk werden sollen."

Abraham dankte Gott und ließ sich bei Hebron nieder. In der Jordanebene aber brach kurz danach ein Krieg aus. Die Könige von Sodom und der Nachbarstadt Gomorrah wurden von fünf Heerführern der umliegenden Städte angegriffen. Lot und seine Familie gerieten dabei mit in Gefangenschaft.

Abraham hörte von Lots Mißgeschick und zögerte keinen Moment lang, ihn zu befreien. Egal wie selbstsüchtig sich Lot verhalten hatte, er gehörte zur Familie und mußte gerettet werden. Rasch sammelte Abraham seine Männer um sich und zog aus, um Lot zu helfen.

Bald erreichten sie die Stelle, an der die siegreichen Heere lagerten. Abraham ließ seine Männer in Deckung gehen und beobachtete von einem Hügel aus das feindliche Lager. Zahlenmäßig waren diese Soldaten Abrahams Leuten weit überlegen. Um sie zu besiegen, mußte man mit List vorgehen.

Abrahams Leute hatten Glück: Die Gegner hatten keine Wachen um ihr Lager aufgestellt. Sie feierten ihren Sieg und rechneten nicht mehr mit einem Angriff. Im Schutz der Dunkelheit wollte Abraham sie überrumpeln. Und nach längerem Überlegen fiel ihm ein, wie das zu machen wäre. Er teilte seine Männer in zwei Gruppen und ließ sie das Lager umstellen. Dann warteten sie den Einbruch der Dunkelheit ab. Auf ein Signal hin griffen sie dann von allen Seiten das Lager an. In der Dunkelheit und bei der allgemeinen Verwirrung glaubte der Feind, er würde von einem großen Heer angegriffen. Voller Furcht flohen die Gegner. Sie ließen die Gefangenen und all ihre Habe zurück.

Lot und seine Familie waren gerettet. Abraham wurde als Held gefeiert. Der König von Sodom bot Abraham an, mit ihm die reiche Beute zu teilen. Doch Abraham lehnte ab. Er wollte nichts haben von den Leuten aus Sodom. Deren Gottlosigkeit stieß ihn ab.

Und wieder war Gott sehr zufrieden mit Abraham.

„Ich werde dich und deine Frau Sarah segnen“, sprach Gott, „und ich werde dich zum Stammvater vieler großer Völker machen und euch beschützen.“

Rettung aus Sodom

Weil die Bürger von Sodom und Gomorrah so grausam und verdorben waren, wollte Gott die beiden Städte vernichten. Er erzählte Abraham von seinem Vorhaben.

Doch Abraham wandte sich dagegen. „Wenn du zehn gute Menschen in Sodom findest, verschonst du dann diese Stadt?" fragte er Gott bittend und blickte von einem Hügel herab auf Sodom.

„Wenn dort nur zehn gute Menschen leben, bleibt die Stadt verschont", sprach Gott. Er schickte zwei Engel, die sich in Sodom umschauten.

Die Engel sahen aus wie ganz normale Wanderer. Als sie am Abend in Sodom ankamen, saß Lot am Stadttor. Er bot den beiden an, in seinem Haus zu übernachten.

„Nein, nein", lehnten sie ab, „wir schlafen irgendwo draußen." Doch Lot gab nicht auf: „Bitte seid meine Gäste!"

So gingen die Engel schließlich mit Lot nach Hause. Der ließ heißes Wasser für ein Bad bringen und lud sie dann zum Abendessen ein. Während sie aßen, rotteten sich alle Männer Sodoms vor Lots Tür zusammen. „Gib deine Gäste heraus. Wir wollen unseren Spaß mit ihnen haben!"

Lot wußte, daß die Männer draußen Böses im Schilde führten, und ging hinaus, um ihnen gut zuzureden.

„Bitte, Freunde, belästigt meine Gäste nicht", bat er. „Sie stehen unter meinem Schutz. Laßt sie doch in Frieden!"

„Geh zur Seite", schrie die Menge. Untereinander empörten sie sich: „Ausgerechnet Lot, ein Fremder, will uns sagen, was gut oder böse ist." Und sie riefen: „Dir wird's noch schlechter ergehen als denen da drinnen!"

Drohend drängten sie auf Lot zu. Die beiden Engel im Haus hatten alles gehört. Rasch zogen sie ihren Gastgeber ins Haus und knallten den nachdrängenden Männern die Tür vor der Nase zu.

Im selben Moment kam ein greller Lichtstrahl vom Himmel. Mit diesem Blitz blendete Gott die Augen der Männer von Sodom, so daß sie Lots Tür nicht mehr finden konnten.

Während die Männer draußen völlig verstört umherirrten, sprachen die Engel mit Nachdruck auf Lot ein: „Du mußt raus aus der Stadt, denn sie wird zerstört werden. Wer gehört sonst noch zu deiner Familie? Ihr alle müßt um euer Leben rennen!"

„Meine Schwiegersöhne!" rief Lot und rannte davon, um sie zu warnen. Doch sie lachten ihn aus, und so ließ Lot sie zurück.

„Beeil dich!" drängten die Engel, als Lot zurückkam.

Doch Lot zögerte noch. Da ergriff ein Engel seine Hand und die von Lots Frau. Der andere Engel nahm die beiden Töchter bei der Hand. Zusammen rannten sie aus der Stadt. In dem Moment ging die Sonne gerade unter.

„Schnell zu den Bergen dort, nicht stehenbleiben!" befahlen die Engel. „Nein, nicht zu den Bergen. Das schaffen wir nicht mehr!" keuchte Lot. „Laßt uns lieber in Zoar Zuflucht suchen."

Zoar war eine kleine Stadt ganz in der Nähe von Sodom.
„Gut", stimmten die Engel zu. „Gott will Zoar verschonen. Aber beeilt euch. Und merkt euch: Ihr dürft euch nicht nach Sodom umschauen!"
Zitternd und ganz außer Atem erreichten Lot und seine Töchter Zoar. Da ließ Gott brennenden Schwefel auf Sodom und Gomorrah herabregnen. Beide Städte wurden völlig zerstört.
Lot und seine Töchter waren gerettet. Seine Frau aber hatte er verloren. Sie hatte die Warnung der Engel mißachtet und sich auf der Flucht nach Sodom umgeschaut. Da wurde sie in eine Salzsäule verwandelt.
Früh am nächsten Morgen ging Abraham zu dem Ort, an dem er mit Gott über Sodom gesprochen hatte. Doch was sah er? Nichts als dicken Qualm und Rauch. Sodom und Gomorrah waren total niedergebrannt.

Abrahams Sohn Isaak

Ein paar Monate nach der Zerstörung von Sodom traten auf einmal drei Männer auf Abraham zu. Der saß gerade unter dem Vordach seines Zeltes, um sich ein wenig auszuruhen. Sofort lud er die Männer in den Schatten der Bäume bei seinem Zelt ein, damit sie vor der heißen Mittagssonne Schutz finden konnten.

„Kommt und rastet bei mir!" sagte er. „Meine Diener werden Wasser holen, damit ihr euch die Füße kühlen könnt. Und bleibt bitte zum Essen!"

Die Männer nahmen die Einladung dankend an, und Abraham eilte geschäftig hin und her, um alles vorzubereiten. Die Diener brachten kühles Wasser, und Abrahams Frau Sarah backte frisches Brot.

Im Schatten der Bäume wurde für die Männer aus diesem Essen ein richtiges Festmahl. Sarah hörte, wie einer der Männer Abraham fragte, wo seine Frau sei.

„Im Zelt!" antwortete Abraham. Und er ahnte, daß diese drei Männer keine gewöhnlichen Besucher waren. Da sagte einer der Männer: „Bevor das Jahr um ist und ich wiederkomme, wird Sarah einen Sohn haben."

Einen Sohn! In ihrem Alter. Sarah lachte laut auf. Sie und Abraham waren alt geworden, und längst hatte Sarah jede Hoffnung auf Kinder aufgegeben.

Doch Gott hielt sein Versprechen, das er Abraham vor langer Zeit schon gegeben hatte. Zur vorhergesagten Zeit bekam Sarah einen Sohn. Abraham nannte ihn Isaak, das heißt: *Er lacht!*

Die Eltern hingen in großer Liebe an ihrem Sohn. So innig und groß war diese Zuneigung, daß Gott schon befürchtete, Abrahams Liebe zu seinem Sohn sei größer als sein Gehorsam gegenüber Gott. Und er wollte Abraham auf die Probe stellen.

So sprach er eines Tages: „Abraham, nimm deinen Sohn Isaak und geh mit ihm in die Berge. Und dort, an einer Stelle, die ich dir zeige, sollst du ihn mir opfern!"

Seinen Sohn opfern? Abraham konnte es nicht fassen. „Nein! Nein!" wollte er aufschreien. Aber sein ganzes Leben lang hatte er Gott geliebt und ihm gehorcht. Auch dieses Mal mußte er Gottes Befehl folgen.

Früh am Morgen stand Abraham auf. Schweren Herzens traf er die Reisevorbereitungen und belud seinen Lastesel mit Feuerholz für das Brandopfer. Dann rief er Isaak und zwei Diener herbei: „Wir gehen in die Berge und bringen dort ein Opfer dar", erklärte er ihnen.

Fröhlich nahm Isaak seinen Vater an der Hand und ging mit ihm. Drei Tage später hatten sie die Stelle erreicht, die Gott Abraham genannt hatte.

„Bleibt ihr hier beim Esel!" sagte er zu den Dienern. Er gab Isaak das Brennholz zu tragen und steckte selbst ein großes Messer ein. Anfangs lief Isaak noch fröhlich neben seinem Vater her. Plötzlich fiel ihm auf: „Vater, wo ist das Lamm, das wir opfern wollen?"

Abraham vermochte kaum zu sprechen. „Gott wird schon für ein Lamm sorgen!" preßte er mühsam heraus.

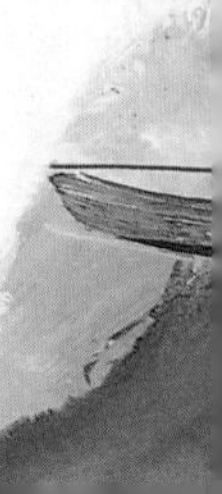

Nun hatten sie den Opferplatz erreicht. Langsam und unter Stöhnen baute Abraham den Altar. Dann schichtete er mühsam das Holz darauf. Nun war nichts mehr weiter vorzubereiten. Jetzt mußte es geschehen.
Die Augen voller Tränen, nahm er Isaak, fesselte ihn und legte ihn auf den Altar. Dann griff er zum Messer und hob die Hand, um damit seinen einzigen Sohn zu töten.
In dem Moment rief Gott: „Halt ein! Tu dem Jungen kein Leid an! Ich weiß nun, daß du mich liebst." Isaak war gerettet. Zitternd band Abraham ihn los. Da sah er ganz in der Nähe einen Schafbock. Ihn brachten sie Gott zum Opfer dar. Dann zogen sie fröhlich heim.

Rebekka

Abraham war sehr alt geworden. Sein sehnlichster Wunsch war, seinen Sohn Isaak glücklich verheiratet zu sehen. Er sprach deshalb mit seinem Lieblingsdiener und trug ihm auf: „Geh nach Mesopotamien, wo ich geboren wurde. Von dort sollst du eine Braut für meinen Sohn mitbringen."
Der Diener war besorgt wegen dieser äußerst schwierigen Aufgabe: „Wenn ich nun eine Frau auswähle, die nicht mit in unser Land kommen will, soll dann Isaak dorthin ziehen?"
„Nein", rief Abraham, „du mußt mir meinen Wunsch genau erfüllen. Gott hat einen Bund mit mir geschlossen, daß er dieses Land hier meinen Kindern und Kindeskindern anvertraut. Ich will nicht, daß Isaak nach Mesopotamien geht! Wenn die Frau nicht mit zu uns kommen will, bist du von deiner Aufgabe befreit."
Der Diener versprach es feierlich. Am nächsten Tag brach er auf. Er nahm einige Männer und zehn Kamele mit, denn er hatte einen Plan.
Bei Einbruch der Dunkelheit erreichten sie Mesopotamien, wo Abrahams Bruder Nahor lebte. Vor der Stadt lag ein Brunnen; hier ließ der Diener anhalten. Er wußte, daß die Frauen der Stadt hier jeden Abend Wasser holten.
Der Diener betete zu Gott: „Bitte laß es so geschehen: Wenn ich eine der Frauen um Wasser bitte und sie antwortet: ‚Ja, auch dein Kamel will ich tränken', dann werde ich wissen, daß du genau diese Frau als Braut für Isaak ausgesucht hast."
Kaum hatte der Diener sein Gebet beendet, kam ein junges Mädchen namens Rebekka zum Brunnen. Sie war sehr hübsch, und sie war unverheiratet. Das Herz des Dieners klopfte rascher. War dies das richtige Mädchen? Er sah ihr beim Wasserschöpfen zu und fragte dann: „Gibst du mir etwas davon zu trinken?"
„Natürlich", sagte sie lachend und reichte ihm den Krug. Der Diener trank mit klopfendem Herzen. Würde sie wohl noch was sagen?
„Ich werde auch deinen Kamelen zu trinken geben", sagte sie da und schöpfte Wasser für alle zehn Tiere. Jetzt wußte der Diener, daß Gott diese Frau auserwählt hatte. Aber einen Zweifel gab es noch immer: Würde sie Heim und Eltern verlassen, um einen Fremden zu heiraten?
Der Diener fragte sie nach einem Nachtquartier und zeigte ihr einige Goldstücke. Damit wollte er beweisen, daß er dafür bezahlen könnte. „Gibt es Platz im Hause deines Vaters?"
„Mein Vater ist Bethuel, Nahors Sohn", sagte sie, und: „Wir haben genügend Platz für euch." Rebekka rannte heim, um den bevorstehenden Besuch anzukündigen. Ihr Bruder Laban machte sich daraufhin auf den Weg zum Brunnen, um mit dem Diener zu sprechen. Als er dessen Gold sah, lud er die Gruppe herzlich ein, bei ihm zu übernachten. Die Kamele wurden im Stall versorgt, und für die Männer gab es ein gutes Essen. Doch zuvor mußte der Diener von seinem Auftrag erzählen.

Wieder schlug sein Herz wie rasend. Er erzählte die ganze Geschichte von Isaak. „Und deshalb möchte ich gern wissen, ob ihr mir Rebekka zur Frau für Isaak geben wollt!" sagte er und wartete gespannt auf die Antwort.
Laban und Bethuel zögerten nicht. „Es ist Gottes Wille", sagten sie. „Wir haben nichts dagegen. Rebekka darf Isaak heiraten!"
Welche Freude! Der Diener fiel auf die Knie und lobte Gott. Dann packte er Geschenke aus für Rebekka, ihre Mutter und ihren Bruder. Schließlich feierten sie gemeinsam bei Tische.
Am nächsten Morgen wollte der Diener früh aufbrechen. Doch Rebekkas Familie bat: „Bleibt noch ein paar Tage bei uns, damit wir Abschied nehmen können!"
„Haltet uns nicht auf!" sagte der Diener. „Gott hat meine Reise erfolgreich gemacht. Nun will ich zurück zu Abraham, meinem Herrn."
Da fragten die Eltern Rebekka: „Willst du mit diesem Mann gehen?"
„Ja, das will ich", antwortete Rebekka mit fester Stimme.
So brachen sie schließlich auf. Rebekka zog mit ihren Dienern und Abrahams Diener auch mit seinen Leuten.
Isaak hatte schon die ganze Zeit voller Spannung gewartet. Endlich sah er eine Kamelkarawane nahen.
Rebekka sah Isaak schon von weitem. „Wer ist dieser Mann?" fragte sie. „Der Sohn meines Herrn", antwortete ihr der Diener.
Da zog Rebekka einen Schleier vor ihr Gesicht, so wie es damals üblich war.
Isaak führte Rebekka ins Zelt seiner Mutter. Sarah war inzwischen gestorben. Bis jetzt hatte Isaak sehr um seine Mutter getrauert. Doch jetzt heiratete er Rebekka. Die beiden liebten sich sehr.

Isaaks Zwillingssöhne

Nachdem Isaak und Rebekka eine Zeitlang verheiratet waren, brachte Rebekka Zwillinge zur Welt, Esau und Jakob. Die beiden Buben waren völlig unterschiedlich. Als sie heranwuchsen, war Esau gern draußen in der freien Natur und wurde ein guter Jäger. Jakob blieb lieber daheim und lernte vorzüglich kochen. Esau war Isaaks Lieblingssohn, Jakob der seiner Mutter.

Eines Tages, als Esau gerade von der Jagd nach Hause kam, kochte Jakob eine gut duftende Suppe!

„Ich habe einen Riesenhunger. Gib mir von deiner Suppe", bat Esau.

„Nur, wenn du mir die Rechte deiner Erstgeburt überläßt", entgegnete Jakob ihm. Esau war zuerst auf die Welt gekommen, kurz vor Jakob. Und als älterer Sohn würde er nach dem Tode des Vaters seinen ganzen Besitz erben. Das war das Erstgeburtsrecht.

„Was soll das Erstgeburtsrecht? Ich sterbe vor Hunger. Du kannst es haben!" sagte Esau. „Versprich es mir", forderte Jakob. Esau war hungrig. Die Suppe lockte, und um die Zukunft machte er sich jetzt keine Gedanken. „Ich versprech es", sagte er. Da endlich gab Jakob ihm zu essen.

Dann erzählte Jakob alles seiner Mutter, die von der Geschichte ihres Lieblingssohnes recht angetan war.

Aber um das Recht des Erstgeborenen nutzen zu können, müßte man Isaak dazu bringen, Jakob den Segen des Erstgeborenen zu geben. Eines Tages würde sich die Möglichkeit dazu ergeben.

Isaak war alt geworden und blind. Er rief Esau zu sich: „Geh auf die Jagd und bring mir etwas Wildbret zu essen! forderte Sie erneut. Wenn ich gegessen habe, werde ich dir als meinem Erstgeborenen den Segen geben. Denn ich fühle, daß ich bald sterben muß."

Rebekka hatte das Gespräch belauscht. Kaum war Esau fort, lief sie zu Jakob. „Rasch! Geh und hole zwei unserer besten Ziegen. Ich werde mit vielen Kräutern ein Essen zubereiten, das wie Wildfleisch schmeckt. Du bringst das dann deinem Vater und tust so, als wärest du Esau. Dann wird er dir den Segen geben!"

„Das wird nie gelingen!" rief Jakob.

„Esaus Haut ist rauh und haarig, meine weich! Sobald mein Vater mich berührt, wird er mich verfluchen!"
„Der Fluch würde nur mich treffen", beruhigte ihn Rebekka. „Rasch, hol die Ziegen, bevor Esau zurückkommt."
Jakob gehorchte seiner Mutter, und die bereitete den Braten zu. Dann zog sie Jakob die besten Kleider von Esau an und wickelte ihm das Ziegenfell um Hände und Hals.
„Jetzt geh zu deinem Vater und gib ihm Braten und Brot und berühre dabei mit dem haarigen Fell seine Hände."
Jakob zögerte nun nicht mehr länger. Er ging zu seinem blinden Vater. „Wer kommt da?" fragte Isaak.
Jakob atmete tief durch. „Ich bin's, dein erstgeborener Sohn Esau", antwortete er. „Setz dich auf, ich bringe dir Wildbraten, und dann segne mich!"
Isaak wunderte sich: „Wie konntest du nur so schnell einen Hirsch erlegen?" fragte er.
Blitzschnell überlegte Jakob, was er sagen sollte. „Gott hat mir geholfen!" log er dann.
Doch Isaak hatte trotzdem noch Zweifel. „Komm näher, laß dich anfassen!" bat er.
Jakobs Herz klopfte bis zum Hals. Er näherte sich seinem Vater und hielt ängstlich still, als der alte Mann ihm Hände und Nacken befühlte.
„Die Stimme ist die von Jakob", sagte Isaak, „doch die Hände sind die von Esau. Bist du wirklich Esau?"

„Ja, ich bin es!" log Jakob. Da aß der Vater. Dann sagte er: „Gib mir einen Kuß, mein Sohn!"
Jakob küßte ihn, und dabei konnte Isaak Esaus Kleider riechen. Jetzt war er überzeugt und gab Jakob den Segen.
„Gott gebe dir Erfolg. Die Menschen sollen dir dienen, Völker dir gehorchen. Sei du Anführer deiner ganzen Familie, die dich als ihr Oberhaupt anerkennen soll. Fluch sei dem, der dich verflucht, gesegnet der, der dich segnet!"
Kaum hatte Jakob seinen Vater verlassen, kehrte auch schon Esau von der Jagd zurück. Er bereitete den Wildbraten, brachte ihn seinem Vater und sagte: „Vater, hier bringe ich dir dein Essen. Danach, bitte, segne mich!"
„Was?" schrie Jakob auf. „Wer bist du denn?"
„Ich bin's, Esau, dein erstgeborener Sohn", antwortete Esau verwundert. Isaak vermochte kaum zu sprechen.
„Du kommst also erst jetzt, aber wem habe ich dann meinen Segen gegeben? Ich kann diesen Segen nicht mehr zurücknehmen!"
Da erkannte Esau, was geschehen war. „Segne auch mich!" schrie er.
„Dein Bruder hat den Segen bekommen!" antwortete Isaak bekümmert.
Esau war rasend vor Wut und beschloß, seinen Bruder Jakob zu töten, sobald Isaak sterben würde.
Rebekka aber hatte Angst um ihren Lieblingssohn Jakob. „Geh zu meinem Bruder Laban", bat sie, „und bleibe dort. Sobald Esau vergessen hat, was zwischen euch vorgefallen ist, kannst du zurückkommen."
Vor Angst zitternd begann Jakob zu packen. Da rief ihn sein Vater zu sich. „Heirate keine Frau aus Kanaan", bat er ihn, „sondern eine von Labans Töchtern. Gott segne und behüte dich und gebe dir das Land, das er Abraham versprochen hat."
Und Jakob brach auf, um nach Mesopotamien, dem Land Abrahams und zur Familie seiner Mutter zu gehen.

Jakobs Traum

Ganz allein machte sich Jakob auf die Reise nach Haran, wo sein Onkel Laban wohnte. Aus lauter Angst vor seinem Bruder beeilte sich Jakob sehr.
Als es dunkel wurde, legte sich Jakob zum Schlafen nieder. Er fand einen Stein, den er als Kopfkissen benutzte, breitete seinen staubigen Mantel über sich und fiel, noch ganz außer Atem, in tiefen Schlaf.
Jakob hatte einen Traum. Er sah eine Leiter neben sich, die bis in den Himmel reichte. Engel stiegen auf der Leiter auf und nieder, und an der Spitze stand Gott.
Gott sprach zu Jakob: „Ich bin der Gott Abrahams und Isaaks. Das Land, auf dem du hier liegst, werde ich dir, deinen Kindern und Kindeskindern geben. Sie werden sich ausbreiten über die ganze Erde. Durch dich und deine Familie wird die ganze Welt gesegnet sein. Wo immer du hingehst, ich bin bei dir. Und ich werde dich wieder in dieses Land zurückführen. Und ich werde dich nicht eher verlassen, bis alle meine Versprechen erfüllt sind."
Jakob erwachte. Er fühlte sich ganz unruhig und durcheinander. Verunsichert sah er sich um. Aber alles war ruhig und still. Nur die Sterne leuchteten über ihm.
„Sicher war das, was ich im Traum gesehen habe, Gottes Haus und die Leiter die Brücke zum Himmel. Ich habe es nur nicht gleich erkannt", murmelte er.
Als der Tag anbrach, nahm Jakob den Stein, den er als Kopfkissen benutzt hatte, und stellte ihn als Denkmal auf.
Er träufelte Öl über den Stein und nannte die Stelle *Bethel* – das heißt *Haus Gottes*.
Und Jakob versprach: „Wenn Gott mich beschützt und mich sicher wieder heimbringt, dann will ich ihm immer dienen. Und von allem, was mir Gott gibt, werde ich ihm den zehnten Teil als Opfer darbringen."

Jakob arbeitet für Laban

Jakob setzte seine Reise fort und kam seinem Ziel immer näher. An einem Brunnen, der mit einem schweren Stein verschlossen war, traf er Hirten.
„Woher seid ihr?" fragte er sie.
„Aus Haran", antworteten sie.
Jakobs Herz klopfte schneller. „Kennt ihr Laban, den Sohn von Nahor?" erkundigte er sich.
„Ja, gut sogar", sagten sie. „Und schau, da kommt Rachel, seine Tochter. Sie will den Schafen Wasser bringen."
Jakob sah Rachel entgegen. Sie war ein sehr hübsches Mädchen. Rasch eilte Jakob zum Brunnen und wälzte den schweren Stein von der Öffnung.
Dann schöpfte er Wasser für die Schafe. Rachel beobachtete ihn verwundert, aber auch dankbar. Als alle Schafe Wasser bekommen hatten, gab Jakob Rachel einen Begrüßungskuß. Mit Tränen in den Augen erzählte er ihr, wer er war. Ganz aufgeregt lief Rachel nach Hause, um ihrem Vater die Neuigkeit zu erzählen. Laban rannte sofort zum Brunnen und holte Jakob in sein Haus.
Jakob erzählte nun offen und ehrlich, warum er vor Esau auf der Flucht war. Weil er ehrlich war, erlaubte ihm Laban zu bleiben. Obwohl er Schlimmes getan habe, gehöre er doch zur Familie und bekäme ihren Schutz.
Natürlich half Jakob von jetzt an dem Laban bei seiner Arbeit. Nach einem Monat sagte Laban zu ihm: „Es ist nicht richtig, daß du unentgeltlich für mich arbeitest, auch wenn ich dein Onkel bin. Wieviel Lohn soll ich dir bezahlen?"
Jakob aber hatte sich inzwischen in Rachel verliebt. Deshalb sagte er: „Ich will sieben Jahre ohne Lohn für dich arbeiten, wenn ich danach deine Tochter heiraten darf."

Laban wollte schon zustimmen. Da aber fiel ihm seine ältere Tochter Lea ein, die nicht so hübsch war wie Rachel. Und er hatte einen Plan.
Sieben Jahre lang arbeitete Jakob hart und fleißig für seinen Onkel. Dann bereitete Laban, wie versprochen, die Hochzeit vor. Aber statt Rachel brachte er Lea als Braut. Jakob erkannte das nicht, denn es war dunkel und Lea trug einen Schleier. Aber als er den Betrug bemerkte, wurde er zornig. Doch Laban sagte: „Es ist nicht üblich, daß die jüngere Tochter vor der älteren heiratet. Arbeite noch einmal sieben Jahre. Dann kannst du Rachel heiraten."

Was blieb Jakob anderes übrig, als auf die Bedingung seines Onkels einzugehen? Er arbeitete wieder sieben Jahre. Aber die ganze Zeit liebte er Rachel mehr als Lea.
Lea hatte viele Kinder, Rachel aber keine. Darüber war sie sehr traurig. Sie bat Gott, ihr ein Kind zu schenken. Bald brachte sie einen Sohn zur Welt. Sie nannte ihn Josef. Josef wurde Jakobs Lieblingssohn.

Jakob war nun schon zwanzig Jahre bei Laban und recht vermögend. Als Schaf- und Rinderzüchter hatte er sich einen hervorragenden Ruf erworben, was Labans Söhne eifersüchtig machte. Aber auch Laban war nicht mehr so freundlich zu ihm wie früher.
Da sprach Gott zu Jakob: „Kehre zurück in deine Heimat. Ich werde dich begleiten!"
Jakob war in Sorge. Er wollte keinen Streit mit Laban. Würde ihm der Onkel die Abreise erlauben? Heimlich erzählte er Rachel und Lea von seinem Plan. „Du mußt Gott gehorchen!" unterstützten sie ihn sofort.
So wartete Jakob, bis sein Onkel unterwegs zu einer Schafschur war. Dann sammelte er seine Familie, seine Diener und Herden und floh mit ihnen ins Gebirge Gilead.
Als Laban Jakobs Flucht entdeckte, wurde er wütend. So einfach wollte er seinen Neffen nicht ziehen lassen. Zusammen mit seinen Brüdern nahm er die Verfolgung auf.
Als sie sieben Tage unterwegs waren, entdeckten sie im Gebirge Jakobs Zelte.
Aber Gott befahl Laban, Jakob zu schonen.
Laban war noch immer wütend. Er schlug seine Zelte in der Nähe von Jakobs Lager auf. Dann ging er zu ihm. Zitternd vor Angst stand Jakob seinem Onkel gegenüber.
„Warum hast du dich so heimlich aus dem Staub gemacht? Ich konnte mich nicht einmal von meinen Töchtern verabschieden und meinen Enkeln keinen Abschiedskuß geben!" Zornig brüllte er Jakob an: „Ich könnte dich umbringen! Aber Gott hat mir verboten, dir etwas anzutun. Warum aber

hast du die Bilder meiner Hausgötter gestohlen?" Jakob wußte gar nicht, was sein Onkel meinte. „Das war ich nicht! Wer das getan hat, soll sterben. Durchsuche mein Lager!"
Laban durchsuchte die Zelte von Jakob und seinen Dienern, fand aber die Götterbilder nicht. Nun kam er zu Rachels Zelt. Statt ihren Vater zu begrüßen, blieb Rachel einfach auf dem Sattelzeug ihres Kamels auf der Erde sitzen. „Verzeih", sagte sie, „daß ich nicht aufstehe. Aber ich fühle mich nicht gut."
Auch in Rachels Zelt fand Laban die Götterbilder nicht. Ärgerlich kehrte er zu Jakob zurück. Der aber sagte vorwurfsvoll: „Habe ich dir je Unrecht angetan? Zwanzig Jahre habe ich in Hitze und Kälte hart für dich gearbeitet, oft kaum geschlafen. Und das alles für wenig oder keinen Lohn. Und du würdest mich auch jetzt nicht ziehen lassen, wenn du nicht Angst vor meinem Gott hättest!"
Zornig gab Laban zurück: „Alles, was du besitzt, gehört in Wirklichkeit mir. Aber um meiner Töchter und Enkel willen werde ich dir deine Habe lassen. Wir wollen einen Vertrag schließen!"
So errichteten beide eine Steinsäule als Zeichen für ihre Vereinbarung. Sie würden künftig gegenseitig ihre Ländereien respektieren und niemals in das Gebiet des anderen eindringen.
Anschließend setzten sie sich alle zu einem Essen zusammen. Am nächsten Tag zog Laban mit seinen Brüdern heim. Niemals aber erfuhr Laban, daß seine Götterbilder sehr wohl in Jakobs Lager waren. Rachel hatte sie mitgenommen und sie im Sattelzeug ihres Kamels versteckt, wo Laban sie nicht finden konnte.

Jakob trifft Esau

Jakob war jetzt zwar frei, aber voll Angst dachte er an seinen Bruder Esau. Er erinnerte sich noch genau an dessen Drohung, er werde ihn umbringen ...

So beschloß Jakob, Boten vorauszuschicken. Sie sollten Esau melden, daß sein Bruder in der Hoffnung auf Frieden und Freundschaft heimkehre.

Die Boten ritten los, kamen aber bald zurück. „Esau zieht dir mit einem Heer von vierhundert Mann entgegen!" riefen sie voller Angst. Jakob erschrak zu Tode. Esau haßte ihn also immer noch und kam nun, um ihn zu töten.

Rasch teilte er seine Leute in zwei Gruppen. „Wenn Esau eine Gruppe angreift, kann immer noch die andere entkommen", hoffte er.

Dann flehte er Gott um Hilfe an: „Herr, beschütze uns vor Esau, sonst wird er uns alle töten und auch meine Kinder nicht verschonen. Aber du, Herr, hast doch versprochen, daß meine Kinder am Leben bleiben und selbst Kinder haben werden."

Die ganze Nacht brachte Jakob aus Angst kein Auge zu. Am Morgen trieb er 220 Schafe, 220 Ziegen, 30 Kamele, 50 Rinder und einige Esel zusammen.

Jeder Gruppe teilte er einen Diener zu. Zum ersten sagte er: „Nimm diese Ziegen und bring sie meinem Bruder als Geschenk. Sag ihm auch, daß ich bald nachkomme!"

Der Diener zog mit den Ziegen los.

Als nächstes schickte Jakob den Diener mit den Schafen und derselben Botschaft los. Dann folgte die Kamelgruppe, bis schließlich alle unterwegs waren.

„Inzwischen wird Jakob meine Geschenke bekommen haben und meinen guten Willen sehen", dachte Jakob voller Hoffnung. Seine Frauen und Kinder schickte er auf die andere Seite des Flusses in Sicherheit.

Schon brach die Nacht herein, und Jakob war ganz allein mit seiner Angst. Da kam ein Engel vom Himmel, um mit ihm zu kämpfen. Die ganze Nacht rangen sie miteinander. Aber Jakob gab nicht auf.

Im Morgengrauen sprach der Engel: „Du sollst nicht länger Jakob heißen, sondern Israel. Das heißt: Einer, der kämpft. Denn du hast mit Gott gekämpft und standgehalten. Und nun laß mich gehen!"

Jakob ließ den Engel los. „Sag mir deinen Namen!" keuchte er. Doch der Engel schwieg und segnete Jakob.

Jakob nannte den Platz des Kampfes „Peniel", und er wußte: „Ich habe tatsächlich mit Gott gerungen. Und er ließ mich am Leben."

Im Schein der aufgehenden Sonne blickte Jakob um sich. Da sah er in der Ferne Esau und seine Leute näher kommen.

Schnell holte Jakob seine Frauen und Kinder. Lea und ihre Kinder gruppierte er vor sich, und hinter sich Rachel und Josef. Dann nahm er sein Schwert und zog seinem Zwillingsbruder entgegen.

Als sich Jakob Esau näherte, hielt er an und verbeugte sich siebenmal.

Doch Esau lief auf ihn zu, schloß ihn in seine Arme und küßte ihn. Beide weinten vor Freude und Rührung. Es war gut, wieder zusammen zu sein.

„Wer sind all diese Menschen?" fragte Esau und deutete über Jakobs Schulter.

„Meine Frauen und Kinder. Gott war so gütig, sie mir zu schenken!" antwortete Jakob.

„Und warum hast du mir die vielen Tiere geschickt?" fragte Esau. „Ich habe genug Vieh, lieber Bruder. Behalte deine Herden für dich und deine Familie."

Doch Jakob drängte: „Bitte nimm meine Geschenke an!" So willigte Esau ein. Und es war wieder Frieden zwischen den Brüdern.

Josef, der Träumer

Jakob und Rachels Sohn Josef hatte zehn Halbbrüder. Diese mochten ihn nicht besonders gern, denn sie wußten, daß Josef der Lieblingssohn ihres Vaters war. Sie waren eifersüchtig auf ihn. Die Familie lebte nun in Kanaan, und Josef war alt genug, seinen Brüdern beim Hüten der Schafe und bei der Feldarbeit zu helfen.
Jakob ließ Josef einen prächtigen bunten Mantel schneidern, mit allen Farben, die der Junge liebte. Aber seine Brüder trugen nur einfache Mäntel und haßten Josef schon wegen seiner Kleidung.

Einmal erzählte Josef seinen Brüdern einen Traum: „Wir waren alle auf dem Feld und haben Garben aus Getreide gebunden. Meine Garbe stand aufrecht in der Mitte, aber eure Garben verneigten sich vor ihr."

Wütend schrien ihn die Brüder an: „Soll das etwa heißen, daß wir uns immer vor dir verneigen sollen?"

Und wieder hatte Josef einen Traum. Dieses Mal erzählte er ihn seinen Brüdern und seinem Vater.

„In meinem Traum verneigten sich Sonne, Mond und elf Sterne vor mir", erzählte er.

Das gefiel auch seinem Vater nicht. „Sollen etwa deine Mutter und ich und deine Brüder uns vor dir verneigen?" fragte er. Den Traum aber vergaß er nicht.

Eines Tages sagte er zu Josef: „Deine Brüder sind mit den Schafen weit fort. Schau nach, ob bei ihnen alles in Ordnung ist!"

Josef machte sich auf den Weg und fand seine Brüder und die Schafe bei der Stadt Dothan. Die Brüder hatten längst gesehen, daß Josef kam. Noch ehe er ganz heran war, besprachen sie untereinander: „Das ist die Gelegenheit. Jetzt können wir ihn für immer loswerden. Wir wollen ihn töten und in den ausgetrockneten Brunnen werfen. Danach sagen wir einfach, die wilden Tiere der Wüste hätten ihn gefressen. Wir töten ein Tier und tauchen Josefs Mantel in sein Blut. Den zeigen wir dann seinem Vater!"

Ruben, einer der Brüder, wollte das aber nicht. Er hatte Mitleid mit Josef. Ruben wollte seinen Brüdern aber nicht widersprechen, sondern schlug einen anderen Gedanken vor: „Wenn wir ihn umbringen, laden wir große Schuld auf uns. Ich schlage vor, wir werfen ihn einfach in den Brunnen und lassen ihn dort liegen."

Ruben hoffte insgeheim, Josef dann aus dem Brunnen befreien zu können. Seine Brüder stimmten seinem Vorschlag zu.

Kaum hatte Josef seine Brüder begrüßt, rissen sie ihm auch schon seinen prächtigen Mantel herunter. Dann packten sie Josef und warfen ihn in den tiefen Brunnen hinab.

Anschließend setzten sie sich zum Essen hin, so als wäre nichts geschehen. Josef rief unterdessen aus dem Brunnen um Hilfe.

Ruben aber wollte nichts essen. Das Lachen seiner Brüder stieß ihn ab, und er stand auf, um nach den Schafen zu schauen. Im selben Moment ent-

deckte Judah, ein anderer Bruder, auf der Straße eine Kamelkarawane, die schwer bepackt mit Gewürzen zum Verkauf nach Ägypten zog.
„Heh", rief er. „Wenn wir Josef hier sterben lassen, haben wir eigentlich nichts davon. Wäre es nicht besser, ihn als Sklaven an die Gewürzhändler zu verkaufen? Die könnten ihn dann in Ägypten weiterverkaufen. Wir wären ihn los und bekämen sogar noch Geld dafür!"
Laut lachend stimmten die anderen Brüder zu. Sie holten Josef mit einem Seil aus dem Brunnen und verhandelten mit dem Gewürzhändler. Der zahlte zwanzig Silberstücke für Josef. Eine Menge Geld, denn Josef war jung, stark und sah gut aus.
Während die Händler Josef fesselten, um ihn nach Ägypten zu verschleppen und dort zu verkaufen, kehrten seine Brüder ausgelassen zu ihren Schafen zurück. Inzwischen war auch Ruben zurück.
Als er in den Brunnen blickte, erschrak er sehr. Denn der Brunnen war leer.
„Wo ist Josef?" schrie er seine Brüder an. Lachend prahlten die Brüder mit ihrer Idee. Ruben war bestürzt, aber er wußte, daß es jetzt zu spät war, um Josef zu helfen.
Wie vorher schon geplant, tauchten die Brüder nun Josefs Mantel in das Blut eines geschlachteten Schafes. Den Mantel brachten sie dann zu ihrem Vater und sagten, sie hätten ihn so blutbefleckt auf der Weide gefunden.
Da schrie Jakob laut auf: „Die wilden Tiere haben Josef in Stücke gerissen. Nie werde ich meinen lieben Sohn wiedersehen!"

Josef, Potifar und das Gefängnis

Josef war allein und ohne Freunde in einem fremden Land. Der Gewürzhändler hatte ihn als Sklaven an Potifar verkauft. Potifar war Kommandant der Leibwache des Pharao. Der Pharao war der ägyptische König.

Potifar wohnte in einem großen vornehmen Haus. Er ließ Josef zunächst die schwersten Arbeiten erledigen. Als er aber sah, wie fleißig und gut Josef arbeitete, und merkte, daß man ihm vertrauen konnte, beauftragte er ihn mit der Führung des Haushalts.

Von da an durfte Josef sich auch frei bewegen. Dadurch war sein Leben etwas leichter geworden. Aber schon tauchten neue Schwierigkeiten auf. Denn Potifars Frau hatte ein Auge auf Josef geworfen. Sie war verliebt in ihn und wollte ihn verführen.

Josef aber wies sie zurück: „Mein Herr vertraut mir. Er wäre bitter enttäuscht, wenn ich ihn hintergehen würde!"

Potifars Frau wurde wütend. Aus Rache verleumdete sie Josef bei Potifar. Sie sagte: „Dein Sklave Josef wollte mich verführen!" Und als Beweis zeigte sie Potifar Josefs Mantel. „Den hat er liegenlassen, als ich um Hilfe rief", log sie.

Als Potifar das hörte, geriet er in Wut und warf Josef ins Gefängnis, ohne ihn anzuhören.

Doch auch dort ließ Gott ihn nicht im Stich. Schon bald bemerkte der Gefängnisaufseher, daß Josef außergewöhnliche Fähigkeiten besaß, und übertrug ihm die Versorgung der Gefangenen.

Eines Tages kamen zwei Diener des

Pharao ins Gefängnis, der Mundschenk und der Bäcker. Josef war auch für ihre Versorgung zuständig.
Einmal, als er ihnen das Frühstück brachte, waren sie in heller Aufregung, und Josef fragte sie nach dem Grund.
„Wir hatten merkwürdige Träume heute nacht", sagten sie, „und keiner kann sie uns deuten."
„Gott wird mir helfen, sie zu verstehen. Erzählt mir eure Träume!" ermunterte Josef sie.
Der Mundschenk sprach zuerst: „In meinem Traum sah ich einen Weinstock mit drei Ranken. Ich nahm von jeder der drei Ranken ein paar Trauben und preßte daraus einen Trank für den Pharao."
Da sagte Josef: „Nach Ablauf von drei Tagen wird dich der Pharao aus dem Gefängnis holen lassen und dir deinen Posten als Mundschenk wiedergeben. Und wenn du ihm dann wieder servierst, vergiß mich bitte nicht. Erzähl dem Pharao, daß ich unschuldig im Gefängnis bin!"
„Voller Freude über die so günstige Traumdeutung versprach der Mundschenk, er werde sich beim Pharao für Josef einsetzen.
Als der Bäcker hörte, wie gut die Dinge für den Mundschenk standen, beeilte er sich, auch seinen Traum zu erzählen. „Ich trug drei Körbe auf dem Kopf, einen über dem anderen. Und in ihnen war frisch gebackenes Brot. Im obersten lag herrlichstes Gebäck für den Pharao. Plötzlich aber kamen Vögel geflogen und pickten alles Gebäck aus dem obersten Korb auf!"
Da sagte Josef kummervoll: „Die drei Körbe stehen zwar auch für drei Tage. Aber in drei Tagen wird dich der Pharao zum Tode verurteilen!" Der Bäcker war verzweifelt.
Ein Tag verging, der zweite, und am dritten Tag war der Geburtstag des Pharao. Er ließ den Bäcker und den Mundschenk kommen. Und es geschah, wie Josef gesagt hatte. Der Mundschenk bekam seine Position zurück, den Bäcker ließ der Pharao hängen.
Der Mundschenk, der jetzt wieder in Freiheit war, hatte Josef völlig vergessen. Eines Nachts aber hatte der Pharao einen Traum ...

Die Träume des Pharao

Eines Tages ließ der Pharao alle seine Berater kommen. Sie sollten ihm bei der Deutung seiner Träume helfen. Er berichtete ihnen: „Im ersten Traum stand ich am Nil und sah, wie sieben fette Kühe dem Wasser entstiegen und am Ufer grasten. Den sieben fetten Kühen aber folgten sieben magere und fraßen die sieben fetten Kühe auf!"
In Gedanken an den Traum schüttelte sich der Pharao und fuhr fort: „Im zweiten Traum sah ich sieben dicke Ähren auf Getreidehalmen, die plötzlich von sieben dünnen, vertrockneten Ähren erschlagen wurden. Was mögen diese Träume wohl bedeuten?"
Die Berater des Pharao rätselten und berieten sich untereinander, aber keiner konnte die Träume erklären. Sie hatten schon Angst, daß der Pharao sie deshalb einsperren könnte.
Da plötzlich fiel dem Mundschenk ein, wie Josef seine Träume richtig gedeutet hatte. Er eilte zum Pharao und sagte: „Mein Herr und Gebieter, als ich im Gefängnis war, hatte ich einen merkwürdigen Traum. Aber im Gefängnis gab es einen jungen Mann namens Josef, der konnte Träume richtig deuten!"
„Bring ihn sofort zu mir", befahl der Pharao.
Ein Bote rannte zum Gefängnis, und Josef wurde aus seiner Kerkerzelle geholt. Er badete und rasierte sich, und man brachte ihm saubere Kleider. Dann machte er sich aufgeregt auf den Weg zum Pharao. Und schon bald stand er im Palast des Herrschers. Der sagte: „Ich habe gehört, du kannst Träume deuten."
„Aus eigener Kraft kann ich das nicht", sagte Josef. „Aber Gott hilft mir, deine Träume zu verstehen!"
„Wir werden sehen", sagte der Pharao und erzählte die Träume noch einmal. Josef hörte aufmerksam zu. Dann sagte er: „Die beiden Träume meinen dasselbe. Gott hat dich in die Zukunft blicken lassen. Die sieben fetten Kühe

und die sieben dicken Ähren bedeuten sieben Jahre mit guten Ernten für Ägypten. Die sieben mageren Kühe und die sieben dünnen Ähren bedeuten, daß dann sieben Hungerjahre folgen."

Der Pharao sorgte sich sehr. Sieben Hungerjahre. Alle Menschen würden sterben.

Josef fuhr fort: „Gott sagt dir durch die Träume auch, daß deine Leute nicht hungern müssen. Such einen vertrauenswürdigen Menschen, der für die Versorgung von ganz Ägypten zuständig sein soll. Befiehl dann, daß in den sieben guten Jahren ein Fünftel der Ernte als Vorrat gespeichert wird. Dann gibt es in den sieben schlechten Jahren genügend Vorräte für die Versorgung der Bevölkerung."

Der Pharao lächelte. „Das ist ein guter Plan. Und weil Gott durch dich gesprochen hat und ich in Ägypten keinen klügeren Mann kenne, sollst du mein Beauftragter für diese Aufgabe werden. Alle sollen dir gehorchen, nur ich kann dir noch Befehle geben."

Und der Pharao nahm seinen Ring und steckte ihm Josef an den Finger.

Für Josef begannen nun gute Zeiten. Er trug prächtige Kleider und einen goldenen Halsreif. Er fuhr in einer Kutsche, und Diener machten vor ihm die Straße frei. Wer Josef sah, verbeugte sich tief vor ihm.

Während der sieben guten Jahre sorgte er dafür, daß ein Fünftel der Ernten in Vorratshäusern gespeichert wurde. Als dann die sieben schlechten Jahre kamen, und die Ägypter beim Pharao über ihre Not klagten, schickte er sie zu Josef. „Er wird für euch sorgen!"

Und Josef ließ nun alle Vorratsspeicher öffnen, und von weit her aus dem ganzen Land kamen die Bewohner, um Korn zu kaufen. Denn überall herrschte Hungersnot.

Getreide für Josefs Brüder

Auch in Kanaan herrschte Hungersnot. Josef forderte deshalb seine Söhne auf: „Sitzt hier nicht untätig herum und laßt uns verhungern. In Ägypten gibt's genug Getreide. Geht hin und kauft welches."
So machten sich Josefs zehn Halbbrüder auf den Weg. Nur Benjamin, der jüngste, durfte nicht mit. Denn es war eine lange Reise. Erschöpft, müde und hungrig kamen die Brüder in Ägypten an. Tief verneigten sie sich vor Josef und baten um Getreide.
Josef konnte es kaum glauben: Da waren seine Brüder, die ihn einmal als Sklaven verkauft hatten. Die Brüder, von denen er einst geträumt hatte, sie würden sich einmal vor ihm verneigen!
Sie hatten sich sehr verändert. Josefs Brüdern kam aber nicht im entferntesten der Gedanke, dieser junge Mann in seiner vornehmen Kleidung könnte ihr Bruder sein.
Josef aber wollte sich ihnen nicht sofort zu erkennen geben. Er sprach ägyptisch mit ihnen und ließ durch einen Dolmetscher die Verhandlungen über den Getreideverkauf führen.
Dann wollte er sie auf die Probe stellen: „Ihr seid in Wahrheit nicht wegen des Getreides gekommen. Sondern ihr seid Spione, die die Lage in Ägypten ausspionieren wollen!"
„Nein, nein", riefen sie angstvoll „wir wollen wirklich Getreide kaufen. Unser Vater und unser jüngster Bruder hungern in Kanaan. Ohne Getreide werden sie sterben!"
Da bekam Josef Sehnsucht nach seinem kleinen Halbbruder Benjamin. Er wollte ihn gern sehen und überlegte sich einen Plan ...
„Und ihr seid doch Spione!" beharrte er. „Ich glaube euch kein Wort. Außer ihr zeigt mir euren jüngeren Bruder. Geht und holt ihn. Einen von euch behalte ich als Gefangenen hier, bis alle anderen zurück sind." Dann ließ er sie alle für drei Tage ins Gefängnis werfen.
Am dritten Tag suchte er sie auf, um ihre Entscheidung zu hören. Die Brüder waren ganz niedergeschlagen und berieten untereinander, was sie tun sollten. Sie konnten ja nicht ahnen, daß Josef ihre Sprache verstand. „Das ist unsere Strafe dafür, daß wir so

schlecht zu Josef waren. Unser Vater hat dadurch schon einen Sohn verloren und wird nie und nimmer zulassen, daß Benjamin mit uns nach Ägypten geht!"

Und Ruben sagte: „Ich habe euch gewarnt, unserem Bruder Böses anzutun. Wir haben nichts anderes verdient."

Josef konnte nur mühsam seine Tränen zurückhalten. Nach außen hin gab er sich aber weiterhin barsch. Die Brüder einigten sich darauf, Simeon als Geisel zurückzulassen.

Schweren Herzens machten sie sich auf die Heimreise. Die Esel waren schwer mit den Kornsäcken beladen. Doch Josef hatte sich eine List ausgedacht: Das Geld, das sie für das Korn bezahlt hatten, hatte er heimlich in den Kornsäcken verstecken lassen.

Als die neun Brüder in der ersten Nacht in einem Gasthof rasteten und einer von ihnen einen Sack öffnete, entdeckte er das Geld. Er war erstaunt und beunruhigt. Auch seine Brüder konnten sich die Sache nicht erklären. Als sie zu Hause ankamen, fanden auch sie das in den Säcken versteckte Geld. Was hatte das zu bedeuten? Und dann mußten sie auch noch ihrem Vater gestehen, daß Simeon in Ägypten zurückbleiben mußte, weil der junge Befehlshaber Benjamin sehen wollte. Alles war äußerst merkwürdig ...

Jakob wollte Benjamin nicht gehen lassen: „Ich habe Josef und Simeon verloren. Und nun wollt ihr mir auch noch Benjamin nehmen? Nein! Nein!"

Ruben schwor dem Vater, Benjamin heil heimzubringen. Aber Jakob wollte nichts mehr hören ...

Bald war das Getreide aus Ägypten aufgebraucht, und sie litten wieder großen Hunger. Es half nichts: Wenn sie Benjamin nicht nach Ägypten brachten, würde er in Kanaan verhungern. Sie alle würden verhungern. Also ließ Jakob Benjamin schweren Herzens mit ihnen ziehen.

Josef war sich nicht ganz sicher, ob seine Brüder zurückkehren würden. Als er sie dann aber sah und Benjamin entdeckte, war er vor Freude ganz außer sich.

Aber noch immer gab er sich ihnen nicht zu erkennen. „Bringt sie zu mir nach Hause", befahl er einem Diener, „wir werden ein Fest feiern."

Zu Hause bei Josef zeigten sich die Brüder ganz eingeschüchtert. Und sie erklärten, daß sie damals das Geld für das Getreide nicht gestohlen hätten. Dieses Mal würden sie deshalb doppelt soviel zahlen, und Geschenke hätten sie mitgebracht und Benjamin – alles, wie Josef befohlen hatte ...

Josef antwortete ihnen freundlich, daß alles in Ordnung sei. Dann setzten sie sich zu einem Festmahl. Dabei wurde Benjamin auf Josefs Anordnung hin besonders gut bedient.

Nach dem Essen wurden die Getreidesäcke aufgeladen, und fröhlich machten sich die Brüder auf die Heimreise. Dieses Mal hatte Josef einen Silberbecher in den Kornsäcken verstecken lassen, und zwar in Benjamins Gepäck.

Kaum hatten die Brüder die Stadt verlassen, sandte Josef ihnen einen Diener nach, der ausrichten ließ, sie hätten einen Silberbecher gestohlen und ihr Gepäck müsse durchsucht werden.
Gekränkt ließen sich die Brüder durchsuchen. Denn sie fühlten sich ja unschuldig. Zu ihrem Schrecken entdeckte man bei Benjamin den Becher. Der Diener befahl ihm, mitzukommen.
Aber die Brüder wollten ihn nicht allein lassen. Niedergeschlagen kehrten sie alle um. Sie knieten vor Josef nieder und versuchten, ihre Unschuld zu erklären.
Josef aber sagte, man könne die Angelegenheit leicht bereinigen. Benjamin müsse als Diener bei ihm bleiben, die anderen seien aber frei.
Das aber war zuviel. Nie würden sie ihrem Vater den Verlust des jüngsten Sohnes beibringen können. Da trat Judah vor. Unter Tränen gestand er Josef, sie selbst hätten einmal ihren jüngeren Bruder als Diener verkauft, und der Verlust des Sohnes habe ihrem Vater fast das Herz gebrochen ...
Als Josef das hörte, schickte er seine Diener hinaus. Unter Tränen der Rührung gab er sich dann seinen Brüdern zu erkennen: „Ich bin Josef, den ihr verkauft habt. Aber habt keine Angst, ich bin euch nicht mehr böse. Gott war mit mir und schickte mich hierher, damit ich euch vor dem Hungertode retten kann."
Zuerst konnten es die Brüder nicht fassen. Als sie es dann begriffen hatten, waren sie außer sich vor Freude. Josef war also in Sicherheit und hatte ihnen ihre Schuld vergeben.
„Nun geht zurück nach Kanaan", sagte Josef. „Berichtet meinem Vater von mir. Sagt ihm, daß noch fünf Hungerjahre folgen. Er soll zu mir kommen und bei mir hier in Ägypten leben! Wir haben genug zu essen!"

Jakob in Ägypten

Auch der Pharao hatte gehört, daß Josefs Brüder in Ägypten waren. Er ließ Josef kommen. „Ich freue mich für dich, daß deine Brüder hier sind", sagte er. „Gib ihnen genügend Getreide mit nach Kanaan und auch Pferdegespanne, damit sie ihre Familien nach Ägypten bringen können. Es soll ihnen an nichts fehlen. Alles, was sie brauchen, sollen sie von mir bekommen!"
Reich beschenkt zogen Josefs Brüder nach Hause zurück. Nicht nur mit Korn, sondern auch mit neuen Kleidern, mit Geld und Geschenken für ihren Vater Jakob. Auch folgte ihnen eine lange Wagenkolonne, so wie es der Pharao angeordnet hatte.
Schier endlos dehnte sich die Rückreise. Dabei hatten es die Brüder doch so eilig, Jakob die gute Kunde zu bringen! Jakob war inzwischen ein alter Mann geworden. Er konnte kaum glauben, daß Josef noch am Leben war. Immer wieder mußten ihm die Brüder von ihren Erlebnissen berichten. Als Jakob die Pferdegespanne sah, glaubte er seinen Söhnen endlich. „Laßt uns nach Ägypten ziehen. Endlich werde ich meinen verlorenen Sohn wiedersehen!" rief er voller Freude aus.

Rasch wurden die Reisevorbereitungen getroffen, und man brach auf! Jakob saß auf dem ersten Wagen, ihm folgten seine Söhne mit ihren Familien. Dann kamen die Diener, dann die Kamele, die Schafe, die Ochsen und die Wagen mit dem Hausrat. Es war ein langer, langer Zug.

Josef hatte inzwischen in Ägypten ungeduldig auf seine Familie gewartet. Endlich wurde ihm die Ankunft gemeldet. Schnell ließ er seine Kutsche anspannen und eilte ihnen entgegen.

Da konnte Jakob endlich seinen Sohn wieder in die Arme schließen. Vor lauter Rührung und Wiedersehensfreude konnten beide zunächst kein Wort herausbringen, so überwältigt waren sie.

Josef stellte seinen Vater und fünf seiner Brüder dem Pharao vor. Der hieß sie freundlich willkommen und beauftragte Josef, die Familien in der fruchtbaren Gegend bei Goschen anzusiedeln. Die Brüder aber, die sich auf Viehzucht verstanden, sollten die Herden des Pharao betreuen.

Jakob bedankte sich im Namen aller für die Großzügigkeit des Pharao. Er lebte noch einige Jahre glücklich in Ägypten.

Kurz vor seinem Tode ließ er Josef und seine beiden Söhne Manasse und Ephraim zu sich rufen. Obwohl Manasse der ältere Sohn war, erteilte Jakob Ephraim den Segen des Erstgeborenen.

„Ihr werdet beide einflußreiche Männer werden", prophezeite er, „aber Ephraim wird der mächtigere sein."

Dann sah er Josef an und sagte: „Meine Zeit ist gekommen, ich werde bald sterben. Aber Gott ist mit mir. Rufe nun deine Brüder, damit wir Abschied nehmen."

Als alle versammelt waren, bat Jakob: „Beerdigt mich nicht in Ägypten, sondern im Land meiner Vorfahren, dort, wo auch Abraham und Sarah, Isaak, Rebekka und Lea begraben sind." Dann legte er sich zurück und starb.

Josef weinte bitterlich. Nach Ablauf der Trauerzeit ging Josef zum Pharao und bat ihn um die Erlaubnis, nach Kanaan zu reisen und dort seinen Vater zu beerdigen.

Der ägyptische Herrscher war einverstanden, und so machte sich ein langer Trauerzug auf nach Kanaan. Nahe bei Mamre erreichten sie den Friedhof, den einst Abraham gekauft hatte. Dort bestatteten Josef und seine Brüder den Vater, so wie er es sich gewünscht hatte.

Nun, da Jakob tot war, bekamen Josefs Brüder Angst, Josef könne sich jetzt an ihnen rächen. Josef aber beruhigte sie: „Habt keine Angst! Ich habe euch längst vergeben. Gott hat eure schlechte Tat damals in Gutes verwandelt. Dadurch sind viele, viele Menschen vor dem Hungertode gerettet worden. Seid unbesorgt: Ich werde weiter für euch und eure Kinder sorgen."

So blieben Josef, seine Brüder und ihre Familien in Goschen in Ägypten, wo sie als Israeliten bekannt wurden.

Josef lebte noch viele Jahre und sah seine Enkel und Urenkel heranwachsen. Kurz vor seinem Tode sagte er ihnen: „Denkt immer daran, daß euch Gott eines Tages aus diesem Land herausführen und in das gelobte Land bringen wird. In das Land, das er Abraham, Isaak und Jakob versprochen hat."

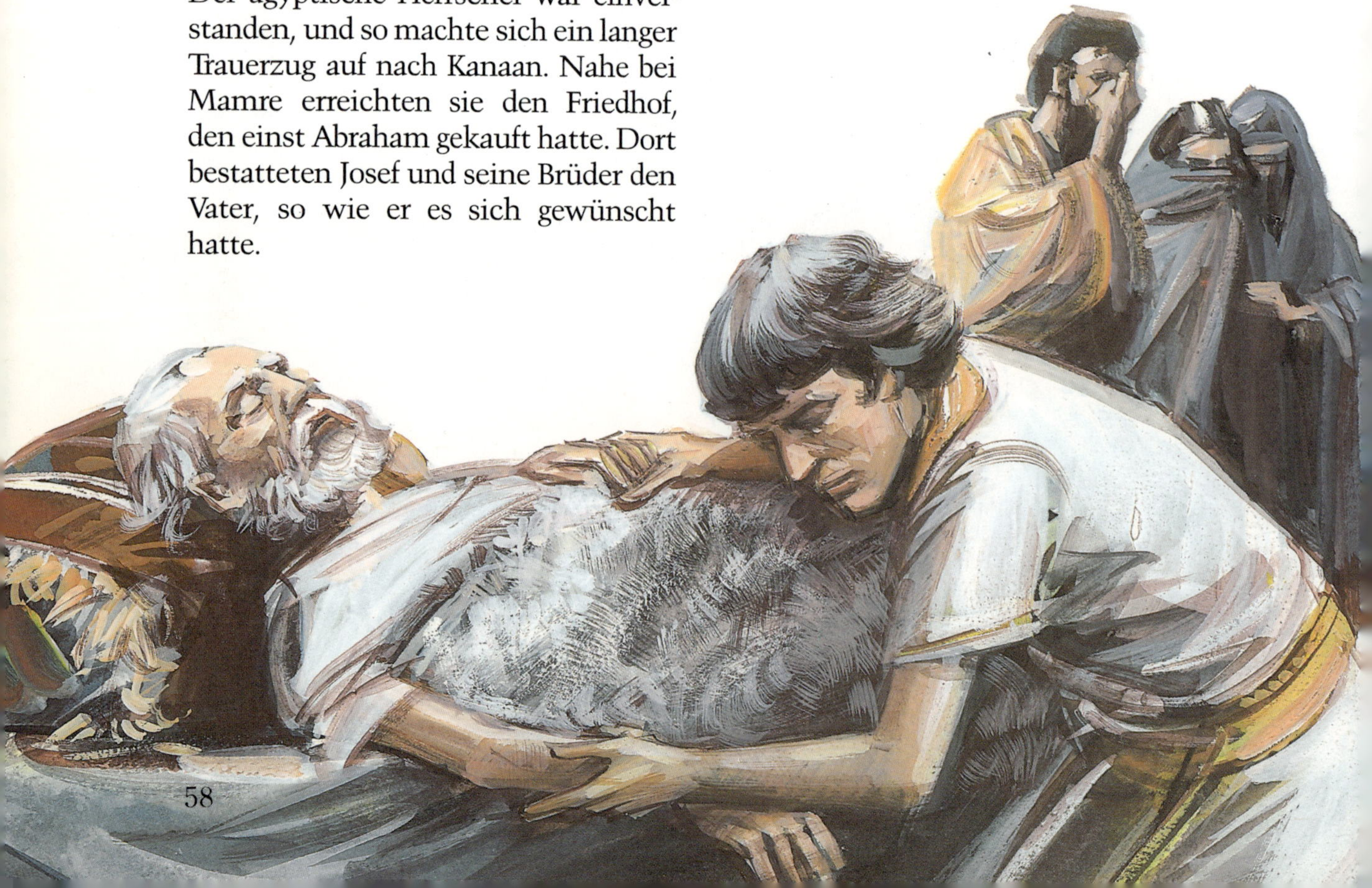

Das Baby im Binsenkorb

Jahre waren vergangen. Josef war gestorben, und auch der Pharao, der den Israeliten so wohlgesonnen war.
Sein Nachfolger, der neue Pharao, aber machte sich Sorgen darüber, daß sich die Israeliten in seinem Land so ausgebreitet hatten.
„Sie sind uns zahlenmäßig weit überlegen. Falls es einmal zum Krieg kommt, könnten sie sich mit unseren Feinden verbünden und gegen uns kämpfen!" überlegte er. „Wir müssen sie schwer für uns arbeiten lassen, dann haben sie keine Kraft dazu!" sinnierte er weiter.
Nun begannen harte Zeiten für die Israeliten. Brutale Sklaventreiber peitschten sie zur Arbeit an. Sie mußten Lehmziegel herstellen und den Ägyptern beim Bau ihrer Städte helfen.
Doch der Plan des Pharao ging nicht auf. Je mehr man die Israeliten schlug und schlecht behandelte, um so mehr nahmen sie zu an Stärke und Zahl.
„Wir müssen sie kleinkriegen!" schrie der Pharao und dachte sich einen teuflischen Plan aus: Jeder neugeborene israelitische Junge sollte ertränkt werden. Nur die Mädchen durften überleben. Sie sollten als Sklavinnen aufwachsen. Die Israeliten waren verzweifelt.

Da beschloß eine israelitische Mutter, ihren Sohn vor dem Ertränken zu retten. Solange der Junge noch sehr klein war und viel schlief, war es leicht, ihn im Hause zu verstecken. Doch das Baby wuchs schnell, und sein Schreien wurde lauter. Da bekamen seine Eltern Angst.
Seine Mutter aber hatte eine Idee. Sie bat Gott um seine Hilfe und ging zum Nil. Am Ufer des großen Flusses schnitt sie lange Schilfhalme ab und flocht daraus einen Korb. Damit der Korb wasserdicht wurde, bestrich sie die Außenseiten mit Teer. Das Innere legte sie mit weichen Tüchern aus.
Dann kam der schwerste Teil ihres Planes. Sie nahm ihren kleinen schlafenden Jungen, küßte ihn zärtlich und legte ihn vorsichtig in das Binsenkörbchen.

Verwundert hatte die Schwester des kleinen Jungen, Mirjam, das merkwürdige Geschehen beobachtet. Die Mutter nickte Mirjam zu, ihr zu folgen. Dann nahm sie das Binsenkörbchen und schlich sich zum Nil herunter. Ganz vorsichtig setzte sie das Binsenkörbchen ins Wasser. Mirjam hielt den Atem an. Würde der Korb mit dem Kind darin sinken?

Nein, er schwamm dicht am Ufer ruhig dahin. Sacht schaukelte das Körbchen. Mirjam aber weinte. Würde sie ihren kleinen Bruder je wiedersehen?

Da flüsterte die Mutter ihr zu: „Sei ganz still und paß gut auf!" Die Mutter wußte, daß die Tochter des Pharao jeden Tag zum Baden an den Nil ging. Mit Gottes Hilfe würde sie das Kind finden, und das Kind war allerliebst ...

Klopfenden Herzens versteckte sich Mirjam im Schilf und wartete. Da hörte sie auch schon Stimmen. Aus ihrem Versteck sah sie, wie die Tochter des Pharao mit ihren Dienerinnen an den Fluß herunterkam.

Würde sie den Korb finden? Würde Pharaos Tochter den Jungen vielleicht ertränken? Mirjam faltete stumm die Hände ...

Da entdeckte die Pharaonentochter das Körbchen. „Bringt mir den Korb her!" forderte sie. Eine Dienerin eilte herbei. Mirjam hielt vor Anspannung die Luft an. Da begann ihr kleiner Bruder zu schreien.

„Ein kleiner Israelit!" sagte die Pharaonentochter und wurde traurig. Im selben Moment wußte Mirjam, was sie zu tun hatte. Sie sprang auf, rannte

zu den Frauen und rief ganz außer Atem: „Braucht ihr jemanden, der auf das Kind aufpaßt?“
Verwundert sah Pharaos Tochter Mirjam an: „Ja, kennst du denn jemanden? Dann bring ihn nur her!“
Mirjam rannte los und brachte ihre Mutter mit zurück. „Sorge für das Kind“, sagte die Tochter des Pharao, „Ich werde dich dafür bezahlen!“
Welche Freude! Das Kind war gerettet. Seine eigene Mutter durfte es umsorgen und würde dafür auch noch bezahlt werden. Alles war viel besser geworden, als die Mutter je zu hoffen gewagt hatte!
Überglücklich brachten Mirjam und ihre Mutter den Jungen nach Hause. Nun brauchten sie ihn nicht mehr zu verstecken.
Als der Junge größer wurde, erzählte ihm seine Mutter von Gott, von Abraham, Isaak und Jakob. Und als er alt genug war, brachte sie ihn in den Palast des Pharao. Die Tochter des Herrschers erzog ihn dort wie ihren eigenen Sohn. Sie nannte ihn Moses.
Und Moses wuchs heran ...

Moses im Land Midian

Moses lebte wie ein ägyptischer Prinz im Palast des Pharao. Aber er vergaß nie, daß er ein Israelit war. Und er konnte es auch nicht mit ansehen, wie seine eigenen Landsleute als Sklaven mißhandelt wurden.
Eines Tages beobachtete Moses, wie ein Aufseher bei der Arbeit einen jungen Israeliten auspeitschte. Und er geriet in rasende Wut. Mit einem Knüppel schlug Moses so hart auf den Aufseher ein, daß dieser tot liegenblieb.
Niemand hatte diesen Vorfall gesehen. Nur der junge Israelit, dem Moses geholfen hatte, wußte davon. Rasch begrub Moses die Leiche des Aufsehers und hoffte, daß niemand die Tat entdecken würde.
Zwei Tage später sah Moses, wie sich zwei israelitische Sklaven stritten. Er ging dazwischen und riß sie auseinander. Böse schrie er: „Warum schlagt ihr euch? Ihr seid doch Landsleute!"
Wütend sagte da einer der Männer: „Was spielst ausgerechnet du dich hier als Richter auf? Willst du mich vielleicht auch erschlagen, so wie den ägyptischen Aufseher?"
Moses war entsetzt. Der Sklave mußte den anderen von seiner Tat erzählt haben. „Bald wissen es alle, sicher auch der Pharao", dachte er voll Schrecken.
Und der Pharao erfuhr tatsächlich von der Tat. Er verurteilte Moses zum Tode.
Doch Moses floh in das Land Midian. Traurig und allein machte er Rast an einem Brunnen.
Da näherten sich die sieben Töchter des Jitro, um Wasser für ihre Schafe zu holen. Jitro war Priester im nahen Dorf. Moses beobachtete auch, wie von der anderen Seite einige Schafhirten zum Brunnen kamen. Rücksichtslos drängten sie die Mädchen zur Seite, um ihren eigenen Schafen zuerst zu trinken zu geben.
Ärgerlich sprang Moses auf und half den Mädchen. Diese freuten sich sehr. Als sie heimkamen, fragte ihr Vater sie erstaunt: „Ihr seid heute so schnell zu-

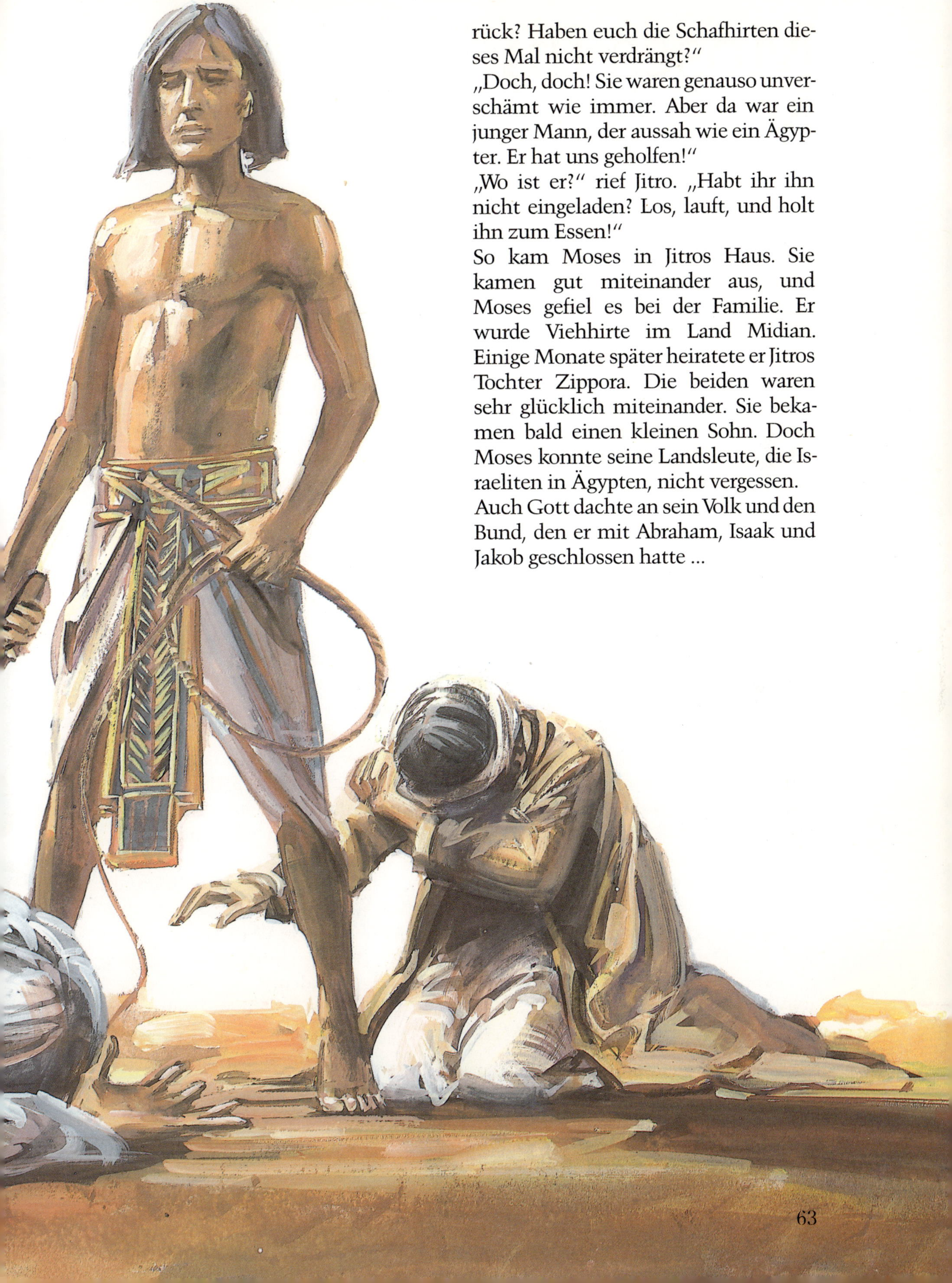

rück? Haben euch die Schafhirten dieses Mal nicht verdrängt?"
„Doch, doch! Sie waren genauso unverschämt wie immer. Aber da war ein junger Mann, der aussah wie ein Ägypter. Er hat uns geholfen!"
„Wo ist er?" rief Jitro. „Habt ihr ihn nicht eingeladen? Los, lauft, und holt ihn zum Essen!"
So kam Moses in Jitros Haus. Sie kamen gut miteinander aus, und Moses gefiel es bei der Familie. Er wurde Viehhirte im Land Midian. Einige Monate später heiratete er Jitros Tochter Zippora. Die beiden waren sehr glücklich miteinander. Sie bekamen bald einen kleinen Sohn. Doch Moses konnte seine Landsleute, die Israeliten in Ägypten, nicht vergessen.
Auch Gott dachte an sein Volk und den Bund, den er mit Abraham, Isaak und Jakob geschlossen hatte ...

Moses und der brennende Busch

Moses weidete nun in dem großen einsamen Land die Schafherden seines Schwiegervaters Jitro. Auf der Suche nach Weideland kam er eines Tages zum Berg Horeb.
Und hier sah er etwas Außergewöhnliches. Am Hang des Berges stand ein trockener Busch in Flammen. Hoch loderte das Feuer, aber der Busch verbrannte nicht. Vorsichtig ging Moses näher, doch im nächsten Moment schreckte er zurück. Eine Stimme sprach zu ihm, und die Stimme kam aus dem brennenden Busch ...!
„Moses, komm nicht näher! Zieh deine Schuhe aus, denn dies ist heiliger Boden. Ich bin Gott, der Gott Abrahams, Isaaks und Jakobs!"
Moses zitterte vor Angst und streifte rasch seine Sandalen ab.
Und wieder sprach Gott: „Mein Volk leidet in Ägypten. Deshalb will ich es dort herausholen. Und du, Moses, sollst es führen!"
Kaum hatte Moses die Worte begriffen, schrie er: „Nein, ich bin dafür nicht geeignet. Keiner wird auf mich als Anführer hören!"
„Ich werde dir helfen", sprach Gott.
„Sie werden mich fragen, wie du heißt. Was dann?" stöhnte Moses.
„Sag ihnen, der, der *ICH BIN* genannt wird, hat dich geschickt."
„Und wenn sie mir nicht glauben?" beharrte Moses.
„Was hast du da in der Hand?" fragte Gott.
„Meinen Hirtenstab", antwortete Moses.
„Wirf ihn auf die Erde!" befahl Gott.
Moses gehorchte, und der Stab verwandelte sich in eine Schlange. Erschrokken sprang Moses zur Seite.
„Heb sie auf, am Schwanz", sagte Gott.
Moses zuckte zurück. Eine Schlange am Schwanz packen? Sie würde sich blitzschnell umdrehen und ihn beißen! Aber Gott hatte es so befohlen ...
Moses nahm all seinen Mut zusammen und kniete sich nieder. Er streckte die Hand aus und packte die Schlange beim Schwanz.
Im selben Moment verwandelte sich die Schlange wieder in einen Hirtenstab.
Da sagte Gott: „Nun steck die Hand in deine Manteltasche!"
Moses folgte. Als er die Hand herauszog, war sie mit schrecklichem Ausschlag bedeckt. „Steck sie wieder in die Tasche", befahl Gott. Als Moses dieses Mal die Hand herauszog, war der Ausschlag verschwunden.
„Diese Wunderzeichen sind ein Beweis, daß ich mit dir gesprochen habe", sagte Gott. „Sollte man dir immer noch nicht glauben – hier ist das dritte Wunder: Wenn du Nilwasser auf den Boden schüttest, wird es sich in Blut verwandeln."
Da stand Moses vor dem brennenden Busch und malte sich aus, wie er in Ägypten zu seinen Leuten sprechen könnte und vor den Pharao hintreten sollte ...
„Herr, mein Gott, ich bin kein guter Redner", wandte Moses ein.

„Wer hat denn den Menschen die Sprache gegeben?" rief Gott. „Ich werde dir helfen!"
Doch Moses flehte: „Bitte schicke einen anderen als Anführer!"
Da sagte Gott: „Nimm deinen Bruder Aaron mit. Er wird für euch beide sprechen. Du aber nimm deinen Hirtenstab, denn damit sollst du Wunderzeichen geben. Und du sollst mein Volk aus Ägypten führen!"
Da sah Moses ein, daß er Gott gehorchen mußte, und ging nach Ägypten.

Der Pharao und die israelitischen Sklaven

„Laß mich zurück nach Ägypten gehen. Ich will sehen, ob meine Landsleute noch am Leben sind!" bat Moses seinen Schwiegervater Jitro.

„Geh in Frieden!" sagte Jitro, denn er hatte Verständnis für Moses. Also bereitete der seine Abreise vor. Doch Angst und Zweifel plagten ihn. Würde er in Ägypten Schwierigkeiten bekommen, weil er dort einen Mann getötet hatte?

Gott beruhigte den Moses: „Alle, die dir dort nach dem Leben getrachtet haben, sind inzwischen längst gestorben."

Diese Sorge war also unbegründet. Trotzdem fürchtete sich Moses vor der großen Aufgabe, als Anführer die Israeliten aus Ägypten herauszuführen.

Voller Sorgen machte er sich schließlich mit seiner Familie auf den Weg. Um ihn zu ermutigen, schickte ihm Gott Aaron zu Hilfe.

Als sich die beiden Brüder unterwegs trafen, fielen sie sich vor Freude in die Arme. Moses berichtete dann von Gottes Auftrag und den Wunderzeichen als Beweis dafür.

Mit Aaron an seiner Seite fühlte sich Moses besser für diese Aufgabe gerüstet. Gemeinsam zogen die Brüder

nach Ägypten. Vor den versammelten Familienvätern der Israeliten verkündete Aaron Gottes Botschaft, und Moses zeigte die Wunderzeichen.
Die Israeliten schenkten den beiden Brüdern Glauben und dankten Gott für seine Fürsorge. „Gott hat uns nicht vergessen, bald werden wir frei sein!" riefen sie froh.
Aber zuerst mußte der Pharao ihrer Freilassung ja noch zustimmen ...
Moses und Aaron gingen zu ihm, und Aaron sagte: „Dies ist die Botschaft des Gottes Israels: Laß mein Volk ziehen, damit es ein Fest feiern und mir in der Wüste Dankopfer bringen kann!"
Voller Spannung warteten die Brüder auf Pharaos Antwort.
Ärgerlich antwortete der: „Wer ist der Gott Israels? Ich kenne ihn nicht. Warum sollte ich auf ihn hören? Ihr wollt nur die Sklaven von der Arbeit abhalten. Sie sind zahlenmäßig stärker als wir Ägypter. Und deshalb sollen sie weiter für uns arbeiten!"
Und der Pharao gab Befehl, die Israeliten noch härter als vorher arbeiten zu lassen. „Dann haben sie keine Zeit mehr, irgendwelchen dummen Geschichten von Festen und Dankopfern zuzuhören!" sagte er.
Die Aufseher gehorchten dem Pharao und trieben die Israeliten noch brutaler als bisher zur Arbeit an.
Die Stammesältesten der Israeliten beschwerten sich beim Pharao über die schlechte Behandlung.
Doch der blieb hart: „Das kommt davon, daß ihr von Opferfeiern für euren Gott faselt. Alles nur Ausreden. Geht und arbeitet!"
Die Stammesältesten erkannten, daß vom Pharao keine Hilfe zu erwarten war. Niedergeschlagen kehrten sie um. Vor dem Palast trafen sie Moses und Aaron, die ängstlich gewartet hatten.
„Gott soll euch strafen", schrien die Stammesführer, „seit ihr beide hier seid, geht's uns noch schlechter als früher. Entweder wir sterben an Überarbeitung oder wir werden zu Tode gepeitscht!"
Da betete Moses zu Gott: „Warum hast du mich hierher geschickt? Seit ich hier bin, geht es meinem Volk schlechter als vorher. Warum hilfst du uns nicht?"
Gott antwortete: „Du wirst schon sehen, was ich dem Pharao antue. Ich werde ihn zwingen, mein Volk ziehen zu lassen. Denn ich bin der Gott Abrahams, Isaaks und Jakobs. Ich habe den Israeliten das Land Kanaan versprochen. Geh und sage ihnen, daß ich mein Versprechen halten werde!"
Moses versuchte, seinen Leuten Gottes Worte mitzuteilen. Aber sie waren zu erschöpft, um zuzuhören.
Da sagte Gott zu Moses: „Ich werde Zeichen und Wunder geschehen lassen, und die Ägypter werden erkennen, daß ich Gott, der Herr bin. Geh zum Pharao und handle, wie ich es dir gesagt habe."

Die Plagen Ägyptens

Und wieder standen Moses und Aaron vor dem Pharao.
„Wenn ich euch glauben soll, daß ihr eine Botschaft von eurem Gott bringt, laßt mich ein Zeichen von ihm sehen!" sagte der Pharao.
Es kam also genauso, wie Gott vorhergesagt hatte. Aaron warf seinen Stab zu Boden, und der verwandelte sich sofort in eine Schlange.
Doch der Pharao ließ sich nicht so leicht beeindrucken. Er ließ seine Magier kommen. Als die ihre Stäbe hinwarfen, wurden daraus auch Schlangen. Doch Aarons Stab verschlang sie alle.
Noch immer wollte der Pharao nicht auf Moses hören. Enttäuscht verließen sie den Palast. Da sprach Gott zu Moses: „Der Pharao ist sehr störrisch, aber du wirst es schaffen. Warte morgen am Nil auf ihn. Und nimm deinen Stab mit, der sich in eine Schlange verwandeln kann! Und dann sage ihm: ‚Der Gott Israels hat mich gesandt, dir zu sagen, daß du mein Volk gehen lassen sollst. Es soll in der Wüste Opfer bringen. Und an diesem Zeichen wirst du Gott erkennen: Ich werde mit meinem Stab das Wasser des Nils berühren, und der Nil wird sich in einen Strom von Blut verwandeln!'"
Voller Zweifel hörte Moses zu. Gott fuhr fort: „Dann soll Aaron mit sei-

nem Stab das Wasser berühren, und alle Flüsse, Kanäle und Teiche Ägyptens werden sich in Blut verwandeln."
Moses und Aaron gehorchten Gott aufs Wort, und alles geschah, wie vorhergesagt. Das Wasser verwandelte sich in Blut. Alle Fische starben. Und die Ägypter hatten kein Trinkwasser mehr.
Doch der Pharao war unbelehrbar. Er ließ seine Zauberer kommen. Diese verwandelten mit einen Zaubertrick das Blut wieder in Wasser.
„Seht ihr, nichts einfacher als das!" lachte der Pharao höhnisch. Nach einer Woche waren alle Flüsse wieder sauber. Da beauftragte Gott Moses erneut: „Geh zum Pharao und sage ihm, daß ich ihm eine Froschplage schicken werde, wenn er sich weigert, mein Volk ziehen zu lassen!"
Moses und Aaron gingen wieder zum Pharao und wiederholten Gottes Worte. Doch der Pharao ließ sich nicht umstimmen.
Da hob Aaron seinen Stab – und sofort sprangen Tausende von Fröschen aus dem Nil. Sie hüpften in den Palast, ins Schlafzimmer, in Pharaos Bett. Sie waren überall, in den Häusern, den Öfen, in Futtertrögen, einfach überall. Wo man ging und stand: Es wimmelte nur so von glitschigen Fröschen ...
Zuerst schien der Pharao beeindruckt. Doch dann ließ er wieder seine Magier herbeiholen. Diese zauberten noch mehr Frösche herbei. „Seht ihr? Das kann ich auch!" spottete der Pharao

höhnisch. Aber schließlich gab er doch auf. Die Froschplage war zu eklig. Selbst im Essen hüpften die grünen Wassertiere herum.
Schließlich ließ der Pharao Moses und Aaron rufen. „Mein Volk hat genug von dieser Plage!“ gab er zu. „Sagt eurem Gott, er soll die Frösche verschwinden lassen. Dann lasse ich euch Israeliten frei, und ihr könnt ihm in der Wüste Dankopfer darbringen.“
Moses zögerte und sagte: „Bestimme du den Zeitpunkt meines Gebets an Gott. Und damit du siehst, daß die Plage Gottes Werk ist, werden zum Beweis alle Frösche sterben, sobald ich bete.“
„Bete morgen“, sagte der Pharao, so als habe es keine Eile.
Moses und Aaron verließen den Palast. Am nächsten Morgen betete Moses zu Gott. Genau in diesem Augenblick starben alle Frösche. Haufenweise lagen die toten Tiere herum, und ganz Ägypten stank danach.
Kaum war die Froschplage vorbei, brach der Pharao sein Versprechen: Die Israeliten durften nicht fort.
Da befahl Gott Moses und Aaron: „Berührt mit euren Stäben die Erde. Dann wird sich der ganze Staub in Mücken verwandeln.“
Moses und Aaron gehorchten, und schon schwirrten Millionen von Mükken los und fielen über Menschen und Tiere her. Der Pharao kannte die Urheber der Plage. Wieder wollte er seine Zauberer dasselbe tun lassen, doch dieses Mal schafften sie es nicht.
„Die Mücken sind ein Zeichen des Gottes Israels“, riefen sie. Aber noch immer wollte der Pharao die Israeliten nicht freilassen.
Erneut sprach Gott mit Moses: „Geh morgen noch einmal in aller Frühe zum Nil und sage dem Pharao, daß ich eine Fliegenplage über Ägypten schicke, wenn er mein Volk nicht freiläßt. Und zum Beweis, daß ich diese Plage schicke, werde ich die Gegend von Goschen, wo die Israeliten leben, von der Plage verschonen!“
Und so geschah es. Der Pharao lehnte wieder die Freilassung der Israeliten ab, und sofort bedeckten dichte Fliegenschwärme das Land. Fliegen im Trinkwasser, Fliegen im Essen, Fliegen überall. Nur in der Gegend um Goschen gab es nicht eine Fliege!
Der Pharao ließ Moses und Aaron in den Palast kommen. Voller Widerwillen schrie er los: „Ihr sollt euren Willen haben. Opfert nur eurem Gott, aber nicht in der Wüste, sondern hier bei uns in Ägypten!“
Moses fühlte sich nun stärker: „Nein, das wäre nicht recht“, sagte er. „Deine Ägypter könnten sich womöglich darüber ärgern und uns mit Steinen bewerfen. Wir müssen eine dreitägige Wanderung in die Wüste antreten und Gott dort mit Opfern preisen. So hat er es uns befohlen!“
Die Fliegen umschwirrten den Pharao. „Gut, gut“, japste er, „ihr dürft in die Wüste ziehen. Aber nicht weit! Und nun bete zu deinem Gott, er soll die Fliegenplage beenden!“
„Sobald ich den Palast verlassen habe, werde ich ihn darum bitten“, ver-

sprach Moses. „Morgen sind die Fliegen fort. Aber halte du dieses Mal auch dein Versprechen!“

„Bestimmt!“ antwortete der Pharao.

Moses verließ den Palast und betete zu Gott.

Am nächsten Morgen waren alle Fliegen aus Ägypten verschwunden. Kaum hatte der Pharao das gesehen, verweigerte er den Israeliten erneut den Auszug aus seinem Land.

Wieder ließ Gott den Pharao durch Moses warnen. Er werde alle Viehherden sterben lassen und so die Fleischvorräte der Ägypter vernichten. Die Herden der Israeliten aber würden verschont bleiben. Wieder blieb der Pharao unbeeindruckt, und wieder traf Gottes Prophezeiung ein.

Dennoch ließ auch dieses Mal der Pharao die Israeliten nicht frei.

Nun ließ Gott Moses und Aaron vor den Augen des Pharao eine Handvoll Ruß aus dem Herdfeuer in die Luft werfen. Sofort wurden alle Ägypter von schrecklichen Geschwüren befallen.

Ganz besonders schlimm traf es die Zauberer des Pharao. Der aber ließ die Israeliten noch immer nicht ziehen.
Jetzt schickte Gott Moses mit einer neuen Botschaft zum Palast. „Damit du Gottes Macht erkennst, wird er einen großen Sturm schicken, und alle Menschen und Tiere Ägyptens werden unter Trümmern begraben oder umkommen!"
Der Sturm brach los, mit Donnergetöse und zahllosen Blitzen, begleitet von dickstem Hagel. Es war der schlimmste Sturm, der je über Ägypten hereingebrochen war! Und alles Leben außerhalb der Häuser wurde vernichtet. Nur Goschen blieb verschont.
Da rief der Pharao in seiner Not Moses und Aaron zur Hilfe. Unter dem Zukken der Blitze und dem Rollen des Donners schrie er: „Ich habe unrecht getan. Betet zu eurem Gott. Nur keinen Sturm mehr! Bitte! Ihr und euer Volk seid frei! Sofort!"
Moses antwortete ihm standhaft: „Wenn ich außerhalb der Stadt bin, werde ich beten. Dann wird der Sturm aufhören. Aber ich fürchte, du glaubst noch immer nicht an Gott."
Moses verließ den Palast, und außerhalb der Stadtmauern betete er. Sofort hörten Regen, Sturm und Gewitter auf. Ganz still war es. Unheimlich still!
Doch kaum wurde das der Pharao gewahr, widerrief er seine Zusage, die Israeliten freizulassen.
Moses war verzweifelt. Was sollte noch alles geschehen? Doch Gott beruhigte ihn: „Sei nicht mutlos. Ich habe all diese Zeichen geschehen lassen, damit du deinen Kindern und Kindeskindern erzählen kannst, wie ich die Ägypter geschlagen habe. Dann werden sie wissen, daß ich der wahre Gott bin. Warne den Pharao, daß ich eine Heuschrekkenplage schicken werde, wenn er euch nicht freiläßt."

Wieder überbrachten Moses und Aaron dem Pharao Gottes Warnung. Die ägyptischen Stammesführer waren voller Sorge. „Was sollen wir noch alles ertragen?“ schrien sie. „Laß die Leute gehen und ihrem Gott opfern! Siehst du denn nicht, Pharao, daß Ägypten schon fast zerstört ist?“

„Nein!“ schrie der Pharao ärgerlich, „nur die Männer dürfen gehen!“ Und er warf Moses und Aaron hinaus.

So ließ Gott die Heuschrecken kommen. Die Erde war schwarz von ihnen, sie fraßen jedes Blatt und alle Früchte in ganz Ägypten.

Und wieder bat der Pharao Moses und Aaron um Hilfe. Wieder hatte Gott ein Einsehen. Aber die Israeliten kamen nicht frei.

Da schickte Gott drei Tage lang tiefste Dunkelheit über das Land. Nur bei den Israeliten schien die Sonne.

„Ihr seid alle frei, geht!“ schrie der Pharao Moses und Aaron an. „Unsere Tiere müssen mit!“ sagte Moses.

„Nein!“ schrie der Pharao, „raus aus meinem Palast. Laßt euch nie mehr sehen, sonst lasse ich euch töten!“

„Gut“, sagte Moses, „Ich werde nie mehr wiederkommen!“

Da bereitete Gott die schlimmste aller Plagen für Ägypten vor ...

Das Passahfest

Gott sagte zu Moses: „Nach dieser jetzt kommenden Plage wird euch der Pharao nicht nur freilassen, nein, er wird euch heraustreiben aus seinem Land! Aber vorher warne ihn, was ich vorhabe!"

Noch einmal trat Moses vor den Pharao und sprach: „Dieses ist eine Botschaft des Herrn, des Gottes Israels: Um Mitternacht werden alle erstgeborenen Kinder in allen Familien Ägyptens sterben. Auch jedes erstgeborene Tier im Stall. Nur wir Israeliten werden verschont bleiben!"

Trotz der schrecklichen Nachricht wollte der Pharao die Israeliten auch dieses Mal nicht gehen lassen.

Moses rief alle Stammesführer seines Volkes zusammen und überbrachte auch ihnen eine Botschaft Gottes.

„Schlachtet jeder ein Lamm – groß genug, daß eine Familie davon satt wird. Taucht in das Blut des Lammes ein Büschel Kräuter und streicht damit die Türpfosten eures Hauses ein. Dann bratet das Lamm, und eßt es mit bitteren Kräutern und ungesäuertem Brot. Aber schon beim Essen müßt ihr für einen raschen Aufbruch bereit sein. Zieht die Schuhe an und haltet den Wanderstab bereit. Gottes Todesengel geht heute nacht durch Ägypten, um dessen Bewohner zu strafen. Doch wenn der Engel das Blut an euren Türen sieht, wird er vorübergehen. Und ihr sollt künftig das Passahfest jedes Jahr feiern, als Erinnerung an den Bund zwischen Gott und euch. Und euren Kindern und Enkeln sollt ihr erzählen, wie Gott uns alle gerettet hat!"
Da lobten alle Gott und eilten nach Hause, um Moses' Weisungen zu befolgen.

Und um Mitternacht starb jedes erstgeborene Kind in Ägypten – egal, ob in der Familie des Pharao oder in der ärmsten Hütte. Aus den Häusern drang das laute Weinen und Klagen der Eltern.
Der Pharao ließ Moses und Aaron in den Palast kommen. Sie eilten zu ihm. „Geht, geht!" schrie der Pharao. „Ihr seid alle frei. Jeder von euch kann gehen und seine Herde mitnehmen. Geht fort und feiert ein Fest für euren Gott!"
Hastig klaubten die Israeliten ihr Hab und Gut zusammen. Sie warteten nicht mal mehr, bis der Brotteig, den sie vorbereitet hatten, aufgegangen war.
So machte sich eine riesige Menge Männer, Frauen und Kinder zusammen mit ihren Viehherden und den Wagen mit Hausrat auf den Weg. Sie verließen Ägypten und waren frei!
Doch ihre Freude währte nur kurz.

Das Rote Meer

Die Israeliten wanderten Tag und Nacht, bis sie den Rand der Wüste erreichten. Denn sie wollten keine Zeit verlieren. Gott zeigte ihnen den Weg. Mit einer Wolke am Tag und einer Feuersäule bei Nacht führte er sein Volk. Es war ein langer, mühsamer Weg bis zum Roten Meer.

Erst allmählich wurde dem Pharao bewußt, daß die Israeliten tatsächlich ausgewandert waren und es keine Sklaven mehr gab, die für die Ägypter arbeiteten.

„Wir müssen sie zurückholen!" entschied der Pharao. Und er schickte den Israeliten sechshundert Kampfwagen und seine besten Soldaten hinterher.

Die kamen natürlich viel schneller voran als die Israeliten mit ihren Kindern und Viehherden. Als sie endlich das Rote Meer erreichten, sahen sie auch schon die Ägypter nahen.

Voller Furcht riefen sie Moses zu: „Warum hast du uns hier in die Wüste geführt? Gab es nicht ausreichend Land für uns in Ägypten? Immer noch lieber dort als Sklaven leben als hier in der Wüste elendiglich zugrunde gehen!"

„Habt keine Angst!" versuchte Moses seine Leute zu beruhigen. „Der Herr, unser Gott, wird uns schon beistehen, wenn ihr ihm nur vertraut!"

Und Moses flehte Gott an, seinem Volk in dieser Not beizustehen.

Gott aber sprach: „Was rufst du mich um Hilfe? Sag deinem Volk, es soll weiterziehen!"

Weiterziehen? Vor ihnen lag das Rote Meer!

Da sagte Gott: „Strecke deinen Stab aus über das Wasser. Dann werden sich die Wellen teilen, und ihr werdet trokkenen Fußes an das andere Ufer gelangen. Die Ägypter werden versuchen, euch zu folgen, aber ich werde sie meine Macht spüren lassen!"

Und nun schob sich Gottes Wolke zwischen die Ägypter und die Israeliten. Ganz dunkel war es bei den Ägyptern, ganz hell aber bei den Israeliten.

Und als Moses seinen Stab hob, teilte sich tatsächlich das Meer. Zögernd und ängstlich machten sich die Israeliten auf den Weg. Zwischen den hohen Wassermauern hindurch gelangte der lange Zug von Menschen und Tieren sicher und trocken an das andere Meeresufer.

Die Ägypter merkten, daß ihnen die Israeliten zu entkommen drohten. Also spornten sie ihre Pferde an und fuhren mit ihren Kampfwagen schnellstens hinterher.

Ganz dicht waren sie ihnen schon auf den Fersen, da stoppte Gott ihren Vor-

marsch. Mitten auf dem Grund des Meeres, zwischen den hohen Wellenmauern, ließ er die Räder ihrer Wagen abbrechen.
„Zurück, zurück!" schrien die Ägypter. „Wir werden ertrinken! Gott hilft den Israeliten!"
Und während die Ägypter mit ihren Wagen auf dem Meeresboden festsaßen, hatten die Israeliten das rettende Ufer erreicht.
Da befahl Gott Moses: „Strecke deine Hand wieder aus über das Wasser!"
Moses gehorchte. Da stürzten die Wellenberge wieder übereinander und begruben die Ägypter unter sich. In Panik versuchten sie noch, das Ufer zu erreichen, aber vergeblich! Alle Ägypter ertranken im Meer.
Da wußten die Israeliten, wie mächtig ihr Gott war. Sie glaubten an ihn und an Moses und sangen und tanzten vor Freude.
Doch ihre Freude und ihr Glück sollten auch dieses Mal nicht lange dauern ...

In der Wüste

In einem schier endlos langen Zug wanderten die Israeliten durch die Wüste, voller Hoffnung, das von Gott versprochene Land zu erreichen. Aber sie wurden immer mutloser.
Schon seit drei Tagen hatten sie nichts mehr zu trinken. Die Zunge klebte ihnen am Gaumen, die Kehlen waren trocken. Wann würden sie Wasser finden?
Endlich stießen sie auf eine Wasserstelle. Durstig knieten sie nieder und tranken. Doch schon im nächsten Moment spuckten sie das Wasser wieder aus. „Es ist bitter, es schmeckt ungenießbar, einfach fürchterlich!" riefen sie. „Wir sind durstig! Hilf uns, Moses!"
Moses bat Gott um Hilfe. Und Gott befahl ihm, ein bestimmtes Stück Holz ins Wasser zu tauchen. Kaum war dies geschehen, wurde das bittere Wasser klar und gut. Glücklich stillten alle ihren Durst.
Gott aber erneuerte seinen Bund mit den Israeliten. Wenn sie seine Gebote hielten, würde er sie von solchen Plagen verschonen, wie er sie über die Ägypter geschickt hatte.
Die Israeliten zogen weiter durch die Wüste, bis sie nach Elim kamen. An diesem Ort entsprangen sieben Quellen. Siebzig Palmen umstanden sie. Hier schlugen die Israeliten ihr Lager auf und rasteten.
Bald zogen sie weiter, und schon wieder lagen sie Moses mit ihren Klagen in

den Ohren: „Warum hast du uns nicht in Ägypten gelassen? Da hatten wir immerhin zu essen! Du aber führst uns in die Wüste, wo wir verhungern und verdursten!"
Da sagte Gott zu Moses: „Ich werde Nahrung für sie vom Himmel regnen lassen. Jeden Morgen sollen sie die Lebensmittel aufsammeln, aber nur den Vorrat für einen Tag. Denn ich will prüfen, ob sie meinen Geboten gehorchen. Und am sechsten Tag werde ich ihnen Essensvorräte für zwei Tage schenken!"
Moses und Aaron überbrachten ihrem Volk die gute Nachricht: „Ihr seht also, daß ihr eurem Gott vertrauen könnt! Morgen gibt es genug zu essen!"
Moses erklärte ihnen aber auch, daß sie jeweils nur für einen Tag Essen sammeln sollten, und fügte hinzu: „Wenn ihr euch darüber beklagt, dann gelten eure Beschwerden nicht mir, sondern Gott!"
Am nächsten Abend flogen ganze Scharen von kleinen braunen Vögeln mitten in das Lager der Israeliten. Sie brauchten sie nur zu fangen und hatten einen schmackhaften Braten. Überall im Lager duftete es nach gebratenem Geflügel. Und alle ließen es sich schmecken.
Und am Morgen, als die Sonne aufging, war die ganze Erde im Lager bedeckt mit flachen weißen Brotfladen.
„Was ist das?" fragten die Israeliten erstaunt. So etwas hatten sie noch nie gesehen.

„Das ist das Essen, das Gott euch vom Himmel gesandt hat", erklärte Moses ihnen. „Sammelt diese Brote auf, so wie Gott es euch befohlen hat. Und denkt daran: Ihr sollt nur so viel aufsammeln, daß es für einen Tag reicht!"
Die meisten seiner Leute achteten auf Moses, aber einige fanden seine Anweisungen unsinnig. „Warum sollen wir nur für einen Tag Essen sammeln? Wenn wir heute schon für den nächsten Tag vorsorgen, brauchen wir morgen nicht so früh aufzustehen!" flüsterten sie sich zu. Und so klaubten sie so viel Brot zusammen, daß es auch für den nächsten Tag reichen würde.
Aber am nächsten Morgen waren Würmer in dem Brot, es war ungenießbar!
„Weil ihr Gottes Gebote mißachtet habt", sagte Moses ärgerlich. Von da an hielten sich die Israeliten an Gottes Worte.
Am sechsten Tag erklärte ihnen Moses, daß Gott am nächsten Morgen kein Essen vom Himmel schicken würde. „Kocht also heute schon genügend, daß es für morgen reicht!"
Wieder hielten sich nur einige an seine Aufforderung. Die anderen aber suchten auch am siebten Tag nach dem Himmelsbrot.
Voller Zorn sprach Gott zu Moses: „Ich habe genug von diesem Ungehorsam! Am siebten Tag der Woche sollen alle Menschen ruhen, keiner soll arbeiten!"
Nun hielten sich alle an Gottes Gebote. Abends aßen sie die gebratenen Vögel, morgens das so gut nach Honig schmeckende Brot. Das nannten sie *Manna,* das bedeutet: *Was ist das?*
So brauchten die Israeliten auf ihrem Marsch durch die Wüste nicht zu hungern, bis sie an der Grenze von Kanaan angelangten.
Wieder beschimpfte das Volk Moses: „Warum läßt du uns in der Wüste verdursten?"
Gott befahl Moses: „Nimm einige ihrer Anführer und deinen Hirtenstab mit und geh zum Berg Horeb. Berühre mit dem Stab den Fels, und schon wird Wasser daraus fließen!"
Moses machte es so, wie Gott es wollte. Nun gab es Wasser im Überfluß. Moses sorgte sich trotzdem sehr. Wann endlich würde sein Volk aufhören zu meutern? Wann würden die Menschen an Gottes Worte glauben und auf seine Hilfe vertrauen?

Der Kampf mit den Amalekitern

Die Israeliten hatten gerade ihr Lager in der Nähe des Ortes Rephidim aufgeschlagen, als sie von einem kriegerischen Wüstenstamm angegriffen wurden.

Im ersten Kampf siegten die Israeliten, doch sie wußten, daß die Angreifer wiederkommen würden. Moses war inzwischen alt geworden, zu alt zum Kämpfen. Also suchte er einen jungen, starken und geschickten Anführer für sein Volk.

Er ließ Josua kommen, den Sohn von Nun. „Wähle genügend Männer aus, und führe sie morgen in den Kampf mit den Amalekitern", sagte er zu dem tapferen Mann. Josua freute sich über die große Ehre. Er wußte zwar, daß die Amalekiter tapfere Krieger waren, aber er war zuversichtlich.

Moses erklärte Josua seinen Plan: „Ich werde dort auf den Hügel gehen. Und von dort werde ich meinen Stab über euch halten, mit dem Gott so viele Wunder vollbracht hat. Ich werde den Kampf beobachten, und Gott wird euch helfen!"

Josua nickte zustimmend. Dann scharte er seine Mitkämpfer um sich. Und am nächsten Morgen zogen sie dem Feind entgegen.

Moses kletterte auf den Hügel, zusammen mit seinem Bruder Aaron und einem Mann namens Hur. Als die Amalekiter angriffen, streckte Moses seinen Stab aus.

Vom Hügel aus hatten die drei Männer einen guten Überblick auf das Kampfgeschehen. Seltsam: Immer, wenn Moses müde wurde und sein Arm mit dem Stab herabsank, waren die Amalekiter stärker als die Israeliten, hob Moses aber den Stab, gewann sein Volk die Oberhand.

Damit Moses nicht ermüdete, holten Aaron und Hur einen großen Stein, auf dem er sitzen konnte. Sie selbst stützten Moses' Arme. Am Abend waren die Amalekiter besiegt. Da sagte Gott zu Moses: „Schreib diese ganze Geschichte auf und laß sie Josua lesen!"

Moses gehorchte. Dann baute er einen Altar auf dem Hügel und dankte Gott für seine Hilfe in diesem Kampf.

Die Zehn Gebote

Die Israeliten kamen nun in die Wüste Sinai und lagerten am Fuße des Gebirges. Moses stieg auf den Gipfel, um mit Gott zu sprechen.
„Ich will mit euch einen Bund schließen!" sagte Gott. „Wenn ihr meinen Geboten gehorcht, werdet ihr mein auserwähltes Volk sein!"
Moses eilte vom Berg herab, um seinen Leuten die gute Botschaft zu bringen. „Was immer auch Gott uns befehlen mag, wir werden ihm gehorchen!" versprachen die Israeliten eifrig.
Gott war zufrieden und sagte zu Moses: „Ich werde in Gestalt einer Wolke auf dem Berg Sinai erscheinen, und deine Leute sollen wissen, daß ich diese Wolke bin. Dann sollst du dein Volk segnen, und es soll sich auf etwas Besonderes vorbereiten. Alle sollen in den nächsten beiden Tagen ihre Kleider waschen. Und keiner darf den Berg besteigen, bevor nicht der Klang eines Widderhorns erschallt. Sonst wird er sterben."
Moses erteilte seinem Volk den Segen. Und alle Familien wuschen ihre Kleidung während der nächsten beiden Tage. Dann warteten sie voller Spannung auf den Anbruch des dritten Tages. Plötzlich blitzte und donnerte es, und eine große Wolke umhüllte die Bergspitze. Und ein lauter Trompetenstoß erklang. Vor Furcht erstarrten die Israeliten.
Moses führte sie nun alle an den Fuß des Berges, wo sie ängstlich warteten. Der Berg erzitterte, laut tönte der Trompetenschall, viel lauter als zuvor. Und um die Bergspitze wehten dichte Rauchwolken. Moses stieg den Berg hinauf und war bald in den Wolken verschwunden.
Dort gab ihm Gott die Zehn Gebote. Er sagte: „Ich bin der Herr, dein Gott. Du sollst keine anderen Götter neben mir haben. Du sollst dir auch kein Gottesbild machen, keine Statuen und keine Abbildungen. Tust du es doch, werde ich dich und deine Nachfahren bestrafen."
Und Gott fuhr fort: „Du sollst auch nicht den Namen des Herrn, deines Gottes, mißbrauchen und ohne Grund nennen. Haltet den siebten Tag der Woche, den Sabbat, heilig. An allen sechs übrigen Tagen der Woche sollst du arbeiten, doch am siebten Tag ruhe dich aus. Denk daran: Ich der Herr, dein Gott, habe die Welt in sechs Tagen erschaffen. Am siebten Tag aber habe ich mich ausgeruht. Diesen Tag habe ich gesegnet, er ist heilig und mir, deinem Gott, vorbehalten."
Und Gott erteilte Moses die weiteren Gebote: „Du sollst deinen Vater und deine Mutter ehren!
Du sollst nicht töten!
Du sollst nicht ehebrechen!
Du sollst nicht stehlen!

Du sollst nicht lügen und Falsches über deinen Nächsten sagen!
Du sollst nicht das begehren, was einem anderen gehört!"

Während Gott Moses die Gebote gab, warteten die Israeliten voller Angst am Fuß des Berges. Sie riefen Moses zu: „Sag uns, was Gott gesagt hat. Sprich du, denn vor seiner Stimme fürchten wir uns!"

„Habt keine Angst", beruhigte Moses sie. „Gott will nur euer Bestes." Und er ging zurück auf den Berg, um von Gott weitere Gebote zu hören. Dazu gehörte das Gebot der gerechten Bestrafung und im Streit Gleiches mit Gleichem zu vergelten.

Und Gott sagte: „Im Kampf gilt: Leben um Leben, Auge um Auge, Zahn um Zahn!"

Zu den vielen Weisungen, die Gott den Israeliten gab, gehörten auch diese: „Wenn du siehst, daß ein Tragesel unter seiner Last zusammenbricht, hilf ihm auf, auch, wenn der Esel deinem Feind gehört." Und: „Sei freundlich zu Fremden!"

Moses berichtete all das seinem Volk. Alle gelobten, Gottes Gesetze zu halten. Dann schrieb Moses die Gebote Gottes auf und errichtete zwölf Säulen aus Stein als Zeichen für die zwölf Stämme Israels.

Zu Ehren Gottes brachte Moses ein Dankopfer und sagte zu seinem Volk: „Mit diesen Geboten hat Gott einen Vertrag mit uns geschlossen. Wir brauchen nun noch eine Truhe, um die Tafeln mit den Gesetzen darin aufzubewahren."

Die Bundeslade

Gott befahl Moses: „Komm auf den Berg. Dort werde ich dir zwei Steintafeln geben, auf denen die Zehn Gebote geschrieben sind!"
Moses nahm Josua zur Begleitung mit und bestimmte, daß während seiner Abwesenheit Aaron und Hur die Anführer der Israeliten sein sollten.
Dann stiegen Moses und Josua auf den Gipfel des Berges, der von einer dichten Wolke aus Rauch und Feuer bedeckt war. In dieser Wolke warteten Moses und Josua sechs Tage lang, bis Gott Moses rief, um ihm die beiden Steintafeln mit den Zehn Geboten zu übergeben.

Zur Aufbewahrung dieser Tafeln sollten die Israeliten auf Gottes Anweisung hin eine spezielle Truhe bauen. Diese Truhe sollte in einem heiligen, nur Gott vorbehaltenen Zelt untergebracht werden. Für den Bau sollte jeder aus dem Volk etwas beisteuern, zum Beispiel Gold, Silber oder Bronze. Die ärmeren Leute sollten Tierfelle und Olivenöl spenden. Auch wertvolles Akazienholz, teures blaues und rotes

Garn sowie feines Leinen und viele andere Dinge wurden für die Ausstattung dieses heiligen Zelts gebraucht.

Die Truhe aus Akazienholz sollte etwa so groß sein wie ein Tisch, einen Meter lang, einen halben Meter breit und ebenso hoch.

Innen und außen sollte sie mit purem Gold überzogen werden, befahl Gott Moses. An den Seiten müßten je zwei Ringe angebracht werden, durch die hölzerne, ebenfalls vergoldete Tragestangen gesteckt werden könnten. So könnte die Truhe jederzeit rasch abtransportiert werden.

In dieser Truhe, die von den Israeliten als Bundeslade bezeichnet wurde, sollten die niedergeschriebenen Gebote Gottes aufbewahrt werden, ebenso wie die weiteren Angaben Gottes für den Bau der Bundeslade.

Gott gab auch genaue Anweisungen für den Bau des heiligen Zeltes. Es sollte durch einen Vorhang abzuteilen sein in einen heiligen und einen besonders geheiligten Raum. In dem letzten sollte die Bundeslade stehen.

Gott beschrieb auch genau die Kleidung, die die Priester in diesem Heiligtum tragen sollten.

Als er Moses alles erklärt hatte, übergab er ihm die beiden Steintafeln. Moses war vierzig Tage und Nächte oben auf dem Berg gewesen.

Das Goldene Kalb

Voller Ungeduld warteten die Israeliten am Fuß des Berges auf die Rückkehr von Moses. Sie sahen die große Wolke auf dem Gipfel des Berges, aus der Blitze zuckten und Donner grollte. Aber Moses kam und kam nicht zurück ...

„Wer weiß, was ihm zugestoßen ist?" sagten sie zu Aaron. „Und ob er jemals zurückkommt? Laßt uns ein Götterbild bauen, das vor uns herzieht."

In all den zurückliegenden Jahren war Moses der Anführer seines Volkes gewesen. Er hatte mit Gott gesprochen und anschließend dann mit Aaron. Ohne seinen Bruder Moses fühlte sich Aaron hilflos und allein.

Vielleicht war Moses auf dem Berg abgestürzt, war schon lange tot? Das Volk war unruhig und konnte leicht gewalttätig werden. Aaron erinnerte sich daran, daß auch Moses wegen der Unzufriedenheit seines Volkes schon oft um sein Leben gefürchtet hatte ...

Aber er vergaß, daß Moses in solchen schwierigen Situationen immer Gott um Hilfe gebeten hatte. Aaron betete nicht, sondern traf eine eigene Entscheidung. „Bringt mir alle eure goldenen Ringe und Halsreifen", befahl er den Israeliten. Dann schmolz er alles über dem Feuer und goß das flüssige Gold in die Form eines Kalbs.

„Das soll unser Gott sein", rief das Volk. „Dieser Gott hat uns aus Ägypten herausgeführt!"

Aaron war voll Sorge über diese Worte. Schnell ließ er vor dem Goldenen Kalb einen Altar bauen. „Dort werden wir morgen Gott, unserem Herrn, ein Opfer bringen", sagte er.

Doch die Israeliten feierten schon früh am nächsten Morgen ein Fest rund um das Goldene Kalb und brachten diesem Götzenbild ihre Opfer dar.

Als Gott das sah, wurde er zornig. Er befahl Moses: „Geh rasch hinunter zu deinen Leuten! Sie beten ein Götzenbild an. Sie sagen, dieses Goldene Kalb habe sie aus Ägypten geführt. Ich werde sie alle vernichten. Nur dich werde ich retten!"

Völlig verzweifelt versuchte Moses, Gott von seinem Plan abzubringen. Er flehte ihn an: „Sei nicht so erzürnt über sie. Und laß nicht die Ägypter sagen: ‚Ihr Gott hat sie nur aus Ägypten geführt, um sie in der Wüste zu vernichten!' Und erinnere dich an die Versprechen, die du Abraham, Isaak und Jakob gegeben hast. Sie würden unzählige Nachkommen haben und einmal das Gelobte Land erreichen."

Gott beschloß, die Israeliten doch am Leben zu lassen. Und Moses rannte stolpernd den Berg hinunter. Die Gebotstafeln trug er unterm Arm.

Weiter unten wartete Josua auf ihn. „Im Lager ist Krieg", rief er Moses ängstlich entgegen.

„Das ist kein Kriegslärm, das ist Gesang und Tanzmusik", antwortete Moses grimmig. Und da sah er auch schon das Lager und das Goldene Kalb ...

Voller Zorn warf er die beiden steinernen Tafeln mit den Zehn Geboten den Berg hinunter, und sie zersprangen in tausend Stücke. Dann stürzte er dem Lager zu.

Moses riß das Goldene Kalb von seinem Sockel, stürzte es ins Feuer, zertrampelte das geschmolzene Gold zu Staub und streute den Goldstaub aufs Trinkwasser. Dann zwang er die verstörten Israeliten, dieses Wasser zu trinken.

„Warum hast du das getan?" wandte er sich dann an Aaron.

„Sie haben mir gesagt, ich sollte es tun", verteidigte sich Aaron zitternd.

Da wurde Moses klar, daß Aaron einfach nicht fähig war, das Volk im Zaum zu halten. Deshalb hatte Gott ja auch nicht Aaron, sondern ihn, Moses, zum Anführer gewählt.

Also brachte Moses Ordnung ins Lager. Dann stieg er noch einmal auf den Berg, um Gott um Vergebung zu bitten. Noch einmal blieb er vierzig Tage und Nächte auf dem Berg. Und diesmal schrieb er selbst die Zehn Gebote auf zwei steinerne Tafeln.

Als Moses vom Berg zurückkam, sahen die Israeliten ein Leuchten auf seinem Gesicht. Denn Moses hatte Gott gesehen.

Der Auszug aus dem Sinai

Bevor sie die Wüste Sinai verließen, um ihrem versprochenen Land entgegenzuziehen, gelobten die Israeliten erneut, Gottes Geboten zu gehorchen. Sie trugen die Bundeslade ihrem Zug voran, und Gottes Wolke schwebte über ihnen.

Doch schon bald begann Moses' Volk wieder zu murren: „Können wir nicht mehr Fleisch zu essen kriegen? In Ägypten gab's wenigstens Fisch in Hülle und Fülle, sogar kostenlos. Wir hatten Melonen und Gurken, Lauch, Zwiebeln und Knoblauch genug! Aber jetzt? Nur Manna Tag für Tag. Wir können dieses Manna schon nicht mehr sehen, geschweige denn essen!"

Moses beklagte sich bei Gott: „Warum hast du mich zum Anführer dieser Leute gemacht? Das sind nicht meine Kinder. Wo soll ich Fleisch hernehmen? Das ist alles zuviel für mich. Wirklich, ich wollte, du ließest sie sterben!"

Gott verstand Moses: „Du hast es tatsächlich schwer. Immer diese Streitereien, die du schlichten mußt!"

Moses seufzte müde.

Gott sagte dann: „Wähle dir siebzig erfahrene Männer aus, die dich bei deinen Aufgaben unterstützen sollen!" Und grimmig fügte er hinzu: „Ich

werde deinen Leuten Fleisch geben. Nicht nur für einen Tag, sondern für einen ganzen Monat, und das alles auf einmal! Krank werden sollen sie davon, weil sie mir nicht vertraut haben!"
„Unmöglich!" rief Moses aus. „Wir sind sechshunderttausend Leute. Selbst wenn wir alle unsere Tiere schlachten würden, reichte das Fleisch nicht für einen Monat."
„Du glaubst also auch nicht an meine Worte!" sagte Gott. „Was ich sage, wird geschehen! Warte ab!"
Und Gott ließ vom Meer einen Sturm aufziehen, der Tausende von Wachteln heranwehte. Zwei Tage und Nächte waren die Israeliten damit beschäftigt, die Vögel zu fangen, zu braten und zu essen. Doch das viele Fleisch machte sie krank. Einige starben sogar.
Jetzt war eine Zeitlang Ruhe mit den Klagen über das Manna ...
Weiter ging die Wanderung. Und neue Probleme kamen auf Moses zu: Seine Schwester Mirjam und sein Bruder Aaron waren eifersüchtig auf ihn. „Warum spricht Gott nur mit Moses, und nicht auch mit uns?" beschwerten sie sich.
Moses hatte sich selbst schon oft darüber gewundert, denn er hielt sich nicht für etwas Besonderes.
Gott aber ärgerte sich über Mirjam und Aaron. „Ich spreche nur mit Moses, weil er der einzige ist, dem ich vertrauen kann! Wie könnt ihr es wagen, euch gegen mich aufzulehnen?"
Und zur Strafe ließ er Mirjam schwer krank werden. Sie mußte sogar sieben Tage lang außerhalb des Lagers untergebracht werden.
Da bat Moses Gott um Mirjams Heilung, und nach sieben Tagen war sie wieder gesund. Die Israeliten zogen weiter dem Gelobten Land entgegen, das Gott ihnen versprochen hatte.
Würden sie es denn nie erreichen?

Zwölf Kundschafter erforschen das Land Kanaan

Gott hatte eine aufregende Botschaft für Moses: „Wähle zwölf Anführer aus, je einen von den zwölf Stämmen Israels. Sie sollen in geheimer Mission das Land Kanaan erkunden, das ich euch versprochen habe."
Endlich! Bald würden sie an ihrem lang ersehnten Ziel sein!
Moses wählte zwölf mutige und besonnene Männer aus. Sie mußten vorsichtig vorgehen, denn sie durften in Kanaan ja nicht als Spione erkannt werden. Auch Josua gehörte zu den zwölf Kundschaftern.
Moses erzählte den Männern, was sie über das Land Kanaan und seine Bewohner wissen mußten, und beauftragte sie, von dort einige Früchte mitzubringen.
Die zwölf Kundschafter machten sich auf den Weg. Der Rest des Volkes erwartete im Lager voller Ungeduld ihre Rückkehr.
Nach vierzig Tagen war es soweit. Als die Kundschafter zurückkamen, riefen alle im Lager ihnen zu: „Erzählt, wie ist es in Kanaan?" Sie ließen sogar ihre Opfervorbereitungen stehen. Alle wollten nur von Kanaan hören.
Die zwölf Männer berichteten ausführlich von ihrer erfolgreichen Erkundung.
„Es ist ein sehr reiches Land, fruchtbar und mit guten Ernten gesegnet. Hier,

diese Weintrauben, Feigen und Granatäpfel haben wir von dort mitgebracht. Ein Land, in dem Milch und Honig fließen."

„Aber die Städte dort sind groß und stark befestigt", berichtete ein anderer Kundschafter. „Und erst die Bewohner! Sie sind riesig, wahre Giganten. Neben ihnen kamen wir uns wie Grashüpfer vor."

Doch Kaleb, einer der zwölf Männer, beruhigte die ängstlichen Zuhörer: „Auch wenn die Städte wehrhaft und ihre Bewohner stark sind, wir werden sie trotzdem angreifen, weil Gott uns hilft. Wir können kämpfen und gewinnen!"

Die anderen Kundschafter aber waren besorgt: „Nein, niemals werden wir einen Kampf gegen die Kanaaniter gewinnen können!" Und ihre Mutlosigkeit steckte die Israeliten an. Sie wollten den Kampf erst gar nicht wagen.

Zornig beschimpften sie Moses und Aaron: „Besser, wir wären in Ägypten gestorben! Warum hat uns Gott hierher gebracht? Damit wir im Kampf sterben und unsere Frauen und Kinder in Gefangenschaft geraten?"

Und viele riefen aufgebracht: „Wir sollten uns einen anderen Anführer wählen, und der soll uns zurück nach Ägypten bringen!"

Da traten Josua und Kaleb vor das Volk und zerrissen ihre Kleidung, als Zeichen ihrer Bestürzung, daß die Israeliten Gott beschimpft hatten. Und Josua versuchte, alles noch einmal in Ruhe zu erklären.

„Es lohnt sich, um das Land Kanaan zu kämpfen! Hört auf Gott und seid unbesorgt. Wir werden die Kanaaniter besiegen, denn sie haben der Macht Gottes nichts entgegenzusetzen!"

Aber die Leute hörten nicht auf ihn. Im Gegenteil. Einige sammelten Steine auf, um Josua und Kaleb damit zu bewerfen.

Gott war nicht gewillt, diesem Streit noch länger zuzusehen. So zeigte er sich den Israeliten in Form einer großen strahlenden Wolke, die genau über dem Zelt mit der Bundeslade stand. „Wann endlich werden die Israeliten mir vertrauen? Warum glauben sie mir nicht, obwohl ich doch soviel für sie getan habe? Ich werde sie alle vernichten!" sagte er zu Moses.

Doch Moses entgegnete: „Wenn du sie vernichtest, lachen die Ägypter. Sie behaupten dann, daß du nicht fähig warst, uns in das versprochene Land zu bringen. Aber ich weiß, daß du voller Liebe bist, ein gütiger Gott, der Sünde und Ungehorsam vergibt ...!"

Auch dieses Mal hörte Gott auf Moses: „Ich will ihnen vergeben und sie am Leben lassen. Aber keiner von ihnen wird das Gelobte Land erreichen, nur ihre Kinder werden Kanaan erleben. Euch alle schicke ich jetzt zurück in die Wüste, wo ihr vierzig Jahre bleiben müßt. Nur Josua und Kaleb werden in das versprochene Land kommen."

Jetzt bereuten es die Israeliten bitter, daß sie gegen Gott gemeutert hatten. Vierzig lange Jahre mußte das ganze Volk durch die Wüste wandern. Doch auch diese Zeit näherte sich dem Ende.

Moses' Abschied

Moses war sehr alt geworden, zu alt, um weiter Anführer seine Volkes zu sein. Also erklärte er den Israeliten: „Gott hat mir mitgeteilt, daß ich das Gelobte Land nicht erreichen werde. Ihr sollt deshalb einen neuen Anführer haben."
Moses rief Josua nach vorn, und vor dem versammelten Volk sagte er zu ihm: „Josua, sei tapfer und stark. Du mußt nun das Volk führen. Gott wird mit dir sein. Hab keine Angst, er wird dich nie verlassen!"
Regungslos hörte Josua zu. Und Gott sprach zu ihm: „Du wirst die Israeliten sicher in das verheißene Land führen, das ich ihnen versprochen habe. Und ich helfe dir dabei!"
In seinen letzten Lebenstagen schrieb Moses die Gesetze nieder, die Gott den Israeliten gegeben hatte. Dieses Gesetzbuch fand seinen Platz in der Bundeslade. Auch schrieb Moses ein Lied, das die Israeliten an ihre wechselvolle Geschichte erinnern sollte und von Gottes Macht und Größe berichtete.
Moses wußte, daß er nun bald sterben würde. Da befahl ihm Gott, auf den Berg Nebo zu steigen und von dort in das gelobte Land Kanaan zu blicken.
„Das ist das Land, das ich Abraham, Isaak und Jakob versprochen habe", sagte Gott. „Ich wollte, daß du es vor deinem Tode einmal siehst."
Und dort auf dem Gipfel des Berges starb Moses. Sein Volk trauerte sehr um ihn, denn alle wußten, daß er ein außergewöhnlicher Mann gewesen war.

Josua war nun der neue Anführer des Volkes Israel, ein Mann voller Klugheit und gerechter Strenge. Moses hatte ihm seinen Segen erteilt, und das Volk hörte auf ihn. Nun würden die Israeliten bald in Kanaan einziehen.

Josua schickt Spione aus

Josua schickte zwei Spione nach Kanaan. Sie sollten die Verteidigungsanlagen der Stadt Jericho auskundschaften. Die beiden Männer beschlossen, die Stadt als ganz normale Besucher zu betreten, die dort nach einer Übernachtungsmöglichkeit suchten. So würden sie sich alles ganz genau und in Ruhe anschauen können.

Ganz offen betraten sie die Stadt und gingen zu einem Haus, das einer Frau namens Rahab gehörte. Auf dem Weg dorthin merkten sie sich ganz genau die Stärke der befestigten Stadtmauern und die gut bewachten Wehrtürme. Jericho war eine richtige Festung.

Rahab ließ die beiden Männer in ihr Haus. Doch unterwegs waren sie beobachtet worden. Und ein Bote rannte zum König von Jericho und teilte diesem atemlos mit: „Zwei israelitische Spione sind in der Stadt, sie sind in Rahabs Haus!"

Der König schickte sofort Soldaten aus, um die Spione zu fangen. Als es dunkel wurde, schlugen sie an Rahabs Tür und riefen: „Bring die beiden israelitischen Spione raus!"

„Aus! Gefangen!" dachten die beiden Männer, doch Rahab war auf ihrer Seite. Mutig brachte sie die beiden Männer auf das Flachdach ihres Hauses und versteckte sie unter den Flachsbündeln, die sie dort zum Trocknen ausgelegt hatte.

Dann eilte sie wieder hinunter, um den Soldaten des Königs die Tür zu öffnen.

„Es waren tatsächlich Männer hier", sagte sie. „Aber kurz vor Einbruch der Dunkelheit sind sie gegangen, weil sie wußten, daß dann die Stadttore geschlossen werden. Ich weiß nicht, wohin sie gegangen sind, aber wenn ihr euch beeilt, werdet ihr sie noch erwischen!"

„Schnell ihnen nach", riefen die Soldaten und nahmen die Verfolgung auf.

Die beiden Spione auf dem Dach hörten den Lärm und die Rufe, die sich in der Ferne verloren. Still blieben sie in ihrem Versteck liegen, bis Rahab zu ihnen kam.

„Die Soldaten sind fort", flüsterte sie, „sie sind schon aus der Stadt. Und ich will euch erklären, warum ich euch geholfen habe. Wir haben gehört, daß Gott euch dieses Land Kanaan versprochen hat. Und wir fürchten uns vor euch, weil wir wissen, wie mächtig euer Gott ist. Wir haben gehört, wie ihr mit seiner Hilfe das Rote Meer trockenen Fußes durchquert habt. Nun habe ich eine Bitte: Wenn ihr Jericho angreift, verschont meine Familie und mich, unser Hab und unser Gut. Denkt daran, daß ich euch das Leben gerettet habe!"

Im Licht der Sterne sahen sich die beiden Männer an und versprachen: „Wir werden dafür sorgen, daß dir nichts geschieht!"
Rahabs Haus war auf die Stadtmauer gebaut, und an einem Seil ließ sie die beiden Spione aus dem Fenster an der Stadtmauer herunterklettern. Leise rief sie ihnen nach: „Versteckt euch für drei Tage in den Bergen, dann wird man euch nicht mehr suchen."
Und die Männer riefen zurück: „Wir werden unser Versprechen halten. Wenn die Israeliten kommen, binde ein rotes Tuch an dein Fenster. Und bleib mit deiner Familie im Haus, dann wird euch nichts geschehen!"
Die beiden Kundschafter versteckten sich für drei Tage in den Bergen, bis die Soldaten die Suche nach ihnen aufgaben und in die Stadt zurückkehrten.
Dann machten sie sich auf den Rückweg zu Josua und berichteten dort: „Gott hat die Stadt in unsere Hand gegeben. Alle Bewohner fürchten sich vor uns!"
Da bat Josua Gott um Rat, wie man Jericho einnehmen könnte.

Jericho fällt

Alle Stadttore von Jericho waren fest verschlossen und verrammelt. Die Bürger der Stadt waren in heller Aufregung, denn sie wußten, die Israeliten würden bald angreifen.

Aber Josua war sich noch nicht ganz schlüssig, wie er es am besten anstellen sollte. Seine Männer waren keine ausgebildeten Krieger wie die von Jericho. Zudem waren die Stadtmauern sehr dick und gut befestigt ...

Da sprach Gott zu Josua: „Ich werde dir ganz Jericho ausliefern, wenn du meinen Anweisungen folgst!"

Josua war verwundert. Gottes Plan klang seltsam. Aber Josua vertraute Gott und gab die Befehle an seine Männer weiter.

Sechs Tage lang marschierten die Israeliten täglich rund um Jericho: vorneweg ein Trupp Bewaffneter, dann folgte die Bundeslade, getragen von den Priestern. Sieben weitere Priester zogen vor der Bundeslade her und bliesen auf Posaunen. Dann folgte das restliche Volk.

„Seid so lange ruhig, bis ich euch das Signal für den Schlachtruf gebe",

schärfte Josua seinen Leuten ein. So waren als einziges Geräusch der Klang der Posaunen und das unablässige Stapfen der marschierenden Füße zu hören.
Am siebten Tag begannen die Israeliten ihren Marsch um Jericho in der Morgendämmerung. Siebenmal gingen sie um die Stadt herum. Und als sie Jericho beim siebten Mal vollkommen umzingelt hatten, bliesen die Priester mit Macht ihre Posaunen. Im selben Moment rief Josua: „Schreit so laut ihr könnt! Gott hat die Stadt in unsere Hand gegeben!"
Da ließen alle laut gellend ihr Kriegsgeschrei ertönen, und von dem Lärm stürzten die Mauern von Jericho ein! Sofort stürmten die Israeliten die Stadt. Sie töteten alle Bewohner und zerstörten alles. Die wertvollen Gegenstände aus Gold und Silber aber nahmen sie mit für die Bundeslade. Auch verschonten sie die Götterbilder der Bürger von Jericho.
Dann ließ Josua Rahab und ihre Familie aus ihrem Haus holen, um sie sicher im israelitischen Lager unterzubringen.
Die Israeliten wußten nun: Gott hatte Josua geholfen, so wie er auch Moses geholfen hatte. Und eine Zeitlang waren sie zufrieden ...

Josua erobert Kanaan

Jericho war gefallen, aber der Rest des Landes Kanaan war noch nicht erobert. Josua mußte den Feldzug der Israeliten weiterführen. Aber er wußte, daß die harten Jahre in der Wüste seine Leute abgehärtet hatten. Kaum einer dachte mehr an das ungleich leichtere Leben in Ägypten. Fast alle waren kampfbereit. Mutig sahen sie der Zukunft entgegen. Sie waren Menschen, wie Gott sie für seine Pläne brauchte. Josua war deshalb sehr zuversichtlich.

Aber er wußte nicht, daß einer aus dem Volk, Achan, seine Befehle mißachtet hatte. Unter seinem Zelt hatte Achan heimlich einen Barren Gold, etwas Silber und einen sehr schönen Mantel aus dem in Jericho eroberten Beuteschatz vergraben.

Josua sandte Spione aus, um die Stadt Ai auszuspähen. Sie kamen bald mit guter Kunde zurück: „Die Stadt ist leicht zu erobern, es gibt dort kaum Bewohner. Mit zwei- oder dreitausend Kriegern können wir Ai ohne weiteres einnehmen!"

Also stelle Josua dreitausend Mann für den Angriff zusammen, aber die wurden vernichtend geschlagen, mußten davonrennen und wurden von den Bewohnern der Stadt sogar noch verfolgt.

Josua konnte die Niederlage kaum fassen. Er warf sich vor der Bundeslade zu Boden und rief verzweifelt: „Warum hast du uns nur auf diese Seite des Jordanflusses gebracht? Alle werden von unserer Niederlage in Ai erfahren. Die Kanaaniter werden sich verbünden, uns angreifen und vernichten! Wer wird dann noch deinen Namen preisen, o Herr?"

Gott antwortete: „Der Bund zwischen uns ist gebrochen, weil einer deiner Leute gestohlen hat. Deshalb habt ihr hier eine Niederlage erlitten. Ich werde euch nicht beistehen, solange dieser Mann nicht bestraft ist und die Schätze zurückgegeben sind."

Auf Gottes Anweisung hin ließ Josua alle Israeliten zusammenkommen. Voller Zorn berichtete er, daß ein Dieb in ihren Reihen sei und sie Gott deshalb mit der schlimmen Niederlage in Ai gestraft habe. Er kündigte ihnen an, daß er mit Gottes Hilfe den Dieb am nächsten Morgen entlarven werde.

Vor lauter Angst konnte Achan die ganze Nacht kein Auge zutun. Am Morgen ließ Josua alle zwölf Stämme Israels antreten. Dann trat er auf den Stamm Juda zu, den Gott ihm genannt hatte. Achan gehörte zu diesem Stamm ...

Dann ließ Josua die Sippe hervortreten, zu der Achan gehörte. Gott führte ihn schließlich zu dem Schuldigen. Achan wurde als Dieb entlarvt.

„Bekenne vor Gott die Wahrheit!" befahl ihm Josua. Achan gehorchte und gestand den Diebstahl. Zur Strafe wurde er zum Tode verurteilt.
Gott sprach Josua Mut zu, die Stadt Ai erneut anzugreifen: „Dieses Mal werde ich helfen, und ihr werdet bestimmt siegen!"
Also machte Josua einen sorgfältigen Schlachtplan und gab seinen Kriegern genaue Anweisungen. Er selbst führte eine kleine Gruppe zum Angriff auf Ai, während sich der Großteil seiner Armee in der Nähe der Stadt versteckt hielt.
Als Josua und seine Männer Ai angriffen, stürzten deren Krieger ihnen entgegen. Sie wollten sie wie beim ersten Mal in die Flucht schlagen. Während sie den Israeliten nachjagten, stürmte Josuas Hauptstreitmacht aus ihrem Versteck in die Stadt und steckte sie in Brand.
Als die Krieger von Ai das bemerkten, stürmten sie zurück in die Stadt. Doch nun waren sie die Verfolgten. Eingeschlossen zwischen Josuas Truppe und seiner Hauptstreitmacht, wurden sie vollständig besiegt. Josuas Plan war aufgegangen.
Zum Dank für Gottes Hilfe baute er einen Altar und brachte Opfer dar. Dann las er den Israeliten noch einmal Moses' Gebote vor. Sie erneuerten den Bund mit Gott, und Gott stand nun wieder auf ihrer Seite.
Josua hatte noch viele gefährliche Schlachten zu überstehen, bis endlich ganz Kanaan erobert war. Er teilte das Land unter die zwölf Stämme Israels auf, und für die nächsten Jahre kehrte Frieden ein.
In der Folgezeit dachten die Israeliten an Gott und seine Gebote. Dann ging es ihnen gut. Bald aber vergaßen sie Gott wieder, und dann brachen schlimme Zeiten für sie an ...

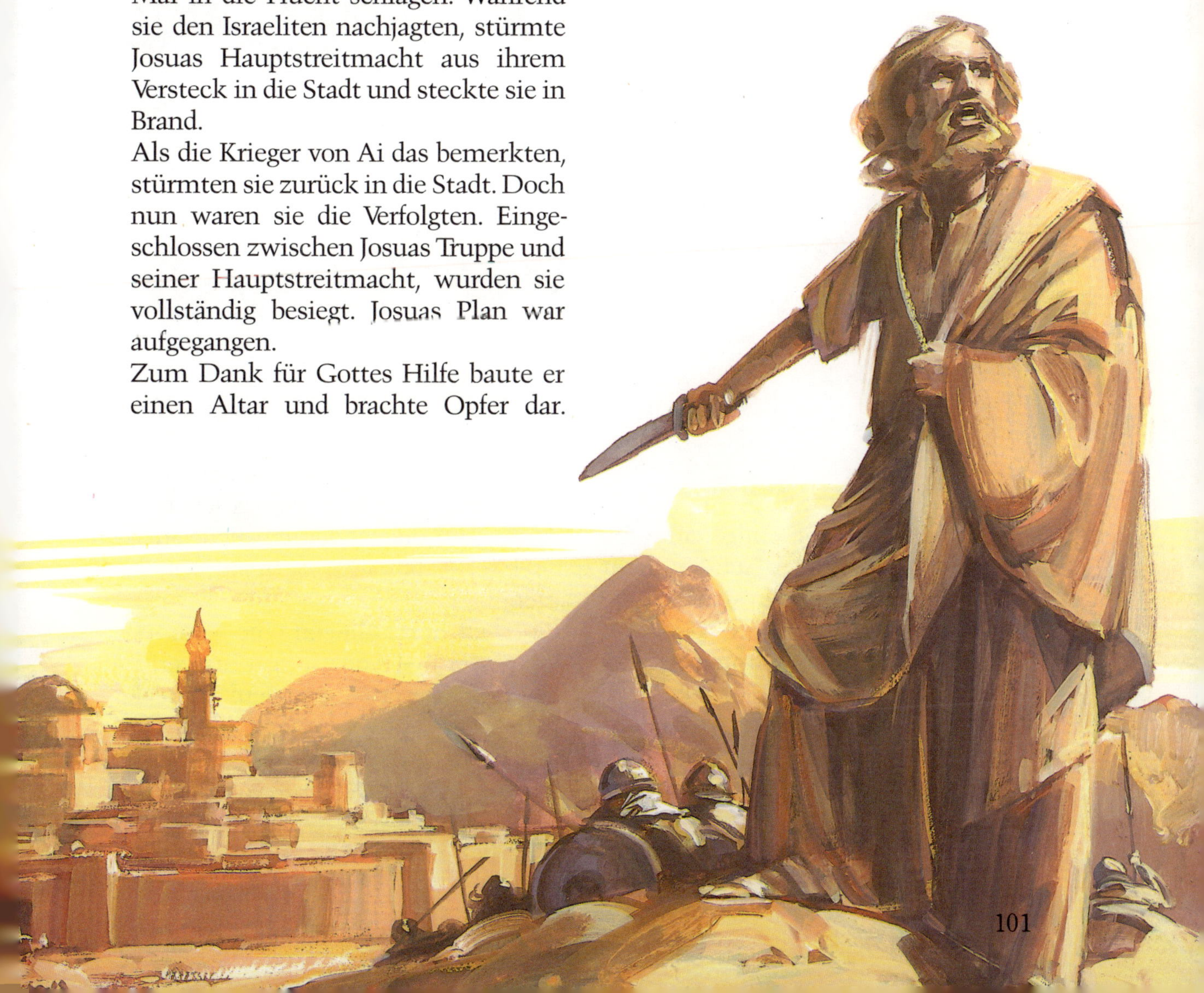

Gott erwählt Gideon

Josua war nun schon einige Jahre tot, und viele Israeliten glaubten nicht mehr an Gott. Sie hatten sich anderen Göttern zugewandt. Doch Gott sah nicht teilnahmslos zu: Immer wieder wurden die Israeliten von dem kämpferischen Volk der Midianiter überfallen. Auch Gideon, ein junger, kräftiger Israelit, fürchtete sich vor den Plünderungen der Midianiter. Er hatte sich deshalb versteckt, um heimlich Weizen für seine Familie zu dreschen. Das alles mußte so heimlich geschehen, damit ihm die Midianiter nicht auch noch sein bißchen Getreide abnahmen.

Plötzlich hörte Gideon eine Stimme: „Gott ist mit dir, du mutiger Krieger!"
Mutiger Krieger? Aus seinem Versteck heraus sah Gideon einen Mann, der ihn beobachtete. Trieb er etwa Spaß mit ihm? Warum sagte er, Gott sei mit ihm, Gideon?
Ärgerlich rief er: „Gott hat uns verlas-

sen! Er hat uns den Midianitern ausgeliefert!"
Der Fremde antwortete: „Geh und rette dein Volk. Ich befehle es dir!"
Da wußte Gideon, daß dies kein gewöhnlicher Mann war. Es war ein Engel mit einer Botschaft Gottes. Und was für eine Botschaft! Israel retten?
„Wie soll ich Israel retten?" schrie Gideon. „Meine Sippe ist die schwächste unter allen Stämmen, und ich bin der Unbedeutendste in meiner Familie."
Aber Gott sprach dem Verzagten durch seinen Engel Mut zu: „Mit meiner Hilfe wirst du die Midianiter besiegen!"
„Gib mir ein Zeichen, daß dies alles wahr ist", bat Gideon den Engel. Und der versprach, diese Bitte zu erfüllen.
Gideon eilte davon und kam kurz darauf mit einem Brot und etwas Fleisch zurück.
„Leg beides dort auf den Felsen", sagte der Engel.
Gideon gehorchte voll unruhiger Anspannung.
Mit der Spitze seines Hirtenstabes berührte der Engel Brot und Fleisch, das im Nu in Flammen aufging und restlos verbrannte. Der Engel aber war verschwunden ...
Da glaubte Gideon: „Ich habe den Engel Gottes gesehen. Nun werde ich sterben müssen!" Er war bestürzt.
Doch wieder hörte er Gottes Stimme: „Sei unbesorgt, du wirst leben!"
In dieser Nacht erklärte Gott Gideon, was er für die Rettung Israels tun solle. Er müsse den Altar zerstören, den Gideons Vater zu Ehren des Gottes Baal auf dem Marktplatz errichtet hatte. An dessen Stelle sollte Gideon dem wahren Gott Israels einen neuen Altar errichten.

Das war ein gefährlicher Auftrag, und Gideon fürchtete sich vor dem Zorn seines Vaters und der anderen Stadtbewohner.
Doch im Schutz der Dunkelheit wollte er es trotzdem versuchen. Als es dunkel wurde, rief Gideon zehn seiner Knechte und schlich mit ihnen zum Marktplatz. So leise wie möglich trugen sie die Steine des Baal-Altars ab und bauten an seiner Stelle einen Altar für den wahren Gott Israels. Ihm brachte Gideon auch gleich ein Dankopfer dar. Dann schlichen sie nach Hause.
Als die Bewohner der Stadt am nächsten Tag sahen, was geschehen war, gerieten sie in Wut. „Wer war das?" schrien sie und forschten so lange, bis sie Gideon, den Sohn des Joasch, ausfindig gemacht hatten.
„Gib deinen Sohn heraus!" riefen sie und schlugen heftig an Joaschs Haustür.
Gideon zitterte vor Angst. Würde sein Vater ihn ausliefern?
Doch Joasch liebte seinen Sohn und rief der Meute zu: „Wenn Baal wirklich ein Gott ist, dann soll er doch kommen und Gideon töten!"
Das gab der wütenden Menge vor dem Haus zu denken. Sah es nicht tatsächlich so aus, als könnte Baal selbst nichts tun? Also stimmten sie zu: „Wir überlassen Baal die Rache!" Und sie warteten, was geschehen würde.
Gideon war erleichtert. Er wußte, daß Baal keine Macht hatte. Und weil er völlig unversehrt blieb, sprach sich die Geschichte auch bald herum.
Als die Stämme Israels hörten, daß Gott Gideon zu ihrem Anführer auserwählt hatte, strömten sie zusammen, um ihm Gehorsam zu geloben. Angesichts der riesigen Menschenzahl war Gideon völlig überwältigt. Er bat Gott um ein weiteres Zeichen. Und Gott gab ihm zwei weitere Zeichen, an denen Gideon erkennen konnte, daß er die Führung über das Volk Israel übernehmen sollte.
Nun dachte er sich einen Plan aus, wie man die Midianiter aus Kanaan vertreiben könnte.

Gideon und die Midianiter

Gideon hatte seinen Schlachtplan fertig. Er und seine 32 000 Mann lagerten bei den Quellen von Harod. Ein gut gewählter Platz, denn hier vereinigten sich die vom Berg herabfließenden Bäche zu einem Fluß, der genügend Trinkwasser für eine große Armee bot.

„Du hast zu viele Krieger", sagte Gott zu Gideon. „Wenn ihr mit einer so gewaltigen Armee die Midianiter überwältigt, werden die Leute sagen, sie hätten das ohne meine Hilfe geschafft. Sag allen, die sich vor der Schlacht fürchten, sie könnten nach Hause gehen."

Gideon konnte es kaum glauben. Ein merkwürdiger Befehl an eine Armee! Aber er gehorchte. Stumm hörten ihm seine Soldaten zu. Verstohlen beobachteten sie sich gegenseitig aus den Augenwinkeln heraus, um zu sehen, wer wohl seine Angst eingestehen würde.

Da schlich plötzlich ein Mann davon, dann der nächste, immer mehr wurden es, bis schließlich ganze Scharen nach Hause zogen. Voller Staunen sah Gideon zu. 22 000 Soldaten verließen ihn. Nun verstand Gideon Gott. Es wäre unmöglich gewesen, so viele ängstliche Männer in einem Kampf unter Kontrolle zu halten. Sie wären mehr Last als Hilfe gewesen. Nur Gott hätte sie zum Sieg führen können, aber niemand hätte das geglaubt.

Gideon betrachtete seine restlichen zehntausend Mann. Zehntausend mutige Männer würden ausreichen ...

Doch Gott sagte: „Es sind immer noch zu viele!" Da bekam Gideon Angst.

„Laß die Männer aus dem Fluß trinken", sagte Gott. „Ich werde dir die zeigen, die du aussuchen sollst!"

Verwundert gehorchte Gideon und schickte die Männer zum Fluß. Er beobachtete sie ganz genau. Die meisten knieten nieder, senkten die Köpfe und schlürften das Wasser mit den Lippen. Nur dreihundert schöpften, aufrecht kniend, das Wasser mit den Händen zum Mund.

„Nimm diese Männer zum Kampf", sagte Gott. Gideon wußte warum. Diese Männer waren auch beim Trinken wachsam, während die anderen in ihrem Durst gar nicht an den Feind gedacht hatten.

Aber nur dreihundert Mann gegen die riesige Armee der Midianiter?

„Mit diesen dreihundert Mann wirst du die Midianiter schlagen", versprach Gott. Und so schickte Gideon die übrigen Krieger nach Hause – wenn auch schweren Herzens.

Gott verstand Gideons Ängste. Deshalb sagte er: „Nimm deinen Diener Pura und schleich in der Dunkelheit ins Lager der Midianiter. Was du dort hören wirst, wird dir den Mut geben, den du brauchst!"

Voll unruhiger Gedanken warf sich Gideon auf seinem Lager hin und her. An Schlaf war nicht zu denken. So rief er seinen Diener Pura, und gemeinsam schlichen sie ins feindliche Lager.

Als Gideon das Lager im Sternenlicht erblickte, war er überwältigt. Das Tal war übersät mit Zelten, dazu Kamele, mehr als man zählen konnte! Und

diese gewaltige Armee sollte Gideon mit dreihundert Kriegern besiegen?
Besorgt kroch Gideon näher an das Lager heran. Und gerade, als er draußen an einem Zelt lauschte, erzählte drinnen ein Midianiter seinem Kameraden einen Traum.
„Ich träumte, ein Gerstenbrot sei auf das Lager gefallen, genau auf dieses Zelt, das stürzte dann ein!"
Voll Furcht erwiderte der andere Midianiter: „Das Brot bedeutet die Armee Gideons. Ihr Gott kämpft für sie. Sie werden uns vernichten!"
Gideons Herz machte einen Freudensprung. Die Midianiter hatten keine Hoffnung auf einen Sieg. Er dankte Gott und eilte mit Pura ins eigene Lager zurück.
„Schnell, schnell, aufstehen!" rief er seinen dreihundert Kriegern zu. „Wir werden sofort angreifen, und Gott wird uns zum Sieg verhelfen!"
Gideon teilte seine Männer in drei gleich große Gruppen ein. Jedem gab er eine Trompete aus Widderhorn und einen Tonkrug mit einer Fackel. Verwundert blickten ihn die Männer an. Konnte man ihn ernst nehmen? Was für eine Schlacht sollte das wohl werden?
„Folgt mir!" befahl Gideon. „Wir werden das Lager der Midianiter im Dunkeln umzingeln. Wenn meine Gruppe das Horn bläst, dann stoßt auch ihr ins Horn und schreit: ‚Für Gott und Gideon!'"
Gespannt vor Aufregung machten sich die Männer auf den Weg zum Midianiter-Lager. Dort teilten sie sich in drei Gruppen und nahmen im Kreis Aufstellung rund um das Lager.
Auf Gideons Signal hin bliesen alle in ihre Trompeten, zerschmetterten ihre

Tonkrüge, schwenkten ihre Fackeln und ließen ihren Schlachtruf erschallen: „Für Gott und Gideon!“
Das Kriegsgeschrei, die Trompeten, das Zerschmettern der Tonkrüge und das Licht der Fackeln rissen die Midianiter aus ihrem Schlaf. In der Dunkelheit, dem Lärm und dem heillosen Durcheinander zwischen den Zelten glaubte

jeder, der andere gehöre zu den angreifenden Israeliten, und so brachten sich die Midianiter gegenseitig um. Gideons Männer aber standen nur da und staunten, wie die Midianiter in alle Richtungen flohen.
Im Morgengrauen waren nur noch wenige von ihnen übrig. Die Israeliten hatten gesiegt, so wie Gott es ihnen versprochen hatte.
Begeistert wollten sie Gideon zu ihrem Herrscher machen.
Doch der wehrte ab: „Nicht ich, sondern Gott ist euer Herrscher!"

Solange Gideon lebte, herrschte Frieden im Land. Aber nach seinem Tod brach erneut Krieg aus. Zu den zahlreichen Feinden der Israeliten zählten die Philister. Und weil die Israeliten wieder einmal Gottes Gebote mißachteten und fremde Götzen anbeteten, ließ Gott sie von den Philistern besiegen.
Vierzig Jahre litten sie unter der harten Herrschaft der Philister. Aber Gott hatte schon einen Mann auserwählt, der sie befreien sollte.

Simson und Delila

Gott hatte Simson ausgewählt als den Mann, der die Israeliten aus der Knechtschaft der Philister befreien sollte.
Simson war ungeheuer stark, aber auch ungestüm. Dauernd hatte er Streit mit seinen Landsleuten oder den Philistern. Schon seit Jahren wollten die Philister ihn fangen, aber bisher war Simson ihnen noch immer ausgekommen.
Die Philister wußten, daß sie Simson nur mit einem Trick in ihre Gewalt bekommen könnten. Sie ließen ihn beobachten und erfuhren, daß sich Simson in eine Frau namens Delila verliebt hatte.
„Das ist unsere Chance", freuten sie sich und steckten sich hinter Delila. Sie versprachen ihr viel Geld, wenn sie herausfinden würde, welches Geheimnis hinter Simsons ungeheurer Körperkraft steckte.
Delila mochte weder Simson noch die Israeliten. Und sie wollte gern das Geld. Also fragte sie Simson nach seinem Geheimnis.
„Wie kann dich jemand fesseln?" fragte sie ihn immer wieder und umschlang ihn dabei spielerisch mit Stricken. Eine Zeitlang neckte Simson sie mit falschen Antworten. Delila gab diese falschen Auskünfte stets an die Philister weiter. Diese beobachteten immer wieder verblüfft, wie schnell sich Simson aus Delilas Fesseln befreien konnte.
Doch die Frau gab nicht auf, und schließlich verriet Simson ihr sein Geheimnis: „Meine Kraft steckt in meinen Haaren, die noch nie geschnitten worden sind. Schneidet man sie ab, verläßt mich meine Kraft."
Rasch teilte Delila das den Philistern mit. Die brachten ihr die versprochene Belohnung und versteckten sich in ihrem Haus. Delila ließ Simson mit dem Kopf auf ihrem Schoß schlafen, und während er schlief, schnitt ihm ein Philister alle Haare ab.
Dann rief sie: „Wach auf Simson, die Philister sind da!"
Simson sprang auf und dachte, seine Stärke würde ihn schon retten. Doch er war völlig kraftlos. Da bemerkte er, daß man ihm seinen Kopf kahl geschoren hatte.

Die Philister machten ihn blind, legten ihn in Ketten und ließen ihn im Gefängnis schwere Arbeit an der Kornmühle verrichten. Schmachvoll besiegt und gedemütigt, haderte Simson mit seinem Schicksal.
Doch während der Gefangenschaft begannen seine Haare wieder zu wachsen ...
Einige Zeit später feierten die Philister

ein Fest zu Ehren ihres Gottes Dagon und aus Freude, daß sie Simson gefangen hatten. Mitten im Fest ließen sie Simson herbeibringen, um ihn zu verspotten.
Da schlurfte der einst so stolze Simson herein, völlig blind. Ein Junge führte ihn an der Hand. Unter den Spottrufen der Menge mußte er im Tempel auf und ab gehen. Da flüsterte Simson dem Jungen zu, er solle ihn zu den beiden Säulen des Tempels führen, damit er sich dort anlehnen und ausruhen könne.
Der Junge gehorchte. Simson wußte, daß im Tempel alle Anführer der Philister und mit ihnen rund dreitausend Männer und Frauen versammelt waren. Er betete: „Gott, gib mir meine Kraft zurück!"
Dann streckte er seine Hände nach den Säulen aus. Mit aller Kraft stemmte er sich dagegen und rief: „Laß mich mit den Philistern sterben!" Dann stieß er die Säulen auseinander. Mit Donnergetöse stürzte der Tempel zusammen und begrub alle Philister unter sich.
Unter den Trümmern des Tempels starb auch Simson – mitten unter seinen Feinden.

Noomi, Rut und Boas

Zu der Zeit, als Israel von den Richtern regiert wurde, herrschte Hunger im ganzen Land. Deshalb nahm ein Mann namens Elimelech, der aus Betlehem stammte, seine Frau Noomi und seine Söhne Machlon und Kiljon, um in das Land Moab auszuwandern. Hier starb Elimelech, und Noomi war Witwe.
Ihre beiden Söhne heirateten zwei Moabiterfrauen, Orpa und Rut. Doch bald starben auch die beiden Söhne.
Da die Hungersnot in Israel vorbei war, wollte Noomi wieder bei ihrem Volk leben und mit ihren Schwiegertöchtern nach Betlehem ziehen.
Doch Noomi überlegte, daß sich Rut und Orpa dort in der Fremde vielleicht einsam fühlen könnten, so wie sie selbst in der Fremde in Moab Heimweh hatte.
„Ihr solltet besser in eure Heimat gehen und dort noch einmal heiraten, statt mit mir in die Fremde zu gehen!" schlug sie ihnen deshalb vor.
Liebevoll sahen die beiden Frauen Noomi an. „Nein, wir werden mit dir gehen", antworteten sie.
Alleinstehende Frauen ohne den Schutz der Familie hatten es damals schwer. Deshalb bestand Noomi, wenn auch unter Tränen, darauf, Rut und Orpa sollten in ihre Heimat gehen. Alle drei Frauen weinten. Doch während Orpa Abschied nahm, klammerte sich Rut an ihre Schwiegermutter.
„Schicke mich nicht fort von dir", schluchzte sie. „Ich werde für immer bei dir bleiben. Dein Volk soll mein Volk sein, dein Gott mein Gott. Wo du stirbst, will auch ich begraben werden. Nur der Tod allein soll uns trennen!"
Zärtlich küßte und umarmte Noomi Rut. Dann machten sich die beiden Frauen auf den Weg.
Als sie in Betlehem ankamen, wurde Noomi von ihren damaligen Freunden nicht mehr erkannt. „Ist das wirklich Noomi?" fragten sie.
„Nennt mich nicht Noomi, sondern *Mara,* das heißt *bitter,* denn mein Mann und meine Söhne sind tot", sagte sie.
Es war gerade die Zeit der Gerstenernte, und Rut sagte zu Noomi: „Wir brauchen etwas zu essen. Laß mich aufs Feld gehen und die Ähren sammeln, die die Bauern liegengelassen haben. Dann können wir Brot bakken."
Noomi stimmte zu, und so ging Rut zusammen mit anderen armen Leuten hinaus auf die abgeernteten Felder, um Ähren aufzulesen. Sie waren zu arm, um auf andere Weise zu Brot zu kommen.
Rut hatte sich zum Ährensammeln zufällig ein Feld ausgesucht, das Boas gehörte. Es war eine harte Arbeit. Tief mußten sich die Sammler bücken. Die Sonne brannte heiß, am Abend schmerzte der Rücken, die Augen taten weh, und oft war nur ein kleiner Sack voll Korn die magere Ausbeute.
Rut sammelte schon seit einigen Stunden, da kam Boas auf sein Feld.
Er rief seinen Erntehelfern einen Gruß zu. Und auf einmal bemerkte er Rut.
„Wer ist die Frau?" fragte er seinen Ernteaufseher.
„Sie heißt Rut", antwortete der Mann.

„Sie stammt aus Moab, deine Kusine Noomi hat sie von dort mitgebracht. Heute früh fragte sie, ob sie hier sammeln dürfte, und seitdem arbeitet sie fast ohne Pause.“
Boas rief Rut zu sich. Besorgt ging sie zu ihm. Würde der Mann sie vom Feld schicken?
„Nein, geh nicht auf andere Felder, sondern bleib auf meinem“, sagte Boas. „Wenn du Durst hast, kannst du aus meinen Tonkrügen trinken. Meine

Männer werden dich nicht belästigen!"
Rut war froh und verwundert. „Warum bist du so nett zu mir, ich bin doch eine Fremde?"
„Ich habe gehört, wie gut du zu meiner Kusine Noomi bist", sagte Boas. „Möge dich Gott dafür segnen. Komm, iß mit uns!"
Gern nahm Rut die Einladung an, denn sie war hungrig. Aber schon bald ging sie wieder an ihre Arbeit. Boas beobachtete sie und sagte zu seinen Männern: „Laßt genügend Ähren für sie übrig. Vergeßt absichtlich einige!"
Den ganzen Tag sammelte Rut. Abends drosch sie das Getreide, mahlte Mehl daraus und brachte es zu Noomi.
Die war höchst erstaunt. „Wie hast du das nur gemacht? Wo hast du die Ähren gesammelt?" wollte diese wissen.
„Auf dem Feld von Boas", antwortete Rut.
„Boas ist ein naher Verwandter von mir", sagte Noomi gedankenvoll.
Damals war es üblich, daß der Bruder oder nächste Anverwandte eines verstorbenen Ehemannes die Witwe heiratete, um für sie zu sorgen und dessen Land zu übernehmen.
Nun war Boas zwar nicht der Bruder von Machlon und Kiljon und auch kein Verwandter von Rut. Aber er hatte sie liebgewonnen und wollte sie heiraten.
Aber bevor er das tun konnte, galt es noch einige geschäftliche Dinge mit einem Verwandten von Rut zu klären. Boas fragte den Mann, ob er Interesse habe, das Land zu kaufen, das einst Elimelech gehört hatte. Als Verwandter sei dies sein Recht. Sonst wolle er, Boas, das Land erwerben.
Da der Mann an dem Land interessiert war, erklärte ihm Boas: „Dann mußt du auch Rut heiraten, damit das Land in der Familie bleibt." Doch da winkte der Verwandte ab. „Das würde nur Schwierigkeiten für das Erbe meiner Kinder bringen", sagte der Verwandte.
Jetzt konnte also Boas das Land kaufen. Er war danach nicht nur berechtigt, Rut zu heiraten, nein, nach dem Gesetz war er dazu sogar verpflichtet.
Rut und Boas führten eine glückliche Ehe. Sie hatten einen Sohn namens Obed. Dessen Sohn hieß Jsai, und Jsai hatte einen Sohn namens David. David sollte eines Tages König von Israel werden, ein bedeutender Mann Aber bis dahin vergingen noch viele Jahre, in denen die Richter in Israel herrschten. In ihrer Regierungszeit wurde Samuel geboren.

Samuel im Tempel

In Israel war es damals Brauch, daß ein Mann mehrere Frauen hatte.
So wie Elkana, der mit Hanna und Pennina verheiratet war. Pennina hatte viele Kinder, Hanna aber keine, worüber sie traurig war.
In jedem Jahr reiste Elkana mit seiner Familie zum Tempel in die Stadt Schilo. Dort brachten sie Gott Geschenke dar und nahmen an der großen Opferfeier teil. Elkana sorgte liebevoll für seine große Familie. So brachte er bei der Feier Pennina und ihren Kindern reichlich Fleisch. Doppelt so große Portionen brachte er aber Hanna, weil er sie besonders liebte und wußte, wie sehr sie darunter litt, daß sie keine Kinder hatte.
Auch Pennina wußte das. Durch ständige Sticheleien machte sie jedes Jahr die Opferfeier für Hanna unerträglich. Die war darüber so betrübt, daß sie einmal nichts mehr essen wollte.
„Fehlt dir etwas, Hanna?" fragte Elkana besorgt. „Sorge ich nicht so für dich, als hättest du mehr als zehn Kinder?"
Hanna schüttelte nur traurig den Kopf. Voller Verzweiflung ging sie in den Tempel, um zu beten.
„O Gott, gib mir doch ein Kind, und ich verspreche dir, es wird dir immer dienen!"
Ihr Gebet hatte Eli, der Priester, gehört. Er sagte: „Gott möge dir geben, was du dir wünschst!"
Die Familie kehrte nach Hause zurück, und bald darauf bekam Hanna einen Sohn. Sie war überglücklich. Und sie liebte ihr Kind sehr. Sie nannte den Jungen Samuel und vergaß auch nicht ihr Versprechen, das sie Gott im Tempel gegeben hatte.
Als wieder die Zeit für den Besuch in

Schilo kam, blieben Hanna und Samuel zu Hause.

„Er ist noch zu klein, um mich jetzt schon zu verlassen", sagte Hanna und wiegte den Kleinen in ihren Armen.

„Ganz wie du meinst!" stimmte Elkana ihr zu.

Ein weiteres Jahr ging vorüber, und Hanna sah Samuel heranwachsen. Er begann zu laufen und die ersten Worte zu sprechen. Da wurde es Hanna weh ums Herz, aber sie hielt an ihrem Versprechen fest. Und im dritten Jahr gingen Hanna und Samuel dann mit der ganzen Familie nach Schilo.

Elkana brachte Gott im Tempel seine Geschenke dar. Dann nahm Hanna ihren kleinen Samuel an der Hand und brachte ihn klopfenden Herzens zum Priester Eli.

„Erinnerst du dich noch an mich?" fragte sie ihn. „Ich bin die Frau, die hier damals so flehentlich um ein Kind gebetet hat. Dies ist das Kind, das Gott uns gegeben hat. Und nun gebe ich es in deine Obhut."

Hanna ließ also Samuel bei Eli im Tempel und kehrte mit Elkana nach Hause zurück.

Zuerst vermißte Hanna Samuel sehr. Aber jedes Jahr bei ihrem Besuch in Schilo sah sie ihn wieder. Dann brachte sie ihm neue Kleider mit. Eli segnete Hanna und Elkana und bat Gott, er möge ihnen weitere Kinder schenken. Und tatsächlich bekam Hanna noch drei Buben und zwei Mädchen.

Der Priester Eli war sehr froh über Samuels Unterstützung im Tempel. Denn seine beiden eigenen Söhne waren gottlos und halfen ihm nicht bei der Arbeit.

Samuel aber ging ihm gern zur Hand und hörte aufmerksam zu, wenn Eli ihm von Gott erzählte.

Eines Nachts lag Samuel auf seinem Lager nahe bei der Bundeslade im Tempel. Da hörte er eine Stimme, die seinen Namen rief.

„Samuel!"

Samuel schreckte hoch. Wer sprach da? Im Dämmerlicht des Tempels sah er sich um.

Aber niemand war zu sehen. Vielleicht hatte Eli ihn gerufen? Eli war alt geworden und blind. Vielleicht brauchte er ihn? Samuel sprang auf und lief zu dem Priester. „Hast du mich gerufen?"

Erstaunt antwortete Eli: „Nein, nein. Ich habe dich nicht gerufen. Geh wieder zu Bett!"

Sollte er geträumt haben? Grübelnd ging Samuel zurück ins Bett.

„Samuel!"

Da war wieder diese Stimme! Samuel sprang auf, rannte zu Eli und rief: „Du hast mich doch gerufen. Hier bin ich!"

„Nein!" sagte Eli noch halb verschlafen. „Ich habe dich wirklich nicht gerufen. Geh nur wieder ins Bett!"

Langsam ging Samuel zu seinem Bett zurück. Er legte sich nieder, war aber ganz wach. Und da kam wieder diese Stimme aus der Dunkelheit.

„Samuel!"

Dieses Mal ging Samuel ganz langsam zu Eli. Mit einem tiefen Seufzer sagte er: „Hier bin ich. Du hast mich gerufen!"

Nun war auch Eli hellwach, und er erkannte jetzt, was geschehen war: Gott selbst hatte Samuel gerufen.

Freundlich sagte er zu Samuel: „Wenn du wieder diese Stimme hörst, sag:

‚Sprich, mein Gott, dein Knecht hört dich'!"
Samuel ging zurück zu seinem Lager. Gespannt, ein wenig besorgt und aufgeregt wartete er und lauschte in die stille Dunkelheit hinein. Und Gott sprach zu ihm.
„Samuel!"
Mit zitternder Stimme antwortete der: „Sprich, o Herr, mein Gott, dein Knecht hört dich!"
Gott gab Samuel eine Botschaft für Eli. Es war eine sehr traurige Nachricht, und Samuel hätte am liebsten geweint. So blieb er zunächst still liegen. Denn er hatte es gar nicht eilig, Eli diese Nachricht zu überbringen.
Am Morgen stand er auf und verrichtete wie üblich seine Arbeit im Tempel. Ganz bewußt ging er Eli aus dem Weg. Aber Eli rief ihn zu sich: „Samuel, mein Sohn, was hat dir Gott gesagt?"
Da bemerkte er den traurigen Gesichtsausdruck des Jungen und sprach: „Hab keine Sorge, sage es mir ruhig!"
So wiederholte Samuel Gottes Botschaft. Wegen des schlechten Lebenswandels ihrer Söhne sollte Elis Familie bestraft werden.
„Gott weiß, was das Beste ist!" sagte Eli ruhig. „Laß ihn nur tun, was ihm richtig erscheint."
Als Samuel älter wurde, erkannten die Israeliten, daß Gott mit ihm war, und sie hörten auf Samuels Worte.
Es dauerte nicht lange, da begann für Elis Familie und alle Israeliten das Strafgericht Gottes.

Die Philister und die Bundeslade

Wieder einmal waren die Israeliten in heftige Kämpfe mit den Philistern verwickelt. Doch wegen ihrer Gottlosigkeit bestrafte sie der Herr. Dieses Mal trugen die Philister den Sieg davon.
„Laßt uns die Bundeslade mit in den Kampf nehmen!" riefen die Anführer der Israeliten, als die geschlagene Armee zurückkehrte. „Die Bundeslade wird uns zum Sieg verhelfen!"
So zogen einige Männer nach Schilo, darunter auch die Söhne Elis. Zusammen mit den Priestern brachten sie die Bundeslade ins Heereslager. Als die israelitischen Kämpfer die Bundeslade sahen, schöpften sie Mut und brachen in Siegesgeschrei aus.
Verwundert hörten das die Philister. Triumphrufe von einer besiegten Armee? Was ging da vor sich?
Die Philister schickten Spione aus, und die berichteten: „Gott ist ins Lager der Israeliten gekommen!"
Voller Sorge meinten die Philister: „Wir müssen jetzt alle unsere Kräfte mobilisieren, sonst machen uns die Israeliten zu ihren Sklaven!"
Und so griffen die Philister mit aller Macht an. Tausende Israeliten wurden getötet, auch Elis Söhne. Und die Bundeslade wurde von den Philistern erbeutet und verschleppt.

Vom Schlachtfeld rannte ein Bote nach Schilo. Er war völlig verdreckt, seine Kleider hingen in Fetzen von ihm herab. Als die Bewohner von Schilo ihn sahen, wußten sie sofort, daß die Schlacht verloren war. Aber als sie die volle Wahrheit erfuhren, waren sie verzweifelt.
Der blinde Eli saß auf seinem Schemel am Straßenrand und wartete voll Angst auf Nachricht über seine Söhne. Als er den Lärm hörte, fragte er sofort unruhig: „Was ist los, was ist passiert?"
Der Bote eilte zu dem alten Mann: „Ich komme soeben vom Schlachtfeld", keuchte er atemlos.
„Und?" wollte Eli wissen.
Der Bote schluckte hart: „Israel ist geschlagen. Deine Söhne sind tot. Und die Bundeslade ist von den Philistern geraubt worden!"
Vor Schreck stand Elis Herz still. Er

stürzte von seinem Schemel und starb vor Aufregung.
Die siegreichen Philister aber schleppten die Bundeslade nach Aschdod, in den Tempel ihres Gottes Dagon. Doch als sie am nächsten Tag in den Tempel kamen, lag die Dagon-Statue mit dem Gesicht nach unten vor der Bundeslade.
Die Philister stellten das Götterbild wieder auf, doch am nächsten Tag lag es mit abgebrochenem Kopf und zerbrochenen Händen erneut vor der Bundeslade. Und unter den Bürgern von Aschdod breiteten sich schlimme Krankheiten aus.
„Bringt die Bundeslade weg!" flehten sie ihre Anführer an.
Die brachten die Bundeslade nach Gat. Doch auch dort erkrankten die Leute. Genauso passierte es in Ekron. „Bringt die Bundeslade wieder zu den Israeliten!" riefen die Philister in Todesangst.
Und sie fragten ihre Priester um Rat, wie das geschehen sollte.
„Ihr müßt sie mit einem Sühnegeschenk zurückschicken", sagten die Priester. Und so luden die Philister die Bundeslade auf einen Wagen und packten noch Behälter mit wertvollen Goldgeschenken dazu. Dann spannten sie zwei Ochsen vor den Wagen und schickten ihn zu den Israeliten.
Die waren gerade bei der Ernte auf den Feldern, als sie ein führerloses Ochsengespann herankommen sahen. Beim nochmaligen Hinsehen erst entdeckten sie auf dem Wagen die Bundeslade. Neben dem Feld von Josua blieb der Ochsenkarren stehen.
Die Israeliten rannten herbei, hoben die Bundeslade herunter und entdeckten die Goldgeschenke. Welch große Freude!
In einer großen Opferfeier dankten die Israeliten ihrem Gott. Samuel aber befahl: „Wenn ihr es ernst meint und ihr Gott dienen wollt, dann zerstört alle falschen Götzenbilder!"
Die Israeliten gehorchten, und als sie wieder einmal von den Philistern angegriffen wurden, konnten sie mit Gottes Hilfe einen großen Sieg erringen. Nun war für lange Zeit Frieden. Doch dann begehrten die Israeliten wieder auf ...

Die Israeliten wollen einen König

Samuel war alt geworden. Zu alt, um noch weiter die Israeliten anzuführen. So bestimmte er seine Söhne als seine Nachfolger. Aber die waren ungerecht und korrupt.
Heftig beklagten sich die Bürger und forderten: „Wir wollen einen König als Herrscher haben!“
Traurig sprach Samuel mit Gott. „Sag ihnen“, antwortete Gott, „wenn sie einen König bekommen, wird der sie hart und streng behandeln. Und wenn sie sich dann darüber beschweren, werde ich ihre Klagen nicht hören!“
Doch die Israeliten ließen sich davon nicht beeindrucken. „Wir wollen einen König!“ riefen sie stur. „Wir wollen so einen Herrscher wie die anderen Völker auch.“ „Also gut“, sprach Gott zu Samuel, „sie sollen ihren König haben!“

König Saul

Saul, ein Israelit aus dem Stamme Benjamin, war ein großgewachsener, hübscher junger Mann. Sein Vater hieß Kisch. Aber gerade zu der Zeit, als die Israeliten einen König verlangten, sagte Kisch zu Saul: „Unsere Esel haben sich verlaufen. Nimm dir einen Knecht und such nach ihnen."

Saul machte sich mit dem Knecht auf den Weg. Sie wanderten viele Kilometer, fanden die Esel aber nicht. Nach drei Tagen sagte Saul müde: „Laßt uns heimgehen. Mein Vater wird sich um uns sorgen!"

„Warte", sagte der Knecht. „Ich habe von einem gottesfürchtigen Mann gehört, der hier in der Nähe wohnt. Wir wollen in die Stadt gehen und ihn fragen, wo wir nach den Eseln suchen sollen!"

Der Gottesmann war Samuel. Tags zuvor hatte Gott zu ihm gesagt, daß der Mann, den er zum König salben solle, am nächsten Tag kommen würde. Er sei vom Stamme Benjamin.

Nun stand Samuel wartend am Stadttor. Kaum sah er Saul kommen, sagte Gott: „Das ist der Mann!"

Samuel grübelte noch, wie er Saul am besten auf die außergewöhnliche Aufgabe vorbereiten sollte, als der auch schon direkt auf ihn zukam und fragte: „Kannst du mir den Weg zum Haus des Gottesmannes zeigen?"

„Ich bin der Mann, den du suchst", antwortete Samuel. „Komm und iß mit mir, und mache dir keine Sorgen um die Esel. Die sind schon gefunden."

Und während Saul ihn ganz erstaunt anschaute, fuhr Samuel fort: „Du bist der Mann, den das Volk Israel als König haben will."

„Was?" rief Saul, „ausgerechnet ich? Ich stamme aus dem kleinsten Stamme Israels, und meine Familie ist völlig unbedeutend."

„Komm mit!" sagte Samuel lächelnd. Und die drei Männer nahmen zusammen mit dreißig anderen Gästen an einem Festmahl teil, wobei Saul besonders gut bewirtet wurde. Danach führte Samuel Saul auf das Flachdach seines Hauses. Nach der Hitze des Tages saßen sie dort unter dem klaren, kühlen Sternenhimmel und sprachen miteinander.

Als Saul müde wurde, bereitete Samuel auf dem Dach ein Nachtlager. Erfrischt wachte Saul am nächsten Morgen auf. Mit einem Knecht trat er die Rückreise an. Samuel begleitete die beiden bis zum Stadtrand. Dann schickte er den Knecht ein Stück voraus.

Ernst und feierlich salbte er nun Sauls Kopf mit Öl, so wie es damals bei der Krönung eines Königs üblich war.

Noch ganz in Gedanken über diese feierliche Zeremonie setzte Saul schließlich seinen Heimweg fort, und als er zu Hause ankam, wunderte sich seine Familie über sein seltsames Verhalten. Saul war so gedankenverloren. Aber er erzählte nichts.

Samuel rief nun alle Stämme Israels zusammen. „Ihr wollt einen König haben", sprach er. „Gott wird euch den Mann zeigen, der es sein soll!"
Nacheinander traten nun die Stämme vor Samuel hin. Doch erst beim letzten, beim Stamme Benjamin, machte Samuel ein Zeichen und ließ die Familie Kisch vortreten. Doch wo war Saul? Er war nirgends zu finden.
„Wo ist er, o Gott?" fragten die Israeliten.
„Er hat sich dort hinten zwischen den Tonkrügen versteckt!"
Und tatsächlich! Da stand Samuel halb stolz, halb verlegen vor ihnen. Er war größer als jeder andere.
„Seht ihn euch an!" rief Samuel, „Ihn hat Gott auserwählt."
„Lang lebe der König von Israel!" rief da die Menge laut.
Samuel erklärte nun allen ganz genau die Rechte und Pflichten eines Königs. Und damit es künftig keine Unklarheiten gäbe, schrieb er alles ganz exakt auf.
So trat Saul seine Herrschaft an. Samuel aber warnte das Volk Israel: „Erinnert euch an Gottes große Taten! Haltet seine Gebote und bleibt ihm treu! Sonst wird wieder Krieg über euch und euren König kommen."

David, Isais Sohn

Zunächst hielt sich König Saul an die Gesetze. Er regierte weise und gerecht. Und in zärtlicher Liebe hing er an seinem Sohn Jonatan.
Doch mit den Jahren wurde Saul übermütig. Er regierte nach eigenem Gutdünken und entschuldigte sich dafür stets mit neuen Ausreden gegenüber Samuel.
Gott sprach zu Samuel: „Wie lange willst du dich noch über Saul ärgern? Ich will ihn nicht länger als König haben. Geh nach Betlehem zu einem Mann namens Isai. Ich habe einen seiner Söhne als nächsten König Israels ausersehen. Du sollst diesen Jungen zum König salben!"
„Wenn Saul das erfährt, wird er mich töten!" rief Samuel voller Angst.
„Geh nach Betlehem und nimm ein Kalb mit. Sage den Leuten, daß du ein Opfer bringen möchtest", antwortete Gott ihm.
Im Vertrauen auf Gott gehorchte Samuel. Als er in Betlehem eintraf, kamen die Ältesten der Stadt ihm ganz aufgeregt entgegen.
„Was willst du hier bei uns?" riefen sie beunruhigt.
„Ich komme in Frieden", beruhigte Samuel sie. „Ich will Gott hier ein Dankopfer bringen."
Dann sandte er einen Boten zu Isai mit der Aufforderung, er solle seine Söhne zur Opferfeier bringen.
Isai und sieben seiner Söhne wuschen sich rasch und zogen frische Kleidung an, wie es für Opferfeiern üblich war. Dann eilten sie zu Samuel.
Nun führte Isai dem Samuel seine Söhne vor. Als er Eliab, Isais Ältesten, sah, dachte er, daß dieser der richtige sei. Denn Eliab war so groß und stark wie Saul.
„Er ist es nicht", sagte Gott zu Samuel. „Du siehst nur auf das Äußere eines Menschen, ich aber sehe in sein Herz. Was er denkt und wie er handelt, das ist mir wichtiger als sein Aussehen."
Auch bei den anderen sechs jungen Männern, die vor Samuel traten, gab Gott ihnen kein Zeichen.
Das verwirrte Samuel ein wenig, doch dann hatte er eine Idee. „Hast du vielleicht noch einen Sohn?" fragte er Isai.
Überrascht blickte Isai ihn an: „Nur noch David, meinen Jüngsten. Der hütet gerade die Schafe."
„Laß ihn holen", forderte Samuel den Vater auf.

Und da kam David auch schon angelaufen, atemlos und ganz erhitzt. Seine Augen blitzten.
„Das ist der Richtige", sagte Gott, „salbe ihn zum König!"
Samuel tat, wie ihm geheißen, und ganz erstaunt sah Davids Familie der Zeremonie zu. Sollte das etwa heißen, daß David einmal der Nachfolger Samuels werden würde?
Samuel gab keinerlei Erklärungen ab, und David kehrte wieder zu seinen Schafen zurück. Aber von diesem Tag an stand er unter Gottes besonderem Schutz.
Und schon bald sollte für ihn der Weg beginnen, den Gott für ihn vorgezeichnet hatte ...

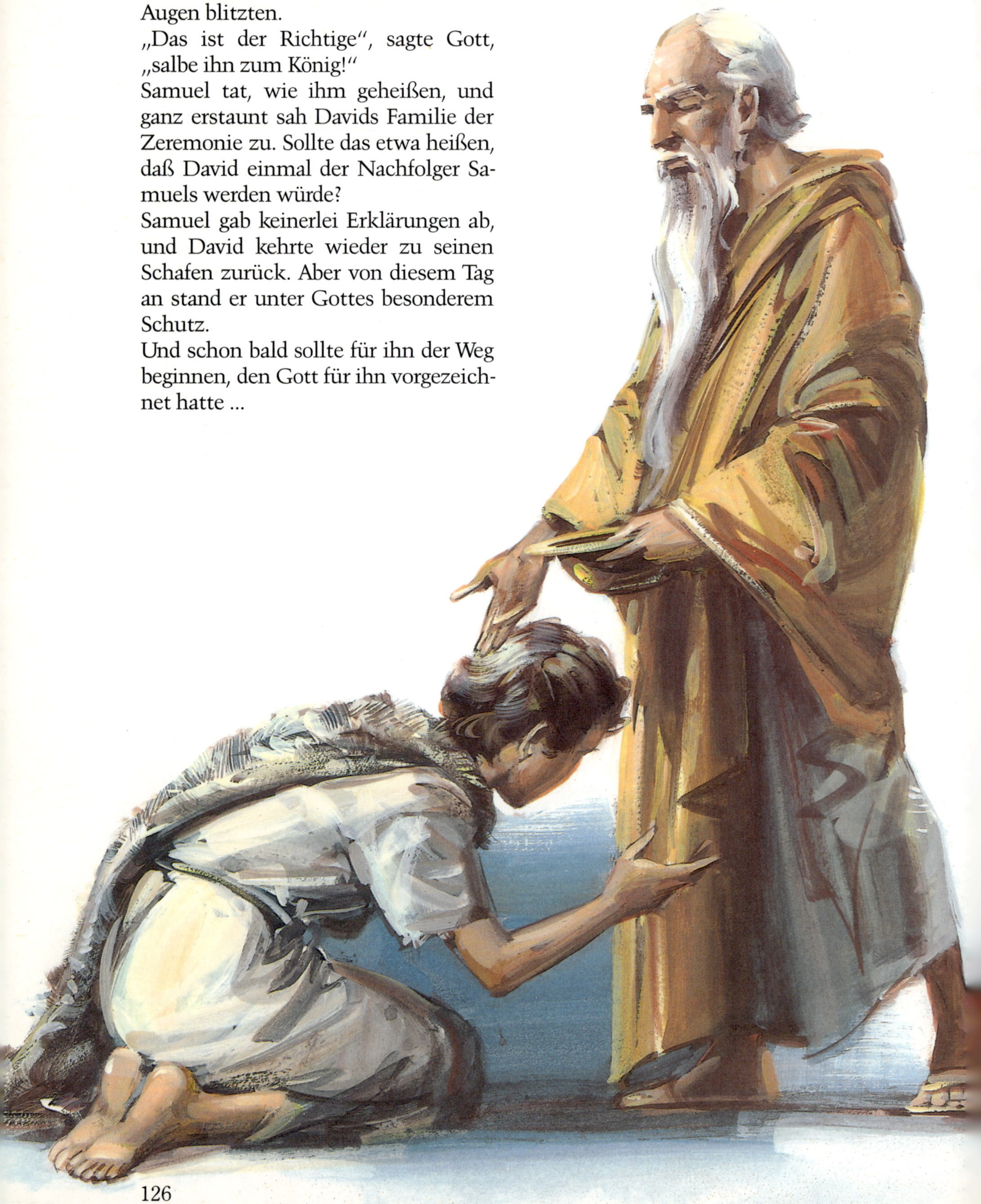

David trifft Saul

König Saul litt unter einer schweren seelischen Krankheit. Zeitweilig war er abgrundtief traurig und hoffnungslos, dann wieder aufbrausend und gewalttätig.
Sauls Diener hatten bemerkt, daß Musik besänftigend auf den König wirkte und eine Art Heilmittel gegen seine Schwermut war.
So schlugen sie ihm vor: „Hol doch einen Musiker an deinen Königshof. Wann immer du dich krank fühlst, kann er dann spielen."
„Besorgt mir einen", befahl Saul, „aber er muß ganz ausgezeichnet spielen können!"
„Ich kenne da einen Musiker", meldete sich ein Diener zu Wort. „Er spielt ganz hervorragend Zither und singt dazu von ihm selbst gedichtete Lieder. Er wäre zudem ein guter Krieger für deine Armee. Und der Geist Gottes ist mit ihm. Er ist ein Sohn Isais aus Betlehem."
Saul schickte Boten zu Isai. Sie sagten: „König Saul will deinen Sohn David sehen!" Isai war erstaunt: Schon wieder wurde nach seinem Jüngsten gefragt. Und dieses Mal vom König. Merkwürdig!
Also wurde David wieder vom Schafehüten heimgeholt. Rasch wurde ihm alles erklärt. Und noch bevor er alles begriffen hatte, wurden ihm frische Kleider für die Reise angezogen, während Isai nach Geschenken für König Saul suchte.
Kurz darauf machten sich David und die Königsboten auf die Reise. Als Geschenke für Saul führte David auf einem Tragesel Brot, Wein und eine junge Ziege mit.
Und natürlich hatte er auch sein Musikinstrument, die Zither, bei sich.
Sofort nach der Ankunft am Königshof wurde David zu Saul geführt. Der gewann ihn vom ersten Augenblick an lieb und sagte: „Du sollst einer meiner Waffenträger werden."
Dann schickte er einen Boten zu Isai, um seine Erlaubnis einzuholen, daß David am Königshof bleiben dürfe.
Von da an lebte David zeitweise am Königshof und zeitweise zu Hause.
Immer wenn er schwermütig wurde, ließ Saul David kommen, um sich durch dessen Zitherspiel und Lieder aufheitern zu lassen.
Doch schon wieder kündigten sich schwere Zeiten an ...

David und Goliat

Wieder einmal war das Heer der Philister in das Land der Israeliten einmarschiert, um es zu erobern. König Saul hatte seine gesamte Armee zusammengezogen, um die Philister zurückzudrängen. An den Hängen eines Bergtales lagen sich beide Heere gegenüber. Keine Seite wagte den Angriff, weil der Angreifer bergauf hätte kämpfen müssen. Er wäre damit im Nachteil und ein leichtes Ziel für die herabsausenden Speere und Pfeile gewesen.

So verharrten beide Heere in Bewegungslosigkeit. Doch eines Tages trat ein riesengroßer Mann aus dem Lager der Philister heraus. Er war über drei Meter groß, trug eine schwere Rüstung und einen mächtigen Speer. Sein Name war Goliat. Mit lauter Stimme rief er herausfordernd zu Sauls Heer herüber: „Wenn einer von euren Kriegern mich mit einer Hand besiegt, dann werden wir alle eure Sklaven sein. Besiege ich aber ihn, dann seid ihr unsere Sklaven."

Das Echo seiner Stimme hallte von den Bergen wider. Sauls Krieger hörten die Worte gut und rannten voller Angst in ihre Zelte.

Da setzte König Saul eine hohe Belohnung aus und versprach dem, der sich dem Kampf mit Goliat stellte, zusätzlich noch eine Prinzessin zur Frau. Doch keiner meldete sich freiwillig.

Jeden Tag dröhnten Goliats Worte über das Tal hinweg, und jedesmal versteckten sich die Israeliten ängstlich in ihren Zelten.

In König Sauls Heer dienten auch drei ältere Brüder von David. David selbst hütete mal wieder zu Hause die Schafe. Da schickte ihn sein Vater ins Heerlager der Israeliten. „Sieh einmal nach deinen Brüdern und bring ihnen etwas zu essen. Dann berichte mir, wie es ihnen geht!" sagte er.

Frohgemut machte sich David auf den langen Weg. Er rastete nicht eher, bis er die Zelte von Sauls Heerlager erblickte.

David erreichte das Lager gerade zu dem Zeitpunkt, als die Soldaten in ihre Kampfstellungen befohlen wurden. Sofort machte er sich auf die Suche nach seinen Brüdern.

Gerade als er sie gefunden und begrüßt hatte, tönte auch schon wieder das Brüllen von Goliat aus dem Philisterlager herüber.

David erwartete gespannt, daß einer der Israeliten dem Großmaul die passende Antwort erteilen würde, aber statt dessen rannten alle ängstlich in ihre Zelte.

David wollte seinen Augen und Ohren nicht trauen: „Gibt's denn niemanden unter euch, der Goliat entsprechend rausgibt?" rief er. „Wenn keiner aus dem Volk Gottes gegen den Riesen den Zweikampf wagen will, dann werde ich gegen ihn antreten!"

„Ausgerechnet du!" riefen seine Brüder. „Geh lieber nach Hause zum Schafehüten!"

Aber David ließ sich nicht irremachen. Er sprach mit einigen anderen Soldaten, und die erzählten König Saul von Davids Plan. Der ließ David sofort kommen.

Selbstbewußt trat der Junge vor den

König und sagte: „Habt keine Angst! Ich werde gegen Goliat kämpfen!"
„Du?" rief Saul, „du bist ja noch ein Kind. Und Goliat ist ein gutausgebildeter Krieger!"
„Gott beschützt mich", sagte David ganz ruhig. „Er stand mir bei, als ich einen Bären und einen Löwen tötete, die eines meiner Schafe fressen wollten. Gott wird mich auch vor den Philistern beschützen."
„Nun gut", sagte König Saul. „Gott sei mit dir!" Und er gab David seine Rüstung und ein Schwert.
Doch David konnte mit der schweren Rüstung kaum gehen. Auch wußte er nicht, wie man mit einem Schwert umging. Rasch zog er die schwere Rüstung aus und schlüpfte wieder in seinen Hirtenkittel. Dann nahm er seinen Hirtenstab und eine Schleuder, mit der er schon oft seine Schafe vor wilden Raubtieren verteidigt hatte. So ging David zu Goliat.
Atemlose Stille lag über dem Tal. Und Davids Brüder trauten sich kaum, dem kommenden Kampf zuzusehen.
Ganz ruhig ging David ins Tal hinunter zu dem kleinen Fluß. Er bückte sich, suchte am Ufer nach fünf glatten runden Steinen und sagte dann laut und deutlich: „Ich bin fertig!" Ungestüm stürzte Goliat heran.
Als er David sah, rief er verblüfft: „Ein Kind! Und du wagst es, gegen mich anzutreten? Ja, bin ich denn ein Hund, daß du mit einem Stock gegen mich kämpfen willst? Ich werde dich gleich in Stücke schlagen und dann den Vögeln und Raubtieren zum Fraß vorwerfen!"
Ruhig und gelassen antwortete David: „Ich komme im Namen Gottes. Gott beschützt mich. Ich werde dich töten, Goliat. Dann wird jeder wissen, daß der Gott Israels der einzig wahre Gott ist!"
Wütend stürmte Goliat dem Jungen entgegen. David aber nahm in aller Ruhe einen Stein, legte ihn in seine Schleuder und wirbelte sie in großen Schwüngen um sich herum.
Zielgenau wie ein Pfeil schoß der Stein aus der Schleuder heraus und Goliat mit voller Wucht gegen die Stirn. Der Riese stürzte zu Boden, und David rannte zu ihm hin. Mit seinem eigenen Schwert schlug David ihm den Kopf ab.
Als die Philister sahen, daß ihr größter Kämpfer getötet war, ergriffen sie die Flucht. König Sauls Armee setzte ihnen nach und besiegte sie dann vollständig.
Von diesem Tag an lebte David für immer bei König Saul in seinem herrlichen Palast.

David und Saul

Davids Leben änderte sich nun völlig. Er wurde behandelt, als wäre er ein Sohn des Königs. Und Sauls Sohn Jonatan wurde sein bester Freund.
Was auch immer David für Saul tat, er machte es ausgezeichnet. Als Befehlshaber des israelitischen Heeres führte er seine Soldaten von Sieg zu Sieg über die Philister. Zunächst gefiel das dem König, aber allmählich ärgerte er sich, denn die israelitischen Frauen sangen: „Saul hat tausend Feinde getötet, David aber Zehntausende!"
„David will bestimmt König werden!" dachte Saul finster. Da überkam ihn wieder die Schwermut, und er ließ David rufen. Der begann sofort sein Zitherspiel, in der Hoffnung, Saul zu besänftigen. Doch der König hing weiter seinen dunklen, bösen Gedanken nach.
Er dachte daran, daß viele David mehr lobten als ihn. Vielleicht hatte Gott ja tatsächlich David als König auserwählt, grübelte er. Das war zuviel für ihn. Ohne jede Warnung sprang er auf, ergriff einen Speer und schleuderte ihn auf David zu.
David war völlig überrascht. Aber trotzdem gelang es ihm, dem Speer auszu-

weichen. Und schon schleuderte Saul den zweiten Speer. Und wieder duckte sich David rasch zur Seite. Aufgeregt, aber wachsam stand er da, bereit, dem nächsten Wurf auszuweichen.
Da wußte der König, daß er David so nicht aus dem Weg räumen konnte. Er dachte sich einen Plan aus, und schickte David fort.
Saul machte David zum Befehlshaber über mehr als tausend Soldaten, in der Hoffnung, er werde im Kampf umkommen. Doch David überlebte viele Kämpfe. Sein Geschick und seine Tapferkeit waren im ganzen Land bekannt, und sein Ruhm wuchs immer mehr.
Saul gab sich deshalb scheinbar freundlich gegenüber David. Insgeheim aber wuchsen sein Haß und sein Zorn auf ihn. Als sich sogar seine Tochter Michal in David verliebte, kam ihm eine teuflische Idee. „Ich könnte sie als Falle für David benutzen!"
Er ließ Diener mit folgender Botschaft zu ihm schicken: „Der König freut sich, daß seine Tochter dich liebt. Du darfst sie heiraten und damit des Königs Schwiegersohn werden."
„Ich?" rief David. „Ich bin viel zu arm für eine Prinzessin!" Das war genau die Antwort, die Saul erwartet hatte. Deshalb ließ er David nun ausrichten: „Du kannst die Prinzessin heiraten, wenn du einen entsprechenden Preis für sie bezahlst!"
„Was für einen Preis?" fragte David verwundert. Saul wußte doch genau, daß David keinerlei Reichtümer besaß.
„Das Leben von hundert Philistern ist der Preis. Sie müssen von dir selbst im nächsten Gefecht getötet werden!" antworteten Sauls Boten.

„Einverstanden", sagte David. Saul war hoch erfreut.
Nun endlich würde David selbst getötet. Denn es war doch ganz unmöglich, daß ein Mann allein in einem Kampf ohne jede Ruhepause hundert Feinde töten könnte.
Aber David tötete tatsächlich hundert Philister.

Innerlich rasend vor Wut mußte Saul sein Versprechen halten. David und Michal wurden verheiratet.
Saul dachte sich weiterhin eine List nach der anderen aus, um David hereinzulegen, aber der entkam immer ungeschoren.
Da konnte Saul seine Wut nicht länger verbergen. Er befahl seinem Sohn Jonatan: „Bring David um!"
Doch Jonatan war Davids Freund, er wollte ihm nichts Böses tun. Unbemerkt ging er zu ihm hin und warnte ihn: „Mein Vater will dich umbringen lassen. Du mußt dich heute nacht verstecken. Ich werde mit ihm reden und dir dann morgen alles erzählen."
Am nächsten Morgen ging Jonatan zu Saul und fragte: „Warum trachtest du eigentlich David nach dem Leben? Er hat dir doch immer treu und gut gedient."
Als Saul hörte, daß selbst sein Sohn Jonatan David verteidigte, schmolz seine Wut dahin. Er versprach: „So wahr unser Gott lebt: Ich werde David nicht umbringen."
Glücklich lief Jonatan zu David und brachte ihn zu Saul. Eine Zeitlang waren die beiden Freunde unbeschwert wie früher. Doch bald brach wieder ein Krieg aus. David kämpfte so tapfer wie immer, und die Israeliten sangen Loblieder auf ihn. Und in Saul stiegen wieder die alten Haßgefühle gegen ihn auf.
Dieses Mal wütete Saul in seinem Palast wie noch nie. Alle Diener flohen vor Angst. Nur David blieb unbesorgt. Wie immer wollte er Saul mit seinem Zitherspiel beruhigen. Doch dieses Mal erfolglos. In rasendem Zorn schleuderte der König wieder einen Speer auf David. Ganz dicht neben ihm blieb die Waffe in der Wand stecken. Da wußte David, daß er fliehen mußte.

David und Jonatan

König Saul verfolgte David unablässig, hetzte ihn von Ort zu Ort. David war völlig erschöpft und verabredete ein Treffen mit seinem Freund Jonatan, König Sauls Sohn.

„Warum trachtet mir dein Vater nach dem Leben?" fragte er ihn.

„Aber das tut er doch gar nicht!" entrüstete sich Jonatan. „Er hat mir selbst versprochen, daß er dich am Leben lassen will. Und er sagt mir alles, was er vorhat. Warum sollte er mir das verheimlichen? Es ist einfach nicht wahr, was du sagst!"

Doch David antwortete: „Dein Vater weiß, daß wir Freunde sind. Er will dich nicht beunruhigen. Deswegen sagt er dir nichts. Aber es ist wahr: Er verfolgt mich. Nur ein Schritt trennt mich noch vom Tod!"

David sagte das mit so viel Bestimmtheit und Ernst, daß Jonatan ihm glaubte. Er versprach, alles für seinen Freund zu tun.

Am nächsten Tag sollte im Palast ein großes Fest sein, zu dem David eingeladen war. David wollte sich aber lieber in der Nähe des Palastes verstecken. Würde Saul über Davids Ausbleiben zornig sein, dann wüßte Jonatan mit Sicherheit, daß sein Vater David nach dem Leben trachtete.

„Ich selbst werde dir zeigen, wie die Sache für dich steht!" sagte Jonatan zu David. „Ich werde Pfeile in die Nähe deines Verstecks schießen und meinen Diener zum Aufsammeln schicken. Wenn ich ihm zurufe, daß die Pfeile rechts liegen, wirst du wissen, daß alles in Ordnung ist. Schicke ich ihn aber nach links, dann mußt du rasch fliehen."

Jonatan traf sich also zu einem Festmahl mit seinem Vater. Schon bald erkundigte sich Saul, wo denn David bliebe. Dabei wurde er rot vor Zorn. Vor lauter Wut warf er sogar einen Speer auf Jonatan.

Da wußte dieser, daß David recht hatte. Traurig ging er mit seinem Diener hinaus vor den Palast und schoß einen Pfeil ab. Als der Diener ihn holen wollte, rief Jonatan: „Paß auf, der Pfeil liegt weiter links. Beeil dich! Rasch, lauf!"

Und David verstand das verabredete Zeichen. Während der Diener zurück in den Palast ging, kam David aus seinem Versteck. Er wollte nicht fliehen, ohne sich von seinem Freund zu verabschieden.

Voller Trauer ahnten beide, daß sie sich nie wiedersehen würden. Aber sie waren sich sicher, daß sie Freunde bleiben würden.

Solange Saul lebte, verfolgte er David, obwohl er ihm doch so viel zu verdanken hatte.

Schließlich schlug Saul seine letzte

Schlacht mit den Philistern. Jonatan und seine beiden anderen Söhne kamen dabei ums Leben. Da gab Saul alle Hoffnung auf. Voller Verzweiflung stürzte er sich in sein eigenes Schwert, damit ihn die Philister nicht töten konnten. Einer seiner Krieger blies auf der Trompete die Todesklage.
Als David die schreckliche Nachricht hörte, trauerte er tief um Jonatan, aber auch um Saul. Und er schrieb darüber ein Klagelied:
Die Helden Israels sind gefallen. Meldet es nicht in Gat, damit die Töchter der Philister sich nicht freuen. Wie gut und liebenswert waren Saul und Jonatan zu Lebzeiten, und auch im Tode wurden sie nicht getrennt. Sie waren schneller als die Adler, stärker als die Löwen. Mitten im Kampf sind die Großen Israels gefallen! Ich weine um dich, mein Bruder Jonatan. Wie hast du mich geliebt! Die Helden Israels sind tot!"
Nach Ablauf der Trauerzeit wurde David zum Nachfolger Sauls als König gewählt. Eine seiner ersten Taten war die Befreiung Jerusalems von den Jebusitern. Er machte Jerusalem zur Hauptstadt Israels und nannte sie *Stadt Davids.* Dorthin brachte er auch die Bundeslade und ließ ein großes Fest mit Musik und Tanz feiern. David wollte zum Schutz der Bundeslade auch einen großen Tempel bauen. Doch Gott verwehrte ihm diesen Wunsch: „Nicht du, aber einer deiner Söhne wird eines Tages diesen Tempel bauen!"
David hatte seinen Freund Jonatan nicht vergessen. „Ist denn keiner mehr von seiner Familie am Leben?" erkundigte er sich.
„Doch, einer, sein Sohn Merib-Baal", antworteten ihm seine Diener. „Aber er ist gelähmt und kann nicht gehen!"
Da ließ David Merib-Baal zu sich bringen, und im Namen Jonatans gab er ihm das Land zurück, das zu Sauls Besitz gehört hatte. Und Merib-Baal lebte wohlversorgt zusammen mit David im Königspalast.
Viele ereignisreiche Jahre waren inzwischen vergangen. David war alt geworden, und er wußte, daß er bald sterben würde.
Er ließ seinen Sohn Salomon kommen, und mit klarer, wacher Stimme sagte er zu ihm: „Ich gehe nun bald den Weg allen Irdischen, mein Tod naht. Du mußt stark sein. Beachte Gottes Gebote, gehe seine Wege! Führe das Volk Israel so, wie der Herr, unser Gott, es will! Dann wird Gott seinen Bund mit Israel halten. Sei klug, mein Sohn, und zeige dich als Mann!"
David gab Salomon dann noch weitere Anweisungen, bis er sich schließlich müde in seinem Bett zurücklegte und die Augen schloß. Er schlief ein und starb.
Nun wurde Salomon König.
Während seines langen Lebens hatte David viele Lieder geschrieben. Einige seiner Lieder werden heute noch gesungen. Man nennt sie Psalmen. Sie sind aufgeschrieben in der Bibel, im *Buch der Psalmen.*

Ein Psalm Davids

Der Herr ist mein Hirte, nichts wird mir fehlen.
Er läßt mich lagern auf grünen Wiesen;
und führt mich zum Ruheplatz am Wasser.
Er stillt mein Verlangen und führt mich auf dem
Weg der Gerechtigkeit, treu seinem Namen.
Ob ich auch wandern muß durch ein dunkles Tal,
ich fürchte mich nicht, denn du bist bei mir;
dein Stock und dein Stab geben mir Mut.
Du deckst mir den Tisch vor den Augen meiner Feinde,
du salbst mein Haupt mit Öl
und füllst mir reichlich den Becher.
Lauter Güte und Dank werden mir folgen
mein Leben lang;
und ich darf wohnen im Hause des Herrn
für lange Zeit.

Salomons Weisheit

Salomon war nun König über viele Tausende von Menschen. Er fühlte sich seiner Aufgabe kaum gewachsen. Dauernd kamen neue Probleme auf ihn zu. Und sein Vater, der weise David, lebte ja nicht mehr und konnte ihm auch nicht helfen ...

Salomon versuchte nun nach besten Kräften, die Ratschläge seines Vaters zu befolgen und Gottes Geboten zu gehorchen. Auch wenn es da ein Problem gab: Die Israeliten hielten ihre Opferfeiern an den verschiedensten Orten ab, denn bisher gab es noch keinen Tempel.

Eines Tages ging Salomon selbst nach Gideon, um dort zu opfern. In dieser Nacht erschien ihm Gott im Traum. Er sprach: „Was wünschst du dir von mir, Salomon?"

„O Gott, gib mir Weisheit!" bat Salomon. „Ich bin noch zu jung und kann nicht immer die richtigen Antworten auf die Fragen geben, die die Leute mit ihren Problemen stellen. Ich wünschte mir, ein kluger, gerechter und weiser Herrscher zu sein!"

Da freute sich Gott. „Du hast dir nicht gewünscht, reich zu sein oder lang zu leben. Du hast dir nicht gewünscht, stärker als deine Feinde zu sein. Du willst nur klug und weise sein. So soll es geschehen. Aber darüber hinaus will ich dich reich und berühmt machen. Und wenn du meine Gebote achtest, sollst du auch lange leben!"

Salomon schreckte hoch. War alles nur ein Traum gewesen?

Am nächsten Morgen kehrte er nach Jerusalem zurück, um vor der Bundeslade ein Opfer zu bringen. Dann veranstaltete er ein großes Fest.

Während der Feier kamen zwei Frauen zu Salomon. Sie wollten seinen Rat. Eine von ihnen trug ein Baby im Arm.

„O König Salomon", rief eine der Frauen voll Trauer, „diese Frau dort und ich leben im selben Haus. Ich hatte ein Baby, und drei Tage später bekam auch sie ein Kind. Doch das starb in der Nacht. Während ich schlief, nahm sie mir mein Kind fort und legte ihr totes neben mich. Als ich aufwachte, um meinen Sohn zu stillen, sah ich das tote Baby. Ich weinte und weinte. Doch als ich es am Morgen anschaute, sah ich, daß es gar nicht mein Kind war. Sie hatte es genommen!"

„Das ist nicht wahr", schrie die andere Frau. „Das ist mein Kind. Ihr Baby ist gestorben!"

Beide Frauen stritten erbittert miteinander. Welche hatte recht?

„Eine von euch lügt", sagte Salomon. „Das Kind kann nicht euch beiden gehören. Sagt mir die Wahrheit!"

„Ich sage die Wahrheit!" schrien beide Frauen gleichzeitig.

Angestrengt dachte Salomon nach, wie er das Problem lösen könnte.

Und dann hatte er ein Idee ...

„Bringt mir ein Schwert", befahl er seinen Dienern. Atemlose Stille herrschte im Saal. Jeder schaute auf den Mann, der das Schwert brachte.

„Und nun", sagte Salomon, „zerteile ich das Kind in der Mitte. Jede von euch hat dann eine Hälfte!"

Die eine Frau nickte zustimmend:

„Das ist gerecht. Dann hat keine von uns das Kind. Zerteile es!“
Doch die andere Frau schrie: „Nein, damit würdet ihr das Kind umbringen!“ Schluchzend und verzweifelt bat sie Salomon: „Nein, bitte tötet es nicht, lieber gebt es der anderen Frau!“
Salomon schaute die beiden Frauen an. Dann entschied er: „Gebt dieser Frau das Kind! Sie ist die richtige Mutter. Denn nur eine richtige Mutter würde ihr Kind lieber einer anderen geben als es töten lassen!“
Immer noch schluchzend, nahm die richtige Mutter ihr Kind in den Arm, und alle bewunderten Salomon für seine Weisheit.
Salomon war auch weiterhin ein weiser Richter. Viele Jahre regierte er nun schon, mächtig und reich, wie von Gott versprochen. Menschen aller Völker kamen ratsuchend zu ihm. Und alle brachten Geschenke mit.
Nun wollte Salomon auch seine große Liebe zu Gott unter Beweis stellen und einen Tempel bauen. Darin wollte er Gott Opfer bringen und einen Platz für die Bundeslade schaffen.

Der Bau des Tempels

Der Bau des Tempels hatte begonnen. Salomon wollte nur die besten Arbeiter und die wertvollsten Baustoffe für dieses Bauwerk einsetzen. Um sie zu bekommen, sandte er Boten in ganz Israel und in die Nachbarländer aus. Allmählich rollte das Baumaterial an. Wohlduftendes Zedernholz aus dem Libanon für Wände und Decken, Pinienholz für den Fußboden. Die benötigten Steine waren schon im Steinbruch paßgenau behauen worden, damit beim Bau nicht durch das Hämmern die Ruhe des Tempels gestört würde.

Der neue Tempel war über dreißig Meter lang, zehn Meter breit, fünfzehn Meter hoch und hatte drei Stockwerke. Er hatte einen Innenbezirk, der das Allerheiligste genannt wurde. Hier sollte der Altar mit der Bundeslade stehen. Zwei aus Olivenholz geschnitzte und vergoldete Engel waren so angebracht, daß ihre ausgebreiteten Flügel über die Bundeslade reichten.

Alle Wände waren wunderbar geschnitzt. Der Altar war aus vergoldetem Zedernholz hergestellt. Auch alle Innenwände hatten Goldverzierungen. Allmählich ging der Tempelbau seiner Vollendung entgegen.

Nun machte sich Salomon auf den Weg nach Tyrus, zu einem Mann namens Hiram. Hiram war ein Experte in der Bearbeitung von Bronze. Salomon beauftragte ihn mit dem Bau von zwei je über acht Meter hohen Bronzesäulen für den Tempeleingang. Beide Säulen waren reich verziert. Salomon gab den beiden Säulen auch Namen, die südliche wurde *Jachin* genannt, das bedeutet: *Gott ist der Erbauer.* Die nördliche Säule erhielt den Namen *Boas,* das bedeutet: *In Gott ist die Kraft!*

Insgesamt noch sieben Jahre dauerte die vollständige Fertigstellung des Tempels. Es wurde ein prachtvolles Bauwerk zum Ruhme Gottes, ein Tempel, wie ihn schon David bauen wollte.

Salomon ließ nun alle Schätze von König David in den Tempel bringen. Dann trugen die Priester während einer großen Opferfeier die Bundeslade in den innersten Bezirk des Tempels, in das Allerheiligste.

Die Freude und der Jubel über den neuen Tempel waren unbeschreiblich. Die Israeliten waren überglücklich.

Doch Salomons Regierungszeit war noch nicht zu Ende.

Die Königin von Saba

Salomon hatte eine große Flotte, die weit über das Meer in ferne Länder segelte. Und so verbreitete sich rasch sein Ruhm in alle Welt. Die Geschichten über seine kluge Regierungsführung kamen auch an den Hof der Königin von Saba. Sie lauschte eine Weile den Berichten, dann entschied sie: „Alles Unsinn! So weise kann kein Mensch sein."

„Doch, doch, alles ist wahr!" beschworen sie ihre Minister.

Ich werde mich selbst davon überzeugen!“ meinte die Königin und machte sich mit ihrem großen Hofstaat auf die Reise.
In ihrem Troß führte sie reiche Geschenke an Gold, Edelsteinen und Seide mit, und ihr Einzug in Jerusalem war überwältigend.
In seinen besten Gewändern erwartete Salomon sie in seinem Palast. Und da schwebte sie auch schon herein, gehüllt in Seide und Damast, über und über mit Perlen und Rubinen behängt. Und eine lange Reihe von Dienern trug ihre Geschenke.
Die beiden Herrscher begrüßten sich. Und schon bald begann die Königin, Salomons Weisheit durch geschickte Fragen auf die Probe zu stellen.
Aber Salomon wußte eine Antwort auf jede Frage.
Inzwischen war ein großes Festessen vorbereitet worden. Die Gewürze waren genauso köstlich wie am Königshof zu Saba, ebenso die Parfüme.
Nach dem Festmahl führte Salomon die Königin an den Eingang des Tempels. Angesichts dieser Pracht rief sie aus: „Genug. Ich habe mich geirrt. Alles, was ich über deine Größe gehört habe, ist wahr. Gelobt sei der Herr, dein Gott, der dich so reich gesegnet hat. Er muß das Volk Israel wirklich sehr lieben, wenn er ihm einen König wie dich gibt!“
Anschließend tauschten die beiden Herrscher reiche Geschenke aus. Es war ein großartiger Staatsbesuch!
Salomons Macht und Reichtum wuchsen immer mehr. Viele Menschen kamen zu ihm, um sich bei ihm Rat zu holen. Salomons Armee wuchs auf zwölftausend Reiter mit eintausendvierhundert Streitwagen an. Und in Jerusalem gab es Silber wie Sand am Meer.
Durch die Weisheit, die Gott Salomon geschenkt hatte, war er ein großer Herrscher geworden. Aber war er vielleicht zu mächtig ...?

Salomons Ende

Salomon war stolz und übermütig geworden. Er dachte nicht mehr an Gott und betete fremde Götter an. Gott war darüber sehr zornig. „Solange du lebst, will ich mein Versprechen halten: „Israel wird mein auserwähltes Volk bleiben!“ sprach er. „Aber nach deinem Tode werde ich es in zwei Parteien teilen. Die zwei Stämme des Südens werden im Krieg liegen mit den zehn Stämmen des Nordens.“
Vierzig Jahre regierte Salomon sein Volk in Einigkeit. Dann aber starb er ...

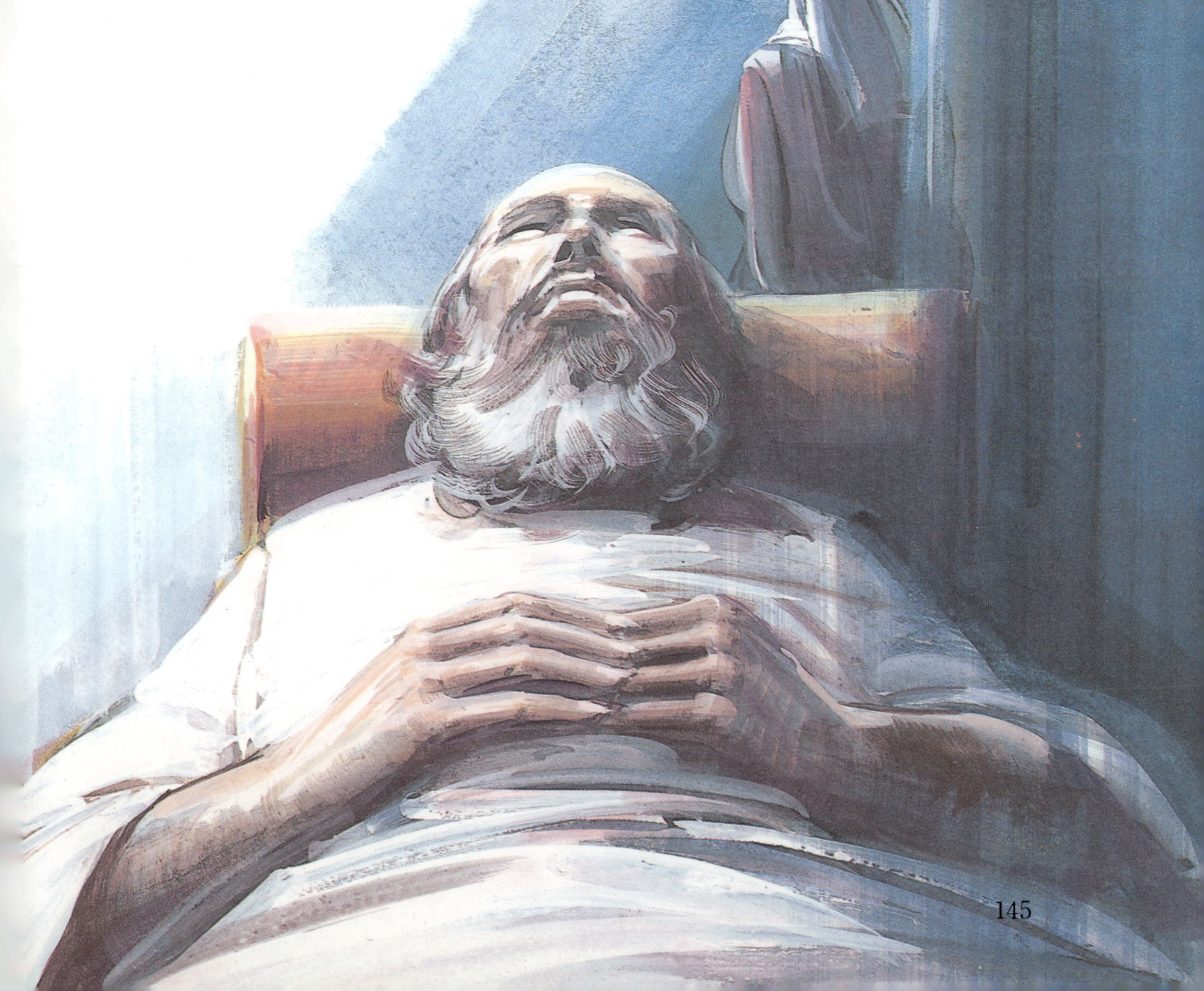

Elija, die Raben und die Witwe

Israel war nun in zwei Königreiche geteilt. Beide wurden von gottlosen Königen regiert. Dabei führte sich Ahab im Norden des Landes besonders schlimm auf. Seine zehn Stämme beteten den Götzen Baal an.
Nur einer aus seinem Volk hielt treu zu Gott, und der gab ihm eine Botschaft für Ahab.
Tapfer trat Elija vor den König und sagte: „Ich bin der Prophet des wahren Gottes. Und ich sage dir, daß es in den nächsten Jahren weder Regen noch Tau in diesem Land geben wird!" Dann eilte er rasch aus dem Palast, damit man ihn nicht gefangennehmen konnte.
„Geh und verstecke dich am Bach Kerit, nahe beim Jordanfluß", befahl ihm Gott. „Ich werde Raben zu dir schicken, die werden dich mit Essen versorgen, und aus dem Bach kannst du trinken."
Raben? Elija hatte Bedenken. Aber es blieb keine Zeit für lange Diskussionen. Elija blickte sich vorsichtig um und rannte dann zu seinem Versteck. Aber Raben? Wie sollten die ihn versorgen? Sollte er sie fangen und töten?
Nein! Am Abend – Elija saß hungrig am Bach – kamen Raben angeflogen. Sie hatten Brot und Fleisch im Schnabel. Das ließen sie fallen, und Elija hatte zu essen. So war es an jedem Morgen und jeden Abend.
Aber da es nicht regnete, trocknete nach einer Weile der Bach aus. Mußte Elija nun verdursten?
Doch Gott sorgte für ihn. „Geh nach

Sarepta", befahl er Elija. „Ich habe dort einer Witwe gesagt, sie soll für dich sorgen!"

Elija machte sich also auf den Weg, und als er in Sarepta ankam, sah er dort eine Frau, die in der Nähe des Stadttores Brennholz sammelte. „Würdest du mir bitte etwas zu trinken bringen?" bat er sie.

Die Frau eilte davon und brachte ihm Wasser. „Und bitte auch etwas Brot", bat Elija.

Die Frau aber schüttelte traurig den Kopf. „Ich habe kein Brot mehr, glaub es mir. Nur noch ein bißchen Mehl und Öl. Ich wollte gerade Holz sammeln, um das letzte Essen für mich und meinen Sohn zu kochen. Dann werden wir wohl verhungern müssen."

Elija wunderte sich sehr. Das war eine seltsame Antwort für einen, dem Gott versprochen hatte, er würde ihn versorgen. Aber er wußte: Auf Gott war Verlaß ...

„Koche nur ruhig dein Essen", sagte Elija. „Aber backe zuerst einen kleinen Kuchen aus dem Mehl. Dann mach für dich und deinen Sohn zu essen. Gott hat versprochen, daß dein Kochtopf und dein Ölkrug nicht leer werden, bevor er nicht wieder Regen schickt für dieses Land."

Die Frau konnte Elijas Worten kaum glauben, aber sie vertraute ihm. Und tatsächlich, als sie Mehl zum Backen aus dem Topf nahm, blieb noch genügend übrig. Genauso war es mit dem Öl. Für sie, ihren Sohn und Elija war genug zum Essen da für viele Tage.

Elija lebte schon einige Zeit bei der Witwe, als ihr Sohn schwer erkrankte. Sein Atem versagte. Weinend lief die Frau zu Elija: „Bist du etwa nur gekommen, um mich an meine Sünde zu erinnern und meinem Sohn den Tod zu bringen?" rief sie.

„Gib mir den Jungen", bat Elija niedergeschlagen. Und er brachte ihn in sein Schlafzimmer. Voller Verzweiflung betete er zu Gott: „Laß den Jungen wieder ins Leben zurückkehren!" Dann beugte er sich dreimal über den leblosen Knaben. Gott hörte Elijas Flehen: Der Junge begann wieder zu atmen!

Voller Freude brachte Elija ihn zurück zu seiner Mutter. „Dein Sohn lebt!" rief er.

Die Frau drehte sich um, wagte es aber kaum zu glauben, was Elija sagte.

„Hier ist er", sagte Elija und führte den Sohn zärtlich zu ihr.

Einen Moment lang schaute die Frau ihren Sohn ungläubig an. Dann sagte sie zu Elija: „Jetzt weiß ich, daß du ein Gottesmann bist und Gottes wahre Botschaft bringst", sagte sie sanft.

Auch König Ahab sollte bald diese Erfahrung machen ...

Baal

Drei Jahre später beauftragte Gott Elija erneut, König Ahab eine Botschaft zu bringen.
Gehorsam ging Elija zu Ahab und sagte: „Gott wird nun wieder Regen schicken, aber erst müssen du, deine Priester und dein Volk sich mit mir auf dem Berg Karmel treffen."
Ahab wußte: Wenn er Regen wollte, mußte er der Bedingung Elijas zustimmen. Ärgerlich rief er sein Volk zu dem Treffen auf dem Berg Karmel zusammen.
Dort sprach Elija zu ihnen: „Wie lange willst du noch so weitermachen? Du kannst nicht zwei Göttern dienen. Entweder der Götze Baal oder Gott, der Herr Israels, der wahre Gott. Entscheide dich!"
Die Leute starrten Elija an, aber keiner antwortete ihm.
Da versuchte er es erneut: „Ich bin hier der einzige, der dem wahren Gott dient. Das möchte ich euch beweisen. Dort drüben sind vierhundert Baal-Priester. Sie sollen zwei Kälber für ein Opfer vorbereiten. Dann legen wir die Opfertiere auf zwei verschiedene Altäre, werden aber kein Feuer anzünden. Der Gott, der schließlich Feuer anzündet, soll der wahre Gott sein!"

„Ja, so soll es sein!" schrie die Menge, und auch die Baal-Priester stimmten zu.
Nun wurden zwei Kälber geschlachtet und auf die beiden Altäre gelegt. „O Baal, höre uns und sende uns Feuer", riefen die Baal-Priester vor ihrem Altar. Alle warteten gespannt, aber nichts geschah. Nun tanzten und sangen die Priester und riefen laut nach Baal. Doch nichts geschah. Gegen Mittag begann Elija die Priester zu verspotten: „Schreit lieber noch lauter! Ist Baal nun ein Gott oder nicht? Vielleicht ist er verreist oder er schläft? Ihr müßt ihn aufwecken!"

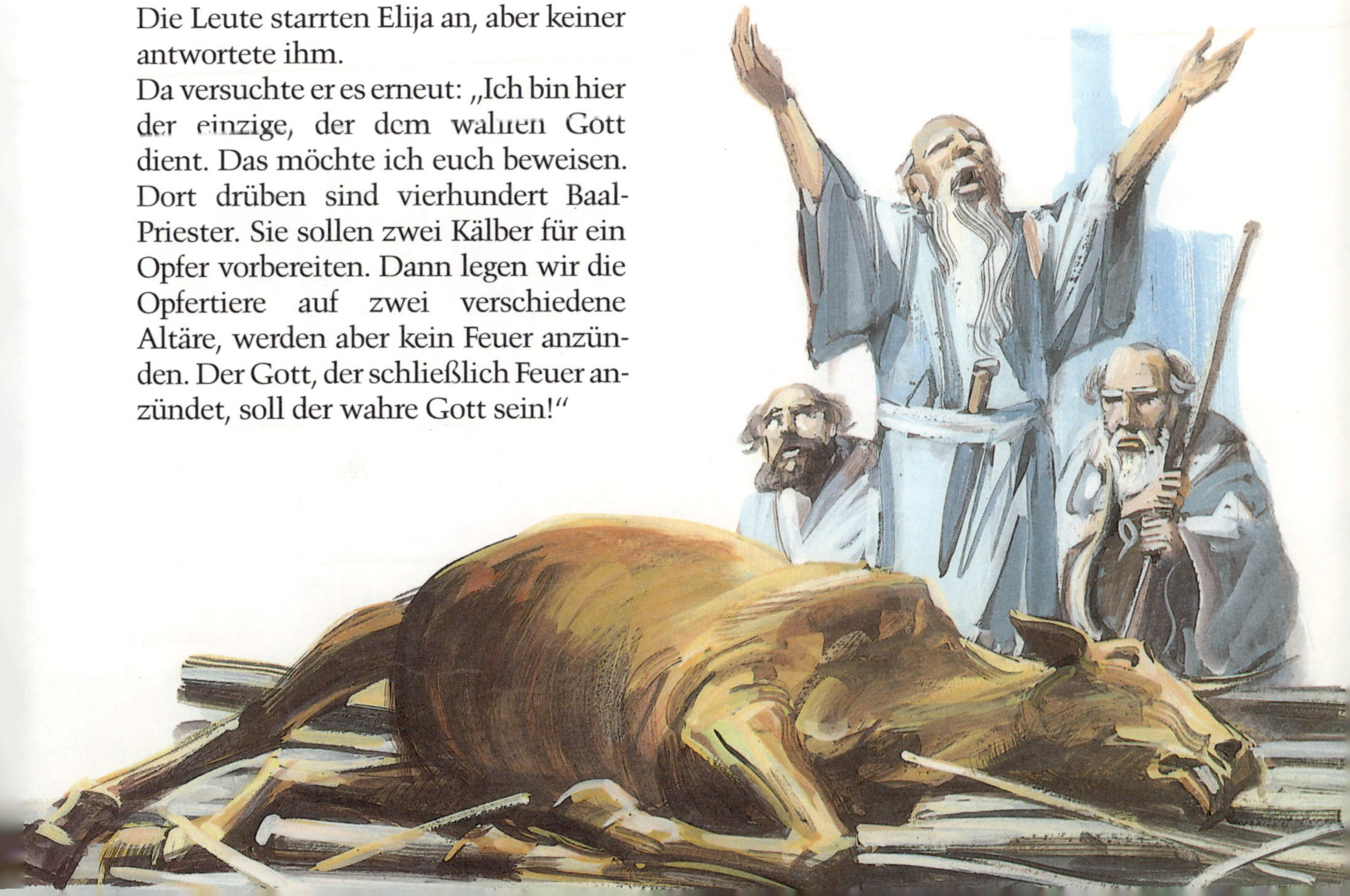

Wütend schrien die Priester noch lauter. Sie ritzten sich mit Messern die Arme auf, bis ihr Blut floß, und tanzten immer wilder. Dabei stießen sie sogar Elijas Altar um. Doch von Baal kam noch immer kein Zeichen.

Am Abend rief Elija die Menge zu sich. „Kommt näher!“ Sie scharten sich um ihn. Nun baute er seinen umgeworfenen Altar wieder auf und benutzte dabei genau zwölf Steine. Jeder Stein stand für einen der zwölf Stämme Israels. Dann zog er einen tiefen Graben um den Altar und legte das Feuerholz und das Opfertier darauf. Zur völligen Verblüffung der gespannt wartenden Menge verlangte er dann noch: „Bringt vier Krüge Wasser!“

Wasser? Wie sollte das Opferfeuer brennen, wenn das Holz feucht war?

Aber sie gehorchten. Dreimal gossen sie große Wassermengen über das Opferkalb und das Brennholz. So viel, daß sogar der Graben um den Altar voll Wasser lief.

Als alles vollständig durchnäßt war, betete Elija zu Gott: „O Herr, du Gott Israels, Abrahams, Isaaks und Jakobs, zeige nun, daß du der einzig wahre Gott bist und ich dein Diener, damit sich diese Menschen hier von ihren falschen Göttern abwenden und dich anbeten!“

Kaum hatte er sein Gebet beendet, als ein riesiger Blitz vom Himmel herabfuhr. Prasselnd loderten die Flammen auf und verbrannten das Opfertier samt dem Altar. Auch vom Wasser in dem Graben blieb nichts übrig.

„Gott ist der Herr!“ riefen alle. Die Baal-Priester, die wie versteinert zugesehen hatten, versuchten fortzulaufen. „Laßt sie nicht entkommen!“ rief Elija. „Mit ihren Lügen haben sie großes Unheil über euch gebracht!“

Die Priester wurden zum Tode verurteilt. Danach schickte Elija die Menschen nach Hause: „Eßt und trinkt. Hunger und Durst haben ein Ende. Ich höre schon das Rauschen des Regens!“

Während Ahab sich zum Essen begab, stieg Elija auf den Berg. Noch regnete es nicht. Da befahl er seinem Diener: „Schau hinaus aufs Meer, ob Wolken kommen!“

Sechsmal schickte er den Mann, doch keine Wolke war zu sehen. Elija hatte schon alle Hoffnung aufgegeben, da rief sein Diener: „Eine Wolke, klein wie eine Hand, kommt übers Meer!“

„Lauf und sag Ahab, er soll sofort losfahren. Sonst wird ihn der Regen überraschen!“ rief Elija.

Schon war der Himmel schwarz. Wind kam auf, und der Regen rauschte nieder. Ahab jagte mit seiner Kutsche davon, zurück in den Palast zu Königin Isebel.

Riesenfreude erfüllte Elija. Er spürte Gottes Allmacht. Seinen Mantel über dem Arm, rannte er in großen Freudensprüngen zurück in die Stadt. Er erreichte noch vor Ahab den Palast.

Doch Elijas Freude sollte schon bald gedämpft werden ...

Isebel und Elija

Noch ganz im Bann des Geschehens auf dem Berg Karmel erzählte Ahab alles seiner Frau Isebel.

Isebel hatte immer Baal angebetet. Voller Zorn hörte sie jetzt, daß die Baal-Priester getötet worden waren. Deshalb schickte sie eine furchtbare Botschaft an Elija: „Du hast die Priester getötet, nun werde ich dich töten!“

Elija floh mit seinem Diener nach Beerscheba. Von dort wanderte er allein weiter in die Wüste. Nach Stunden sank er erschöpft unter einen Ginsterbusch und stöhnte: „Es ist zuviel für mich, o Herr! Laß mich bitte sterben!“

Todmüde schlief er ein. Da berührte ihn plötzlich jemand sanft an der Schulter. Elija wachte auf und sah einen Engel neben sich: „Iß und trink!“ forderte der ihn auf.

Essen? Elija sah sich um. Da, direkt neben ihm, lag ein frisch gebackenes, köstlich duftendes Brot, und daneben stand ein Krug mit Wasser.

Elija ließ es sich schmecken und schlief dann wieder ein.

Der Engel brachte ihm ein zweites Mal zu essen. „Sonst hast du keine Kraft für deine Wanderung!“ sagte er.

Elija langte kräftig zu. Dann wanderte er weiter bis zum Berg Horeb. Hier, in einer Höhle, fand er eine Zuflucht. Er verbrachte die ganze Nacht darin.

Am Morgen hörte er Gottes Stimme: „Was tust du hier, Elija?“

Wußte Gott das nicht? Elija antwortete: „Immer habe ich dir nach bestem Gewissen gedient. Alle deine Propheten hat man getötet. Ich bin allein übriggeblieben. Nun trachtet man mir nach dem Leben!“

„Geh auf den Berg, dort werde ich an dir vorübergehen“, befahl Gott.

Er sollte sein Versteck verlassen? Gott würde vorübergehen? Elija war verwirrt.

Da hörte er einen mächtigen Sturm vor der Höhle brausen. Doch Gott war nicht in dem Sturm.

Ein starkes Erdbeben erschütterte den

Boden, doch Gott war auch nicht in dem Erdbeben. Nun loderte ein großes Feuer auf, doch auch darin war Gott nicht.
Nach dem Lärm und dem Feuer herrschte jetzt tiefe Stille. Und in dieser Stille hörte Elija eine ganz leise Stimme.
Da nahm er seinen Mantel und trat an den Höhleneingang.
„Was tust du hier, Elija?" fragte diese Stimme.
Ruhig antwortete Elija, was er schon zuvor gesagt hatte.
Da sagte Gott: „Geh zurück. Dein Dienst für mich ist fast zu Ende. Salbe Hasael zum König von Syrien und Jehu zum König von Israel. Dann salbe Elischa, den Sohn Schafats, als deinen Nachfolger zu meinem Propheten."
Frohen Herzens zog Elija los. Er fand Elischa und legte ihm seinen Mantel um als Zeichen, daß er ihm folgen sollte. Elischa ging als sein Diener mit.
Nun hatte Gott noch einen Auftrag für Elija ...

Nabots Weinberg und Elijas Fahrt zu Gott

König Ahab wollte gern den Weinberg neben seinem Palast haben, doch der Besitzer, Nabot, wollte ihn nicht verkaufen.
Königin Isebel ärgerte sich furchtbar darüber. Und obwohl Nabot völlig unschuldig war, bestach sie einige Richter, sie sollten ihn als Gotteslästerer und Verleumder von Ahab verurteilen. Nabot wurde zum Tode verurteilt, und Ahab nahm sich den Weinberg. Da ließ Gott dem König durch Elija ausrichten, sein Sohn werde sterben und auch Isebel. Ihr Leichnam würde von wilden Hunden gefressen.
Die Prophezeiung ging ebenso in Erfüllung wie viele andere, die Elija treulich überbrachte.
Er wußte, daß er bald sterben mußte, und sprach darüber mit Elischa: „Wir müssen uns bald trennen", sagte er. „Was wünschst du dir zum Abschied?"
„Ich möchte so werden wie du", sagte Elischa unter Tränen. „Dein Geist möge über mich kommen!"
Elija antwortete: „Wenn du das Wunder miterlebst, das Gott mir zugedacht hat, wird dein Wunsch in Erfüllung gehen. Und du wirst wissen, daß du als Gottes Prophet auserwählt bist!"
Plötzlich erschien ein feuriger Pferdewagen. Elija wurde in den Wagen gehoben, und die Pferde preschten davon, direkt in den Himmel. Und Elischa sah alles mit eigenen Augen.
„Mein Vater!" rief Elischa voll Trauer. Er nahm Elijas Mantel auf und spürte plötzlich, daß er Elijas Werk fortsetzen würde. So machte er sich auf den Weg zu einem Mann namens Naaman, der seine Hilfe brauchte.

Naaman wird geheilt

Naaman war ein einflußreicher Mann. Er war Kommandeur in der Armee des Königs von Aram. Doch er hatte sich mit einer schrecklichen Krankheit, mit Lepra, angesteckt. Und es schien keine Aussicht auf Heilung zu geben.

Naamans Frau hatte eine Dienerin, die man als Gefangene aus Israel verschleppt hatte. Dieses junge Mädchen wußte Rat.

„Wenn mein Herr doch zu Elischa gehen würde, der könnte ihn heilen!" sagte sie mit Bestimmtheit.

Das war aber nicht so einfach. Der König von Aram mußte Naaman zumindest ein Empfehlungsschreiben an den König von Israel mitgeben und darin um Hilfe bitten.

Doch der König von Israel fühlte sich von Aram zum Narren gehalten. „Ich kann doch keinen Aussatz heilen", rief er ärgerlich, als er den Brief gelesen hatte.

Elischa hörte davon und lud Naaman zu sich ein.

Bald traf Naamans Kutsche vor Elischas Haus ein, und der ließ ihm mitteilen: „Tauche siebenmal im Jordan unter, und du bist geheilt!"

„Was?" rief Naaman wütend, „ich dachte, Elischa selbst würde mich heilen! Sind unsere Flüsse etwa schlechter als der Jordan?" Und ärgerlich fuhr er nach Hause. Doch seine Diener überredeten ihn, alles zu versuchen und im Jordan zu baden. Widerwillig tat es Naaman – und er wurde geheilt.

Glücklich kam er zu Elischa: „Dein Gott ist der wahre Gott. Ihn will ich anbeten", versprach er.

Elischa diente Gott noch viele Jahre, bis zu seinem Tode.

Die Zeit verging, und mit ihr kamen und gingen viele Könige in Juda. Für ihre Gottlosigkeit wurden die Menschen hart gestraft: Jerusalem wurde zerstört, und die Israeliten gerieten in babylonische Gefangenschaft.

Unter ihnen war ein Junge, Daniel ...

Schadrach, Meschach und Abed-Nego

Nebukadnezzar, der König von Babylon, ließ unter den Gefangenen, die er in Jerusalem gemacht hatte, einige junge, intelligente Burschen auswählen. Sie sollten in seinem Palast zu Mitgliedern des Hofstaates erzogen werden. Unter ihnen waren die vier jungen Männer Daniel, Schadrach, Meschach und Abed-Nego.

Die vier waren gute Freunde, und sie hielten an ihrem israelitischen Glauben fest. So weigerten sich Schadrach, Meschach und Abed-Nego auch standhaft, der Aufforderung nachzukommen, die von Nebukadnezzar errichtete goldene Götterstatue anzubeten. Sie wollten nur ihrem Gott dienen.

Nebukadnezzar tobte vor Wut und ließ die drei Männer in einen großen Ofen werfen. Dessen Hitze war so gewaltig, daß sogar die Gefängniswärter tot umfielen, als sie die Klappe öffneten. Aber seltsam, die drei jungen Männer standen völlig unversehrt inmitten der Flammen!

Den König überkam große Furcht. „Ich habe vier Männer im Feuer gesehen", flüsterte er. „Der vierte sah aus wie Gottes eigener Sohn!"

Er ließ die drei Männer aus dem Ofen kommen. Nicht einmal ein Haar war ihnen versengt!

Nebukadnezzar befahl daraufhin, daß keiner mehr etwas gegen den Gott Israels sagen dürfe. Den drei Männern aber gab er einflußreiche Posten in Babylon.

Nach Nebukadnezzars Tod wurde sein Sohn Belschazzar König. Eines Tages gab es ein großes Fest im Palast. Und dabei geschah etwas Außergewöhnliches ...

Belschazzars Fest

Das ausgelassene Fest im Palast war in vollem Gange. Da wurde König Belschazzar plötzlich aschfahl vor Angst: Eine Hand schrieb eine Botschaft an die Wand.
Zu Tode erschrocken, rief er aus: „Wer mir diese Worte deuten kann, den werde ich zum Herrscher über ein großes Stück Land machen!"
Doch vergeblich versuchten alle klugen Ratgeber des Königs, die Schrift zu deuten. Da erinnerte sich der König an Daniel.
Daniel hatte früher schon oft die Träume und Rätsel für Nebukadnezzar gedeutet. Er wurde geholt und erklärte auf Anhieb die Bedeutung der Botschaft: Gott hatte Belschazzars Lebenswerk beurteilt und für völlig wertlos befunden. Sein Königreich werde untergehen, aufgeteilt zwischen Persern und Medern.
Daniels Worte gingen in Erfüllung. Eines Nachts griffen die Meder Babylon an. Die Stadt wurde erobert, Belschazzar getötet. Daniel aber sollte auch weiterhin Gott dienen.

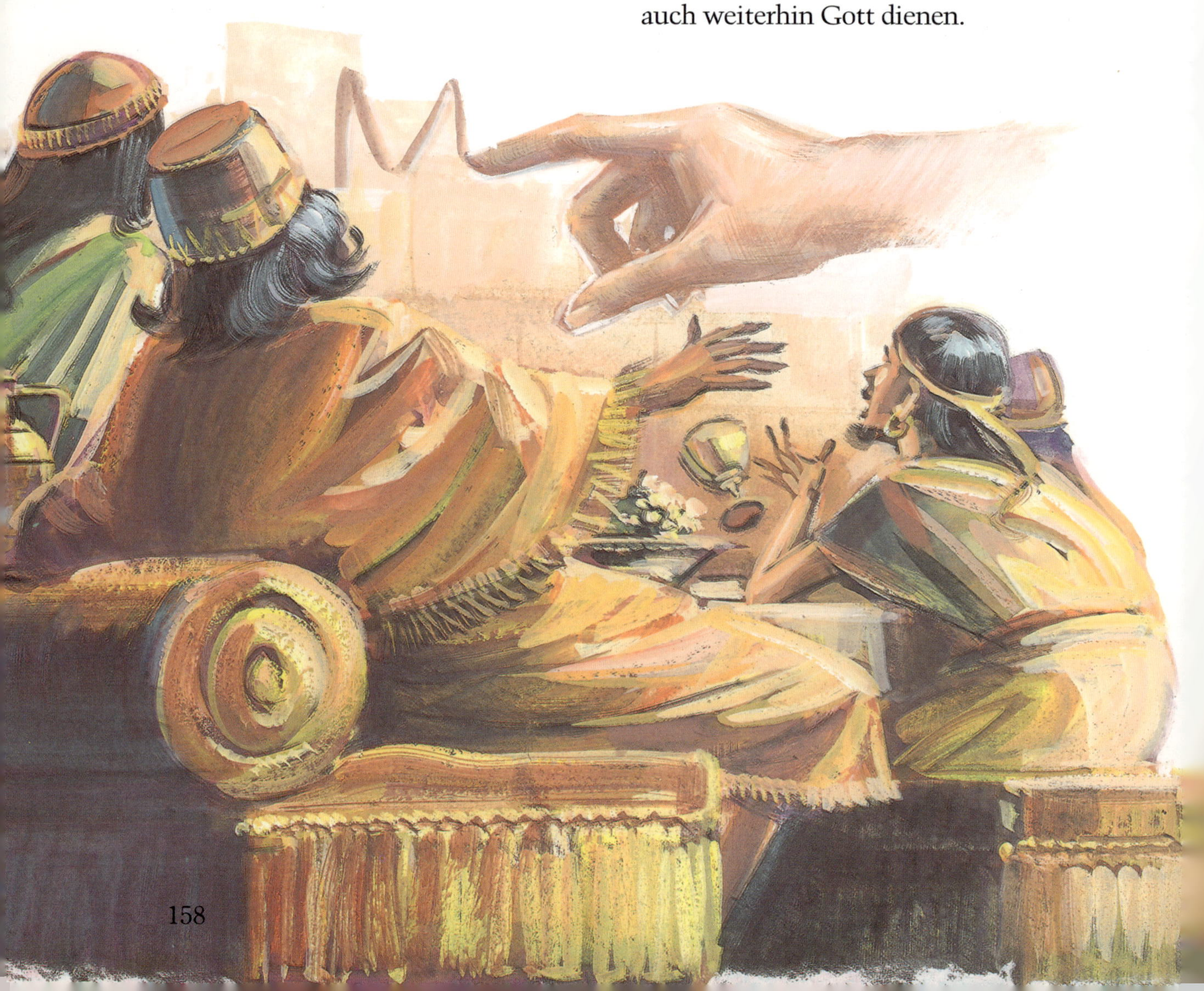

Daniel

Der neue König und Herrscher der Perser, Darius, gab Daniel eine einflußreiche Stellung: Er machte ihn zum Statthalter von Babylon. Aber einige andere Gouverneure des Landes waren neidisch auf Daniel.

„Wir müssen ihn fertigmachen!" tuschelten sie verschwörerisch untereinander. Und sie dachten sich eine Falle für Daniel aus.

Meder und Perser beteten damals zahlreiche Götter an. Daniel aber hielt treu zu seinem Gott, dem Gott Israels ...

Eines Tages gingen die Gouverneure zu König Darius.

„Lang lebe der König!" riefen sie und fuhren fort: „Wir haben einen Vorschlag für dich: Dreißig Tage lang soll kein anderer Gott und keine Person außer dir angebetet werden. Wer dagegen verstößt, soll den Löwen vorgeworfen werden."

Der König fühlte sich geschmeichelt. Die Gouverneure hielten ihn also für einen großen Herrscher. Und das war er ja auch ... Lächelnd nickte er.

Die Gouverneure fügten hinzu: „Du solltest das sofort als Gesetz erlassen!"

Gespannt warteten sie auf des Königs Antwort.

Darius nickte zustimmend: „Gut, so soll es sein!"

Erfreut sahen die Gouverneure zu, wie Darius das Gesetz niederschrieb. Denn sie wußten: War einmal ein Gesetz aufgeschrieben, konnte es nicht mehr geändert werden.

Das Gesetz wurde verkündet, und auch Daniel hörte davon. Er wußte, daß das eine Falle seiner Feinde war: Er mußte entweder seine Gebete zu Gott aufgeben oder er würde den Löwen vorgeworfen. Alle Blicke ruhten auf ihm,

wenn er jetzt durch die Stadt ging. Wie würde er sich verhalten?
Er könnte sein Leben retten, wenn er dreißig Tage nicht zu Gott beten würde. Oder er könnte still in seinem Innersten beten. Oder er könnte an einem geheimen Ort beten ...
Nein! Entschlossen betrat er sein Haus und ging in den ersten Stock. In dem Zimmer zur Straße öffnete er weit das Fenster und wandte sich in Richtung Jerusalem, seiner weit entfernten Heimat.
Und er bat Gott um Unterstützung und Hilfe.
Natürlich hatten ihn seine Feinde von der Straße aus beobachtet. Ihr Plan war aufgegangen. Triumphierend rannten sie zum König. Scheinheilig und mit ruhiger Stimme sagten sie: „König Darius, lang mögest du leben! Hast du nicht ein Gesetz erlassen, daß man dreißig Tage niemanden außer dir anbeten dürfe? Sonst würdest du ihn den Löwen vorwerfen lassen?"
„So ist es", sagte Darius.
Daraufhin die Gouverneure: „Daniel, der vor Jahren als Junge aus Jerusalem verschleppt wurde, mißachtet das Gesetz. Dreimal täglich betet er zu seinem Gott!"
Da merkte Darius, daß diese Männer Daniel eine Falle gestellt hatten. Und weil er Daniel sehr schätzte, suchte er nach einem Ausweg. Vergeblich! Er hatte das Gesetz geschrieben, es war unabänderlich.
Abends kamen die Gouverneure schon wieder, um an die Vollstreckung des Urteils zu erinnern. Schweren Herzens stimmte Darius zu, und Daniel wurde an den Rand der Löwengrube geführt.

Dann stieß man ihn in die Grube. König Darius schrie auf: „Daniel, möge dein Gott dich beschützen, dem du so treu gedient hast!"
Dann sah der König traurig mit an, wie ein großer Stein über die Löwengrube gelegt wurde. Niedergeschlagen ging er in seinen Palast zurück. Die ganze Nacht konnte er kein Auge zutun. Immer mußte er an Daniel denken. Beim ersten Morgenlicht eilte er zur Löwengrube.
Zaghaft blieb er stehen. Was würde er jetzt sehen? War sein Freund in Stücke gerissen? Voller Sorge rief er: „Daniel, hat dein Gott dich beschützt?"
Er horchte, wagte aber kaum, auf Antwort zu hoffen. Doch da kam klar und deutlich Daniels Stimme: „Mein König, ich bin wohlauf. Gott ließ nicht zu, daß mir die Löwen etwas antun!"
Überglücklich befahl Darius: „Holt Daniel raus!"
Ängstlich holten die Männer Daniel mit einem Seil aus der Grube. Und tatsächlich: Daniel war nichts passiert. Nach der freudigen Begrüßung ließ Darius Daniels Feinde bringen und in die Löwengrube werfen. Sie wurden sofort von den Löwen gepackt und in Stücke gerissen.
König Darius aber ließ allen Bürgern seines Reiches folgende Botschaft verkünden: „Ich befehle, daß jeder Daniels Gott zu respektieren hat. Denn dieser Gott ist groß und ewig!"

Wiederaufbau des Tempels und der Mauern Jerusalems

Viele, viele Jahre nach der Zerstörung Jerusalems gab der Perserkönig Cyrus eine offizielle Regierungserklärung ab. Gott hatte ihn nämlich beauftragt, für den Wiederaufbau des Tempels in Jerusalem zu sorgen. Cyrus ließ also alle Israeliten aus der Gefangenschaft frei.

Freudig traten die Israeliten, auch Juden genannt, den langen Rückweg in ihr Heimatland Juda an.

Dort machten sie sich zunächst an den Wiederaufbau der Stadt Jerusalem und später des Tempels. Doch ihre Feinde versuchten immer wieder, die Juden an ihrer Arbeit zu hindern. Erst Cyrus' Nachfolger Darius sorgte dafür, daß der Wiederaufbau ungestört vonstatten gehen konnte. Schließlich war der Tempel fertig. Und er war prächtig geworden.

Aber die Stadt Jerusalem besaß noch keine Stadtmauern zu ihrer Verteidigung. Darüber war Nehemia sehr besorgt. Der Mundschenk des Perserkönigs bekam von ihm die Erlaubnis zum Aufbau der Stadtmauern und sorgte, trotz aller feindlichen Attacken, für die rasche Durchführung.

Mit Gottes Hilfe wurde der Bau schließlich fertig. Stolz und wehrhaft erhob sich die Stadtmauer.

Gott sorgte weiterhin für sein auserwähltes Volk, aber er strafte auch, wenn es ungehorsam war. Sehr erzürnt war er über die gottlosen Bewohner von Ninive. Er beschloß, ihnen eine Botschaft zu schicken und sie zu warnen ...

Jonas und der Wal

Gott sprach zu seinem Propheten Jonas: „Ich möchte, daß du nach Ninive gehst und den Leuten dort eine Warnung bringst. Wenn sie weiterhin so gottlos leben, wird ihre Stadt zerstört werden."

„Ich?" rief Jonas voller Angst. Er stellte sich vor, wie er diese schlimme Botschaft überbrachte. Die Leute von Ninive würden ihn umbringen! Nein er konnte nicht dorthin. Außerdem: War Gott nicht gütig und gerecht? Er würde doch nicht eine ganze Stadt zerstören!

„Ich muß fort!" dachte Jonas. „Wenn ich hierbleibe, sieht Gott, daß ich ihm nicht gehorche. Ich werde mit einem Schiff wegfahren ..."

Er eilte zum Hafen von Jafor und bestieg ein Schiff nach Tarschiesch. Die Stadt lag in der entgegengesetzten Richtung von Ninive.

Immer in Sorge, Gott könnte ihn noch aufhalten, zahlte er hastig den Fahrpreis beim Kapitän. Nun würde er bald aus Gottes Blickfeld sein ...

Erleichtert legte Jonas sich zum Schlafen nieder.

Das Schiff setzte Segel und stach in See. Plötzlich brach ein Sturm los. Voller Angst rief die Besatzung ihre Götter um Hilfe. Doch das Schiff torkelte durch die riesigen Wellen.

Es wurde auch nicht besser, als man zur Erleichterung des Schiffes die Ladung über Bord warf. Plötzlich entdeckte der Kapitän den schlafenden Jonas. „Wach auf", schrie er, „wir sind in Todesgefahr. Ruf deinen Gott zu Hilfe, vielleicht kann er uns retten!"

Noch halb schlafend, hatte Jonas Mühe, alles richtig zu begreifen. Inzwischen ahnte die Besatzung, daß Jonas vielleicht der Grund für ihr Unglück sein könnte. Als er an Deck kletterte, riefen sie ihm durch Sturm- und Meeresbrausen zu: „Wer bist du? Woher kommst du? Was bist du für ein Landsmann?"

„Ich bin Hebräer. Ich bete zu dem Gott, der Himmel und Erde erschaffen hat. Ich wollte vor Gott davonlaufen ..." rief Jonas zurück.

Das erschreckte die Matrosen noch mehr. „Was sollen wir tun?" beratschlagten sie.

„Werft ihn über Bord!" rief einer. „Dann beruhigt sich das Meer!"

Einen Mann über Bord werfen? Gab es keine andere Lösung? Sie beschlossen, an Land zu steuern, und wendeten mit aller Kraft die Segel. Aber der Sturm wurde noch stärker! Da riefen die Matrosen: „O Herr, strafe uns nicht dafür, daß wir einen Unschuldigen töten", und sie warfen Jonas ins Meer.

Sofort flaute der Sturm ab. Die Seeleute waren bestürzt. Sie brachten

Gott ein Opfer und versprachen, ihm zu dienen.
Jonas war untergegangen. „Jetzt werde ich ertrinken!“ war sein letzter Gedanke.
Aber Gott schickte einen riesigen Wal. Der verschluckte Jonas mit einem Satz. Prustend und schluckend versuchte Jonas nun, zu Atem zu kommen. Es war völlig finster um ihn herum. Er war im Bauch des Wals gefangen.
Aber er lebte! Und er begann zu beten. Jonas hatte erkannt, wie dumm es von ihm gewesen war, zu glauben, Gott würde ihn irgendwo nicht sehen. Außerdem hatte Gott ihn gerettet, obwohl er ungehorsam gewesen war. Jonas erkannte das voller Dankbarkeit.
Drei elend lange, unbequeme Tage verbrachte Jonas im Bauch des Wals. Dann, auf Gottes Befehl hin, spuckte der Wal Jonas in hohem Bogen an Land. Als Jonas da so ins Sonnenlicht blin-

zelte und tief die frische Luft einsog, hörte er Gottes Stimme: „Jonas, geh nach Ninive, und bring den Leuten dort meine Botschaft!"
Dieses Mal konnte Jonas gar nicht schnell genug dorthin kommen. Und er überbrachte Gottes Botschaft.
Zu seiner Überraschung glaubten ihm die Leute sofort. Sie brachten ihn zum König, und auch der schenkte Jonas' Worten Glauben. Er befahl, alle Bürger sollten Gott um Vergebung ihrer Sünden bitten. Und zum Zeichen ihrer Reue sollten sie statt feiner Kleider grobes Sackleinen tragen. Auch sollten sie weder essen noch trinken.

Als Gott die Gebete der Menschen hörte und sah, wie sehr sie ihre Sünden bereuten, vergab er ihnen.
Das ärgerte Jonas schrecklich: „Also bin ich umsonst hierher gekommen", murrte er. Und er ging beleidigt in die Wüste. Als er da so schmollend in der Hitze saß, ließ Gott hinter ihm einen Busch wachsen, um ihm Schatten zu spenden. Doch am nächsten Tag saß Jonas noch immer beleidigt dort. Da schickte Gott einen Wurm. Der sollte die Wurzeln des Baumes fressen.
Der Busch verdorrte und ging ein. Jonas war darüber sehr traurig. Unter den stechenden Sonnenstrahlen und dem heißen Wüstenwind fühlte er sich selbst plötzlich so elend, daß er sich niederlegen und sterben wollte.
Da hörte er Gottes gütige Stimme: „Du trauerst um den Busch, hast ihn aber weder gepflanzt noch versorgt. Wieviel mehr müßte ich trauern um die Zerstörung von Ninive mit allen Menschen und Tieren, weil ich sie doch geschaffen habe und sie liebe. Meinst du wirklich, ich hätte sie zerstören sollen?"

Worte von Micha

Einige Worte des Propheten Micha:
„Gott hat dir, o, Mensch, gezeigt, was
gut ist und was er von dir erwartet:
Du sollst recht tun, Güte und Treue lieben
und in Ehrfurcht diesen Weg mit deinem
Gott gehen!“

DAS NEUE TESTAMENT

Der Engel Gabriel besucht Maria

Für Maria, eine junge Frau aus dem kleinen Städtchen Nazaret in Galiläa, hatte der Tag wie jeder andere angefangen. Sie dachte an ihre bevorstehende Hochzeit mit Josef, dem Zimmermann. Josef war ein angesehener, freundlicher Mann. Er war kräftig und zuvorkommend. Maria liebte ihn sehr.
So ganz in Gedanken an Josef, schaute Maria auf und erstarrte: Ein Engel stand neben ihr, es war der Engel Gabriel. Und er sagte: „Gott ist mit dir, Maria! Du hast seine Gnade gefunden!"
Maria war erschrocken. Was bedeutete diese merkwürdige Anrede?
Der Engel fuhr fort: „Sei unbesorgt, Maria. Gott liebt dich! Du wirst ein Kind bekommen, dem du den Namen Jesus geben sollst. Er wird der Sohn des Höchsten genannt werden. Gott wird ihm ein Königreich geben, den Thron seines Vorfahren David. Und dieses Reich wird niemals enden!"
Maria versuchte, die Worte des Engels zu verstehen. Dann aber fragte sie erstaunt: „Wie soll das geschehen, wo ich noch nie mit einem Mann zusammen war ...?
„Der Geist des Herrn wird über dich kommen. Und das Kind wird der Sohn Gottes sein", antwortete der Engel und fuhr fort: „Auch deine Kusine Elisabeth wird ein Kind bekommen, obwohl sie schon sehr alt ist. Haben nicht die Leute gesagt, daß das unmöglich ist? Für Gott ist nichts unmöglich!"
Maria hörte aufmerksam zu. Ihr ganzes Leben lang hatte sie Gott geliebt und ihm vertraut. Schließlich holte sie tief Luft und sagte: „Ich werde alles tun, was Gott von mir verlangt. Wie du gesagt hast, soll es geschehen!"
Da verschwand der Engel, und Maria versuchte, diese verwirrende Botschaft in sich aufzunehmen. Der Engel hatte aber auch Elisabeth erwähnt ...
Hastig packte Maria einige Sachen für die Reise zusammen. Sie wollte sich sofort auf den Weg machen, um Elisabeth zu besuchen.

Maria besucht Elisabeth

Elisabeth war mit einem Mann namens Zacharias verheiratet, einem Priester im Tempel. Die beiden waren kinderlos. Wie oft hatte Elisabeth schon um einen Sohn gebetet! Nun, als Maria plötzlich ihr Haus betrat, war sie überglücklich. Denn gerade hatte Elisabeth gespürt, daß sich ein Baby in ihrem Leib bewegte.
„Welche Freude!" rief sie. „Die Mutter des Gottessohnes besucht mich. Du bist wirklich von Gott gesegnet, Maria!"
Maria war verwundert über diese Worte. Woher wußte Elisabeth, was der Engel verkündet hatte? Und Maria sah, daß Elisabeth tatsächlich ein Kind erwartete. Liebevoll umarmten sich die beiden Frauen.
„Stell dir vor", begann Elisabeth sofort zu erzählen, „der Engel Gabriel ist Zacharias im Tempel erschienen. Und er hat verkündet, daß wir einen Sohn bekommen, den wir Johannes nennen

sollen. Er würde ein außergewöhnlicher Mann werden. Später soll er den Menschen verkünden, daß ihr Heiland, der Messias, bald kommt!"
Atemlos hörte Maria zu. Und Elisabeth fuhr fort: „Zacharias wollte dem Engel erst gar nicht glauben. Schließlich sind wir ja beide schon zu alt für ein Kind. Da ließ der Engel Zacharias stumm werden, seitdem kann er nicht mehr sprechen. Er muß sich jetzt mit Zeichen verständigen, wenn er etwas will. Aber das mit dem Kind ist wahr. Was Gott verspricht, das hält er!"
Leise sagte Maria: „Meine Seele lobt Gott. Er hat Großes mit mir vor. Geheiligt sei sein Name!"
Drei Monate blieb Maria bei Elisabeth. Dann kehrte sie nach Nazaret zurück. Inzwischen hatte Elisabeth ihren Sohn geboren. Die Verwandten glaubten, der Junge würde Zacharias, nach seinem Vater, genannt werden.
„Nein!" beharrte Elisabeth, „er soll Johannes heißen!"
„Aber warum denn? So heißt doch keiner in deiner Familie", riefen die Verwandten erstaunt. Da deutete der stumme Zacharias auf seine Schreibtafel. Man gab sie ihm und schaute gespannt zu.
Dann hielt er die Tafel hoch. Zacharias hatte geschrieben: „Sein Name ist Johannes!"
Und plötzlich konnte Zacharias wieder sprechen. Laut lobte er Gott. Und alle in Judäa hörten die Geschichte und wunderten sich sehr.
„Was geht da nur vor?" sagten sie. „Sicher steht dieses Kind unter Gottes besonderem Schutz!"
Nun sollte auch Marias Kind bald auf die Welt kommen ...

Josef und Maria

Als Josef hörte, daß Maria ein Kind erwartete, war er völlig verstört und enttäuscht. Aber er liebte Maria zu sehr, um sich von ihr zu trennen. Erst wollte er sie in einer anderen Stadt verstekken, damit niemand erführe, daß sie schon schwanger war. Denn für die Juden war eine Schwangerschaft vor der Ehe eine große Schande.

Gott aber sandte einen Engel zu Josef. Der sprach im Traum zu ihm: „Sei ohne Sorge, Josef, und nimm Maria als deine Ehefrau zu dir. Gottes Geist ist über sie gekommen. Sie wird einen Sohn bekommen, den sollt ihr Jesus nennen. Das bedeutet: *der Retter.* Denn Jesus wird die Menschen von ihren Sünden retten."

Da war Josef beruhigt. Zusammen mit Maria kümmerte er sich um die Vorbereitungen für die Geburt des Kindes.

Eines Tages, kurz vor dem Geburtstermin, kam Josef mit besorgniserregenden Neuigkeiten nach Hause. Der römische Herrscher, Kaiser Augustus, wollte feststellen lassen, wie viele Bürger unter römischer Hoheit lebten. Deshalb beorderte er alle Einwohner in ihre Geburtsorte, um sich dort zählen zu lassen. Frauen sollten mit ihren Männern gehen.

Josef aber war in Betlehem, in Judäa geboren, hundertfünfzig Kilometer von Nazaret entfernt ...

Kein Zimmer frei

Da half alles nichts. Josef und Maria packten ihr Reisegepäck zusammen. Maria sorgte dafür, daß auch warme Windeln dabei waren. Und dann machten sich die beiden auf den Weg nach Betlehem. Maria ritt auf einem Esel, den Josef führte.
Der Weg war lang und beschwerlich. Viele andere Leute waren ebenfalls unterwegs, und Maria und Josef dachten mit Sorge daran, daß der kleine Ort Betlehem wohl überfüllt sein würde von all den vielen Menschen. Wie sollten sie da nur eine Übernachtungsmöglichkeit finden?

Maria kam nur langsam voran, und so kamen sie viel später als alle anderen Reisenden in Betlehem an. Die hatten längst schon Zimmer gefunden, als Josef noch den Esel mit Maria durch die engen, staubigen Gassen führte. Josef klopfte bei einem Gasthof an. Von drinnen drang Gelächter und laute Unterhaltung nach draußen. Es duftete nach Essen. Josef und Maria aber standen draußen, müde, hungrig und ohne Freunde in einer fremden Stadt ...
Noch einmal klopfte Josef. Die Tür ging auf. Der Wirt stand da: „Kein Zimmer mehr frei!" sagte er kurz und abweisend.
„Bitte!" flehte Josef und hielt ihn zurück. „Gibt es denn wirklich kein Eckchen, wo wir uns ausruhen können?"
Da erblickte der Wirt Maria, die vor Erschöpfung fast zusammenbrach. Mitleid erfaßte ihn.
„Meine Herberge ist wirklich voll bis auf den letzten Platz. Aber ich habe noch einen Stall. Da hättet ihr wenigstens ein Dach über dem Kopf!"
Maria nickte dankbar. Sie fühlte, daß die Geburt kurz bevorstand.
Und so kam es, daß Gottes Sohn in einem Stall in Betlehem zur Welt kam. Seine Mutter Maria wickelte ihn in warme Windeln und legte ihn in eine Krippe.
Dann versuchten Maria und Josef zu ruhen. Aber bald sollten schon die ersten Besucher zu dem neugeborenen Kind kommen ...

Der Besuch der Schafhirten

Auf den Hügeln rund um Betlehem hüteten die Hirten ihre Schafe. Das war oft eine gefährliche Arbeit. Die Männer mußten die Herde nicht nur über enge, steile Pfade zu den Weideflächen führen, sie mußten auch immer auf der Hut sein, daß keine Raubtiere die Herden überfielen. Deshalb blieben die Hirten auch nachts bei ihren Schafen. Eingehüllt in dicke, warme Mäntel schliefen sie neben dem Lagerfeuer unter freiem Himmel.

Auch in der Nacht, als Jesus geboren wurde, waren die Hirten mit ihren Herden auf den Hügeln um Betlehem unterwegs. Es war eine ruhige, klare Nacht. Das einzige Licht kam von den Sternen und vom glimmenden Lagerfeuer, und außer dem leisen Blöken der Schafe war auch nichts zu hören.

Auf einmal erfüllte ein glänzendes Leuchten den ganzen Himmel und umstrahlte hell die Hirten. Erst rieben die sich verschlafen die Augen. Dann waren sie plötzlich hellwach. Was war das?

Erschrocken versteckten sie ihre Gesichter in ihren Mänteln und warfen sich zitternd zu Boden. Da hörten sie die Stimme des Engels Gottes.

„Fürchtet euch nicht! Ich habe eine frohe Botschaft für euch und alle Menschen. Denn euch ist heute der Retter geboren, in Betlehem, der Stadt Davids. Es ist Christus, der Herr. Und das soll für euch ein Zeichen sein: Ihr werdet das Kind in Windeln gewickelt in einer Krippe finden!"

Als die Hirten wieder aufzuschauen wagten, war der Himmel voller Engel. Sie sangen: „Ehre sei Gott in der Höhe und Frieden auf Erden allen Menschen, die Gott lieben!"

Dann erlosch das Leuchten, und die Engel waren verschwunden. Es herrschte wieder Stille, und die Sterne leuchteten wie zuvor.

Die Hirten versuchten, all das zu verstehen, was sie gehört und gesehen hatten. Sollte wirklich ein Kind in Betlehem geboren sein, das Christus war, der Messias, der Retter?

Da rafften sich die Hirten auf. „Laßt uns das Kind suchen!" riefen sie. Einen Mann ließen sie als Wache bei den Herden. Dann rannten sie durch die Dunkelheit die schmalen Pfade hinab. Sie achteten nicht darauf, daß sie sich anstießen und stolperten. Sie wollten nur eines: sehen, ob die Botschaft der Engel stimmte.

Außer Atem kamen sie in Betlehem an. Alles war still. Wohin jetzt? Es gab viele Ställe in der Stadt, und jeder, der einen Esel besaß, hatte auch eine Futterkrippe.

Ziellos wanderten die Hirten durch die Gassen. Sie hielten Ausschau, ob noch irgendwo ein Licht brannte. So kamen sie auch zur Herberge. Da, vom Stall

her, schimmerte ein schwacher Laternenschein.
Schweigend sahen sich die Hirten an. Waren sie am Ziel? Zitternd vor Anspannung betraten sie den Stall.
Und da in der Krippe lag das Jesuskind, gewickelt in warme Windeln. Genau wie es der Engel vorhergesagt hatte. Und an der Krippe saßen Maria und Josef.
Leise knieten die Hirten nieder, um das Kind anzubeten. Dann erzählten sie Maria und Josef von der Botschaft der Engel. Und auf dem Rückweg zu ihren Herden trafen die Hirten in der Morgendämmerung die ersten Menschen in den Gassen. Und sie erzählten jedem, den sie trafen, die gute Nachricht.
Maria dachte über alles lange und gründlich nach. Und als der Zeitpunkt gekommen war, den Moses in seinen Gesetzen bestimmt hatte, machten sich Maria und Josef bereit, ihr Kind Jesus in den Tempel von Jerusalem zu bringen.

Simeon und Anna im Tempel

In Jerusalem lebte ein Mann namens Simeon. Simeon war schon sehr alt, aber Gott hatte ihm versprochen, er werde erst sterben, wenn er den Messias gesehen hätte, den Retter, auf den die Juden sehnsüchtig warteten.
Eines Tages sagte Gott zu Simeon: „Geh heute in den Tempel, Simeon. Dort wirst du den Messias finden!"
Zitternd vor Aufregung rannte Simeon so schnell er konnte zum Tempel. Jeden einzelnen in der Menschenmenge starrte er an. Wer von ihnen war wohl der Messias?
Da kamen Maria und Josef in den Tempel. Maria trug Jesus in den Armen. Sofort wurde Simeon klar, daß dieses Kind der Messias sein mußte.
Ein wenig zittrig ging der alte Mann zu Maria. „Bitte, darf ich einmal das Kind halten?" bat er. Und sein Gesicht leuchtete vor Freude.
Maria gab ihm das Kind in den Arm. Laut lobte da Simeon Gott: „O Herr, du hast dein Versprechen gehalten. Nun laß mich, deinen Diener, in Frieden sterben. Denn ich habe den Retter gesehen, den Retter aller Menschen. Das Licht, das für alle Völker leuchtet und dem Volk Israel Herrlichkeit bringen wird."
Erstaunt hörten Maria und Josef diese Worte. Simeon segnete sie und sagte zu Maria: „Dieses Kind wird das Leben vieler Menschen verändern. Aber viele werden es auch hassen. Und dein Herz wird sich mit Trauer füllen."
Dann gab er das Kind behutsam zurück. In dem Moment kam Anna, eine alte Frau, die niemals den Tempel verließ, an ihnen vorbei.
„Dies ist der Messias!" rief sie laut aus und sagte zu den umstehenden Leuten: „Dies ist der Retter!"
Nun trugen Maria und Josef ihr Kind zu der gesetzlich vorgeschriebenen Zeremonie: Jesus wurde Gott geweiht. Als Opfergabe überbrachten die Eltern ein Paar Turteltauben.
Dann reisten sie mit dem kleinen Jesus zurück nach Betlehem.

Drei weise Männer und die Flucht nach Ägypten

König Herodes in seinem Palast in Jerusalem wußte nichts von den Engeln oder den Hirten und all den außergewöhnlichen Ereignissen, die Maria und Josef erlebt hatten. Bis eines Tages drei weise und gelehrte Männer, sie waren Sternforscher, aus einem fernen Land im Osten zu ihm kamen und um eine Audienz baten.
Höflich verbeugten sie sich vor Herodes. Aber was sie sagten, erschreckte den König. „Wo ist der neugeborene König?" fragten sie. „Als wir den Himmel studierten, sahen wir seinen Stern im Osten aufgehen. Wir sind gekommen, um das Kind, den König der Welt, anzubeten!"

Ein Königskind? Sollte es ihn vom Thron verdrängen? Herodes wurde bleich vor Angst. Er ließ seine Priester und Schriftgelehrten kommen. Sie sollten in ihren Büchern nachforschen. „Findet heraus, wo der neue König geboren wurde!" befahl er ihnen.
Bald hatten sie die Antwort gefunden: „In Betlehem, im Land Judäa!"
Herodes nahm die drei Sternforscher zur Seite. Er versuchte, sie zu überli-

sten. „Geht nach Betlehem", sagte er, „und sucht gut nach dem Kind. Wenn ihr es gefunden habt, sagt es mir. Auch ich will dann das Kind anbeten."

Ahnungslos verließen die Männer den Palast. Sie schauten zum Himmel und – da sahen sie den Stern! Es war derselbe Stern, den sie schon weit im Osten entdeckt hatten. Er zog seine Bahn vor ihnen her und führte sie zu der Stelle, wo das Jesuskind war.

Und hier fanden sie Maria und Josef und das Kind in der Krippe.

Josef und Maria sahen erstaunt, wie die drei Fremden aus einem fernen Land in ihren vornehmen Kleidern niederknieten und das Kind anbeteten. Und noch mehr erstaunte es sie, daß die drei Männer wertvolle Geschenke auspackten: Gold, Weihrauch und Myrrhe. Gold war ein Geschenk für Könige. Weihrauch wurde auf dem Altar bei Opferfeiern verbrannt. Und Myrrhe – Josef und Maria waren verwirrt, denn Myrrhe wurde zum Einbalsamieren der Toten benutzt.

Es war schon spät, und die drei Männer gingen schlafen. Im Traum ließ Gott ihnen sagen: „Geht nicht zurück zu Herodes. Er trachtet dem Kind nach dem Leben! Wählt einen anderen Heimweg!"

Die Männer gehorchten. Sie reisten ab, aber nicht zu Herodes.

Dann hatte auch Josef einen Traum. Ein Engel erschien ihm und befahl: „Steh auf, nimm deine Frau und das Kind und fliehe nach Ägypten. Bleibt so lange dort, bis ich dir sage, daß ihr ungefährdet wieder zurückkommen könnt. Herodes will nämlich das Kind töten."

Josef erwachte, überdachte den Traum und stand dann hastig auf. Im Dunkeln stolperte er zu Maria. „Rasch, aufstehen!" flüsterte er eindringlich. „Wir müssen weg mit unserem Kind, sofort!"

Dann erzählte er Maria von seinem Traum. Sie sattelten den Esel, packten ihre Sachen und wickelten das schlafende Kind warm ein. Im Sternenlicht hasteten sie durch das stille Betlehem. Nur das Klappern der Eselshufe durchbrach die Ruhe.

Würden sie entkommen?

Jesus wächst heran

Gottes Warnung war zur rechten Zeit gekommen. Maria, Josef und das Kind Jesus erreichten sicher Ägypten. Doch als Herodes merkte, daß ihn die drei Weisen getäuscht hatten, tobte er vor Wut. In seinem rasenden Zorn befahl er, alle Jungen bis zum Alter von zwei Jahren in und um Betlehem zu töten.

Welche Trauer und wie viele Tränen rief dieser Befehl hervor! Aber Herodes rieb sich zufrieden die Hände: Nun gab es kein Königskind mehr, das seinem Thron gefährlich werden könnte.

Jesus aber lebte sicher und wohl behütet in Ägypten. Er wuchs heran und wurde von Josef und Maria geliebt und gut erzogen.

In der Nacht, als Herodes starb, erschien der Engel Josef wieder im Traum und sagte: „Ihr könnt unbesorgt heimkehren!"

So zogen sie zurück nach Nazaret in Galiläa und lebten in einem kleinen weißen Haus mit Flachdach. Josef nahm wieder seine Arbeit als Zimmermann auf.

Als Jesus alt genug war, ging er in Nazaret zur Schule. Er lernte Schreiben und das Lesen der Schriftrollen. Der Junge war sehr wißbegierig und stellte viele Fragen.

Stets am Sabbat ging er mit Josef und Maria in die Synagoge. Maria saß dort bei den Frauen, so wie es der Brauch war.

Jesus aber merkte sich alles ganz genau, was er in der Synagoge sah und hörte. Und er stellte auch hier viele Fragen, um alles richtig zu verstehen.

Jedes Jahr gingen Josef und Maria in den Tempel von Jerusalem zum Passahfest. Es wurde zur Erinnerung an die Zeit gefeiert, als die Juden vor vielen Jahren aus Ägypten entkommen konnten. Als Jesus zwölf Jahre alt war, nah-

men seine Eltern auch ihn mit dorthin. Das war so üblich.

Unterwegs trafen sie viele Menschen. Jesus war ganz aufgeregt und freute sich auf Jerusalem, die Stadt, von der er schon so viel gehört hatte.

Aber am aufregendsten und schönsten war es, dort in den großen Tempel zu gehen, an den Feiern teilzunehmen und dem Unterricht der Schreiber und Lehrer zu lauschen.

Als das Fest vorüber war, machten sich Josef und Maria zusammen mit vielen anderen aus Nazaret auf den Heimweg. Frauen und Kinder zogen wie immer in einer Gruppe, Männer und ältere Jungen in einer anderen. So machten sich Josef und Maria auch keine Gedanken darüber, daß Jesus nicht bei ihnen war. Jeder vermutete ihn beim anderen.

Sie wanderten den ganzen Tag, doch als sie abends ihr Nachtlager aufschlugen, bemerkten sie entsetzt, daß Jesus nicht bei ihnen war.

Josef und Maria begannen, Verwandte und Freunde nach Jesus zu fragen. Niemand hatte ihn gesehen. Da bekamen seine Eltern große Angst.

Blaß vor Sorgen grübelten sie, wo ihr Sohn sein könnte. Sollte ihm unterwegs etwas zugestoßen sein? Das war unwahrscheinlich, denn wilde Tiere griffen keine so große Menschenmenge an. Deshalb wanderte man ja auch immer zusammen. Jesus würde nie allein gehen. Und wenn, dann hätte das jemand gesehen.

Nein, es gab nur eine Antwort. Er war noch in Jerusalem, er war dort unbemerkt zurückgeblieben.

Ganz niedergeschlagen eilten Maria und Josef zurück in die Stadt. Aber die war immer noch voller Menschen. Wo sollten sie suchen?

Drei Tage lang fragten sie überall in Jerusalem nach Jesus. Keiner hatte ihn gesehen. Ganz zum Schluß gingen sie in den Tempel. Sie hatten die Hoffnung schon fast aufgegeben. Was sollte ein Zwölfjähriger allein im Tempel?

Im nächsten Moment blieben Maria und Josef wie angewurzelt stehen. Da war Jesus! Er saß mitten unter den gelehrten Männer Jerusalems und stellte ihnen kluge Fragen. Alle Umstehenden wunderten sich über die Klugheit und Verständigkeit dieses Jungen.

Da hielt es Maria nicht länger. Sie rannte zu ihm. „Mein Sohn, wir haben uns Sorgen um dich gemacht und überall nach dir gesucht!“

Jesus aber war verwundert: „Warum habt ihr mich gesucht? Wißt ihr denn nicht, daß ich im Hause meines Vaters bin?“

Damals verstanden Maria und Josef seine Worte noch nicht. „Komm mit uns nach Hause!“ sagten sie, und Jesus folgte ihnen sofort.

Daheim in Nazaret ging das Leben wieder seinen alltäglichen Gang. Aber Maria machte sich viele Gedanken und beobachtete Jesus genau, der langsam zu einem Mann heranwuchs.

Jesus selbst aber wußte genau, was bald auf ihn zukam. Er mußte von zu Hause fort, um den Auftrag seines Vaters zu erfüllen.

Sein Vetter Johannes hatte schon damit angefangen.

Johannes der Täufer

Johannes, der Sohn von Elisabeth und Zacharias, erlebte zusammen mit seinem Vater von klein an das Leben im Tempel. Denn Zacharias war ja Priester.

Als er älter wurde, spürte Johannes, daß der Tempel mit seinen vielen Regeln und Vorschriften nicht der richtige Platz für ihn war. Deshalb verließ er, als er erwachsen war, seine Eltern.

Er ging in die Wüste, um dort allein zu leben. Hier sprach Gott zu ihm, und Johannes glaubte Gottes Worten. Der Messias, der Retter, würde bald kommen. Johannes sollte dies allen Menschen verkünden, damit sie bereit für dessen Ankunft wären.

Jesus wird getauft

Noch in der Wüste begann Johannes zu predigen.
„Macht euch bereit für das bevorstehende Reich Gottes! Laßt ab von eurem schlechten Lebenswandel. Zeigt durch ein besseres Leben, daß ihr bereut. Kommt und laßt euch taufen!“

Taufen, das bedeutete *waschen,* ins Wasser getaucht werden als Zeichen dafür, daß die schlechten Eigenschaften eines Menschen abgewaschen wurden und nun ein neues Leben begann. Weil Johannes die Menschen taufte,

wurde er bald *Johannes der Täufer* genannt.
Schon bald tuschelten die Leute in der Stadt über Johannes.
„Er trägt einfach Kleider aus Kamelhaar, die nur von einem Ledergürtel zusammengehalten werden. Die ganze Zeit über lebt er in der Wüste und ernährt sich von Heuschrecken und Honig. Und seine langen Haare solltet ihr sehen! Und dann verkündet er so eine seltsame Botschaft!"

Je mehr sie über Johannes hörten, desto merkwürdiger erschien er ihnen. In Scharen zogen sie hinaus, um ihn zu sehen.
Viele kamen nur aus Neugier, aber sie lauschten seinen Worten. Andere glaubten Johannes' Botschaft, und diese wurden von ihm im Fluß Jordan getauft.
Es gab aber auch Leute, die glaubten, Johannes selbst sei der Retter, der von den Juden lang ersehnte Messias.
„Nein, das bin ich nicht", sagte Johannes. „Ich taufe euch nur mit Wasser. Aber es wird ein viel Mächtigerer kommen. Dann bin ich zu gering, um ihm die Schuhe zu binden. Und er wird euch mit Feuer und dem Heiligen Geist taufen."
Auch Jesus hörte von den Predigten seines Vetters Johannes und ging zu ihm, um sich im Jordan taufen zu lassen.
Johannes stand am Ufer, als Jesus kam. Er fühlte Gottes Geist und rief laut aus: „Seht, das ist der, von dem ich euch erzählt habe. Er ist es, der die Sünden der Welt wegnehmen wird!"
Ruhig trat Jesus zu Johannes. Der erkannte in ihm Gottes Sohn und rief: „Nicht ich werde dich taufen, sondern du sollst mich taufen, denn du bist viel bedeutender als ich!"
Aber Jesus antwortete: „Gott will, daß du mich taufst!"
Als Jesus nach der Taufe aus dem Wasser des Jordan stieg und wieder ans Ufer kam, öffnete sich der Himmel, und der Geist Gottes schwebte in Form einer weißen Taube auf Jesus nieder.
Und Gottes Stimme war zu hören: „Dies ist mein lieber Sohn, an dem ich Wohlgefallen habe!"
So hatte Jesus den Heiligen Geist empfangen. Er wußte, daß er nun in die Wüste gehen mußte, um sich in aller Einsamkeit auf seine Aufgabe in dieser Welt vorzubereiten. Und das würde nicht leicht für ihn sein.

Jesus in der Wüste

Vierzig Tage und Nächte blieb Jesus in der Wüste. Er aß nichts, sondern dachte viel darüber nach, wie er die ihm von Gott gegebene Macht ausüben solle.
Wie hungrig war er am Ende dieser Zeit! Da trat der Teufel zu ihm. „Sieh die vielen Steine! Wenn du wirklich Gottes Sohn bist, kannst du sie in Brot verwandeln."
Brot? Wie sehnte sich Jesus danach. Doch er wußte, daß ihm seine Macht von Gott nicht gegeben war, um sich selbst zu helfen.
„Die Bibel sagt, der Mensch lebt nicht allein vom Brot, sondern er braucht auch Gottes Worte", antwortete Jesus auf die Versuchung des Teufels.
Der Satan wußte, daß er dieses Mal verloren hatte. Aber er versuchte es wieder. Er führte Jesus auf die höchste Spitze des Tempels in Jerusalem und sagte: „Wenn du wirklich Gottes Sohn bist, stürze dich hinunter!"
Und listig fügte er selbst Worte aus der Bibel hinzu: „Es steht geschrieben: ‚Gott wird seine Engel schicken und dich beschützen lassen, sie werden dich tragen, und dein Fuß wird an keinem Stein anstoßen.'"
Jesus wußte genau, wenn er sich vom Tempel stürzen und unversehrt bleiben würde, dann würden ihm die Menschen in Scharen folgen. Aber aus einer falschen Überzeugung, weil sie ihn für einen Zauberer hielten, und nicht, weil sie auf Gottes Worte der frohen Botschaft gehört und ihnen geglaubt hätten.
Standhaft weigerte sich Jesus, die Menschen auf solche Weise zu beeindrukken. Er sagte: „Es steht ebenso geschrieben: ‚Du sollst Gott, deinen Herrn, nicht in Versuchung führen!'"
Doch der Teufel gab noch immer nicht auf. Er führte Jesus auf einen Berg. „Schau", flüsterte er. „Alle Königreiche der Welt kannst du von hier sehen. Alle diese Macht und aller Reichtum gehört mir. Das alles werde ich dir geben, wenn du mich anbetest!"
Doch Jesus antwortete barsch: „Weiche von mir, Satan! In der Bibel steht: ‚Du sollst zu Gott, deinen Herrn, beten, und nur ihm sollst du dienen!'"

Da gab Satan für eine Weile klein bei, doch er wartete nur auf eine neue Gelegenheit.
Nun kamen die Engel zu Jesus, um ihn zu beschützen.
Jesus ging aus der Wüste zurück nach Galiläa. Überall im Land erzählten sich die Leute von ihm und seinen Taten. Sie alle wollten ihn sehen und mehr von ihm hören ...

Jesu Jünger

Überall in Galiläa scharten sich jetzt Menschen um Jesus, um ihm zuzuhören.

Am Ufer des See Gennesaret säuberten eines Tages vier Fischer – Simon, Andreas, Jakobus und Johannes – ihre Netze. Hinter ihnen, im Wasser, schaukelten ihre leeren Boote. Sie wollten in der Nacht zum Fischfang hinausfahren. Gewöhnlich war das die beste Zeit zum Fischen, doch in der letzten Nacht hatten sie nichts gefangen ...

Sie waren so sehr mit ihren Netzen beschäftigt, daß sie gar nicht auf den Lärm hinter sich achteten. Doch dann blickten sie auf und sahen Jesus herankommen. Scharen von Menschen umringten ihn, stießen und schubsten sich, um möglichst nahe an ihn heranzukommen. Skeptisch sahen die Fischer die Menschenmenge an. Was hatte das zu bedeuten? Da kam Jesus zum Ufer.

„Würdest du mir bitte dein Boot leihen, Simon?“ fragte er.

Simon sprang auf. Jesus hatte ihn um seine Hilfe gebeten. Glücklich sagte er ja. Jesus stieg ins Boot. Die Leute am Ufer beobachteten ihn. Wollte er die Gelegenheit nutzen, um von ihnen fortzukommen?

Nein, Jesus bat Simon, ein Stück vom Ufer wegzurudern. Dann setzte er sich und sprach vom Boot aus zu den Menschen am Ufer.

Nun konnte ihn jeder sehen und hören. Die Menge lagerte sich am Ufer, und auch die Fischer hörten gut zu.

Als Jesus seine Ansprache beendet hatte, schaute er Simon an.
„Fahr hinaus ins tiefe Wasser, und wirf dort deine Netze aus!“ sagte er.
Simon zögerte: „Herr, wir haben die ganze Nacht gefischt und nichts gefangen. Da draußen gibt es wohl keine Fische. Aber wenn du meinst ...!“
Andreas, einer von den anderen Fischern, watete durch das Wasser zum Boot und kletterte hinein. Dann fuhren sie zu der von Jesus gezeigten Stelle und warfen dort ein Netz aus.
Jakobus und Johannes beobachteten das Geschehen von ihrem Boot aus. Plötzlich ging ein starker Ruck durch das ausgeworfene Netz. Simon und

Andreas begannen, es einzuholen. Das Netz war übervoll mit Fischen und so schwer, daß es zu reißen drohte.

„Kommt, helft uns!" riefen die beiden Fischer Johannes und Jakobus zu. Diese ruderten rasch herbei, und alle vier versuchten nun gemeinsam, den Fang zu bergen. Noch nie hatten sie so viele Fische auf einmal gesehen. Unter ihrem Gewicht wären die beiden Boote fast gesunken.

Simon sah Jesus an und bekam Angst. „Meister, ich bin deiner nicht wert. Ich bitte dich, geh!"

„Hab keine Angst!" sagte Jesus, „von nun an werde ich nicht Fische, sondern Menschen fangen."

Simon hatte verstanden. Das bedeutete: Sie sollten Jesus bei der Verkündung von Gottes Botschaft helfen.

So schnell wie möglich ruderten die vier ihre Boote sicher an Land. Dann ließen sie alles stehen und liegen, um Jesus als Helfer, als Jünger, zu folgen.

Doch Jesus brauchte noch mehr Jünger. Da sah er Matthäus, einen Zöllner, der gerade seine Zolleinnahmen zählte. Da sprach Jesus ihn an. Matthäus war erstaunt, denn Jesus war Jude. Und die meisten Juden haßten Zöllner. Denn sie betrogen die Menschen so oft und verlangten meist mehr Zoll als nötig. Außerdem arbeiteten sie für die ungeliebten Römer, die das Land besetzt hielten.

Aber Jesus sagte: „Folge mir!"

Jesus wollte ihn? Ausgerechnet ihn! Matthäus konnte es kaum glauben. Überglücklich sprang er auf und ließ alles liegen und stehen. Genau wie vorher die Fischer. Jesus hatte ihn angesprochen, wollte ihn!

Da kam Matthäus ein Gedanke. „Jesus!" Matthäus traute sich kaum zu sprechen. „Jesus, würdest du in mein Haus kommen? Auch, wenn ich die anderen Zöllner dazu einlade?"

Dann hielt er den Atem an. Sicher würde Jesus ablehnen. Doch der lächelte: „Ich werde kommen", sagte er.

Matthäus rannte heim, um das Fest vorzubereiten, das schon bald in vollem Gange war.

Einige der Pharisäer sahen das. Diese Juden, die besonders streng auf die Gesetze Moses' achteten, waren schokkiert. Sie hielten ihre eigene Lebensweise für die einzig richtige. Deshalb sagten sie zu den Jüngern: „Wie kann euer Meister nur mit solchen Leuten essen? Mit Zöllnern und anderen Menschen, die die Gesetze nicht achten. Warum tut er das?"

Jesus hörte das und sagte: „Gesunde Menschen brauchen keinen Doktor. Ich bin gekommen, um allen Menschen Gottes Botschaft zu verkünden, nicht nur den Gesetzestreuen. Geht und lest in der Bibel, wo gesagt wird: ‚Gott will, daß man ihn liebt, nicht, daß man ihm Tiere opfert!'"

Die Pharisäer hatten gedacht, sie wären die einzigen, die sich in der Bibel auskannten. Wütend gingen sie fort.

Jesus wählte noch weitere Jünger aus. Insgesamt waren es zwölf, seine engsten Freunde: Simon (genannt Petrus), Jakobus und Johannes, Andreas, Philippus, Bartholomäus, Matthäus, Thomas, Jakobus (der Sohn des Alfäus), Thaddäus, Simon (der Zelot) und Judas Iskariot.

Einige dieser Jünger waren mit Jesus bei einer Hochzeitsfeier ...

Die Hochzeit zu Kanaan

In Kanaan, einem kleinen Ort in Galiläa, wurde eine Hochzeit gefeiert. Maria, Jesu Mutter, war unter den Gästen. Auch Jesus und einige seiner Jünger waren eingeladen. Die Feier war fröhlich, man lachte und unterhielt sich, aß und trank.

Da kam Maria zu Jesus und flüsterte ihm besorgt zu: „Der Wein ist zu Ende, es ist keiner mehr da!“

Für die Gastgeber wäre es eine Schande gewesen, ohne Wein dazustehen. Das wollte Maria verhindern.

Behutsam antwortete Jesus: „Meine Zeit ist noch nicht gekommen, um meine Macht zu zeigen!“

Doch Maria war ganz sicher, daß Jesus ihren Freunden helfen würde. Deshalb sagte sie zu den Dienern: „Tut, was immer euch Jesus sagt!“

Jesus blickte sich um und sah in einer Ecke sechs Steinkrüge. Sie faßten je über hundert Liter Wasser und standen dort, damit sich die Gäste beim Betreten des Hauses ein wenig frischmachen konnten.

„Füllt die Krüge mit frischem Wasser“, befahl Jesus den Dienern, die ihn erwartungsvoll ansahen.

Sie gehorchten und füllten die Krüge bis an den Rand mit Wasser aus dem Brunnen.

„Nun bietet etwas davon dem Ehrengast an", sagte Jesus.
Die Diener schauten sich an. Wasser für den Ehrengast? Doch sie gehorchten. Ängstlich beobachteten sie, wie der Gast den angebotenen Schluck nahm. Auch der Gastgeber schaute ihm zu.
„Erstaunlich!" sagte der Ehrengast. „Die meisten Menschen servieren ihren besten Wein zuerst und den weniger guten zum Schluß, wenn die Gäste schon so viel getrunken haben, daß sie den Geschmack gar nicht mehr merken. Bei euch ist es aber ganz anders. Ihr habt den besten Wein bis zum Schluß aufgehoben!"
Das Wasser war in Wein verwandelt, und die Feier ging munter weiter.
Jesus hatte sein erstes Wunder vollbracht. Seine Jünger waren dabei. Sie vertrauten ihm nun von ganzem Herzen.
Und Jesus sollte bald weitere Wunder vollbringen ...

Jesus heilt einen gelähmten Mann

In Kafarnaum lebte ein gelähmter Mann. Er konnte nicht gehen. Darüber war er tief unglücklich.
Aber er war nicht nur unglücklich darüber, daß er sich seinen Lebensunterhalt erbetteln mußte. Nein, der Mann war vor allem deshalb so unglücklich, weil er immer wieder über das viele Unrecht nachdachte, das er in seinem Leben begangen hatte.
Wieder einmal lag er trübsinnig auf seinem Krankenbett, als seine vier Freunde vorbeikamen. Sie riefen: „Jesus ist in der Stadt. Er heilt Kranke!"
„Und was habe ich davon?" brummelte er. „Ich kann doch nicht hingehen und ihn fragen, ob er mich heilt. Schließlich bin ich gelähmt!"
„Du brauchst ja gar nicht selbst zu gehen! Schau, wir haben die Tragestangen mitgebracht!"
Die brachten sie schnell an den vier Ecken des Bettes an.
„Was macht ihr da?" schrie der Kranke, als sie sein Bett anhoben.
„Bleib nur still liegen, wir bringen dich zu Jesus!" versicherten ihm seine Freunde.
So trugen die vier den Kranken eilig durch die Straßen. Der sorgte sich sehr. Würde Jesus ihn wirklich heilen können? Ihn, der schon so viel Schlechtes in seinem Leben getan hatte!
Das Haus, in dem Jesus war, konnte man schon von weitem erkennen. Denn davor stand eine riesige Menschenmenge, die zuhören wollte, was Jesus drinnen den Pharisäern und Schriftgelehrten sagte.

„Entschuldigt bitte!" baten die vier Freunde. „Laßt uns durch. Wir wollen zu Jesus!"
Doch sie kamen nicht durch. Alle Leute drängelten, um selbst einen guten Platz zu erwischen.
„Gebt es auf! Bringt mich lieber nach Hause!" bat der Gelähmte unter Tränen.
Seine Freunde schauten erst ihn und dann sich gegenseitig an. Nein! So schnell würden sie nicht aufgeben ...
Plötzlich hatten sie eine Idee. Ganz vorsichtig trugen sie den Kranken auf seinem Bett über die Außentreppe des Hauses auf das Flachdach.
„Was macht ihr denn da?" schrie der Kranke voller Angst. Er würde vom Dach stürzen. Wozu sollte das gut sein? Doch die Freunde waren zu beschäftigt, um ihm zu antworten. Schon hatten sie einige Dachziegel entfernt. Genug, um durch das Loch ein Bett zu heben.

Sie schauten durch das Loch und sahen unter sich Jesus sitzen – inmitten von Pharisäern und Gesetzeslehrern aus Galiläa, Judäa und Jerusalem.
„Also los!" flüsterten die Freunde und ließen langsam und vorsichtig den Gelähmten auf seinem Bett mit Seilen durch das Loch im Dach hinuntergleiten.
Jesus unterbrach seine Rede und sah nach oben. Ein ungewöhnlicher Anblick. Auch seine Zuhörer schauten hinauf. Sie waren entsetzt. Wie konnte jemand nur so etwas wagen?
Das Bett kam genau vor Jesus auf dem Boden zu stehen. Er sah hinauf in die Gesichter der Freunde. Sie glaubten ganz fest daran, daß Jesus den Gelähmten heilen würde. Dann sah er den Mann an, sah das Elend und die Angst in seinen Augen. Jesus verstand ihn und sagte sanft: „Mein Freund, was du auch immer Schlechtes getan hast, es ist dir vergeben!"
Jesus hatte ihn ‚mein Freund' genannt und ihm vergeben ...! Die Pharisäer und Schriftgelehrten waren entsetzt. „Was? Er vergibt Sünden? Für wen hält er sich eigentlich? Das ist Gotteslästerung! Nur Gott kann Sünden vergeben!"
Jesus kannte ihre Gedanken. „Was ist leichter", fragte er, „zu sagen, deine Sünden sind dir vergeben, oder zu sagen: ‚Steh auf und geh!'?"
Sie schwiegen.
Jesus fuhr fort: „Damit ihr wißt, daß ich die Macht habe, Sünden zu verge-

ben, sage ich jetzt zu diesem Gelähmten: ‚Steh auf, nimm dein Bett und geh!'"
Die Menge wurde unruhig. Jeder wußte, daß dieser Mann seit Jahren nicht mehr gehen konnte. Und Jesus sagte, er solle sein Bett nehmen ...
Der Mann auf der Bahre kümmerte sich nicht um das Getuschel um ihn herum. Er fühlte Kraft in seinen Körper strömen. Er bewegte die Beine. Bewegte seine Beine, die so lange gelähmt gewesen waren! Er setzte sich auf. Dann stellte er sich vor sein Bett, ein wenig zittrig noch. Doch schon rief er laut aus: „Gelobt sei Gott!"
Sein Gesicht strahlte vor Glück. Dann nahm er seine Krankenbahre und bahnte sich einen Weg durch die Menge. Alle waren noch ganz gebannt von dem Geschehen und ließen den Geheilten bereitwillig durch.
Die vier Freunde rannten vom Dach die Treppe hinunter und fielen dem Mann glücklich um den Hals. Laut Gott lobend gingen sie gemeinsam nach Hause. Und jeder, der den Geheilten laufen sah, war starr vor Staunen.
„Wir haben heute ein Wunder miterlebt", erzählten sich alle, die dabeigewesen waren.
Es sollten aber noch andere wunderbare Dinge geschehen ...

Der Diener des römischen Hauptmanns

Am meisten haßten die Juden die römischen Soldaten, die ihr Land überfallen und es besetzt hatten. In Karfanaum aber gab es einen römischen Soldaten, den die Juden mochten.
Es war ein Offizier, ein Hauptmann über hundert Mann, ein starker und guter Befehlshaber, dazu freundlich und bedächtig. Als die Synagoge in Karfanaum baufällig geworden war, hatte er für die Juden eine neue errichten lassen. Stets war er bemüht, es jedem recht zu machen.
Dieser Hauptmann hatte einen Diener, an dem er sehr hing. Denn dieser war fleißig, vertrauenswürdig und sorgte gut für seinen Herrn. Eines Tages wurde der Diener schwer krank, und keine der üblichen Heilmethoden half. Der Hauptmann sah, daß sein Diener dem Tode nahe war und keine Medizin ihn mehr helfen würde.
Der Hauptmann hatte auch von Jesus gehört. Er wußte, daß er viele Menschen geheilt hatte, selbst solche, die sterbenskrank waren. Aber Jesus war ein Jude. Er würde sicherlich keinem Römer helfen.
Verzweifelt überlegte er, was zu tun sei. Und dann hatte er eine Idee.
Die obersten Gesetzeslehrer und Ältesten von Karfanaum waren seine Freunde. Sie würden vielleicht ein gutes Wort für ihn bei Jesus einlegen. Er wollte keine Zeit verlieren und sprach mit ihnen. Und weil die Gesetzesleh-

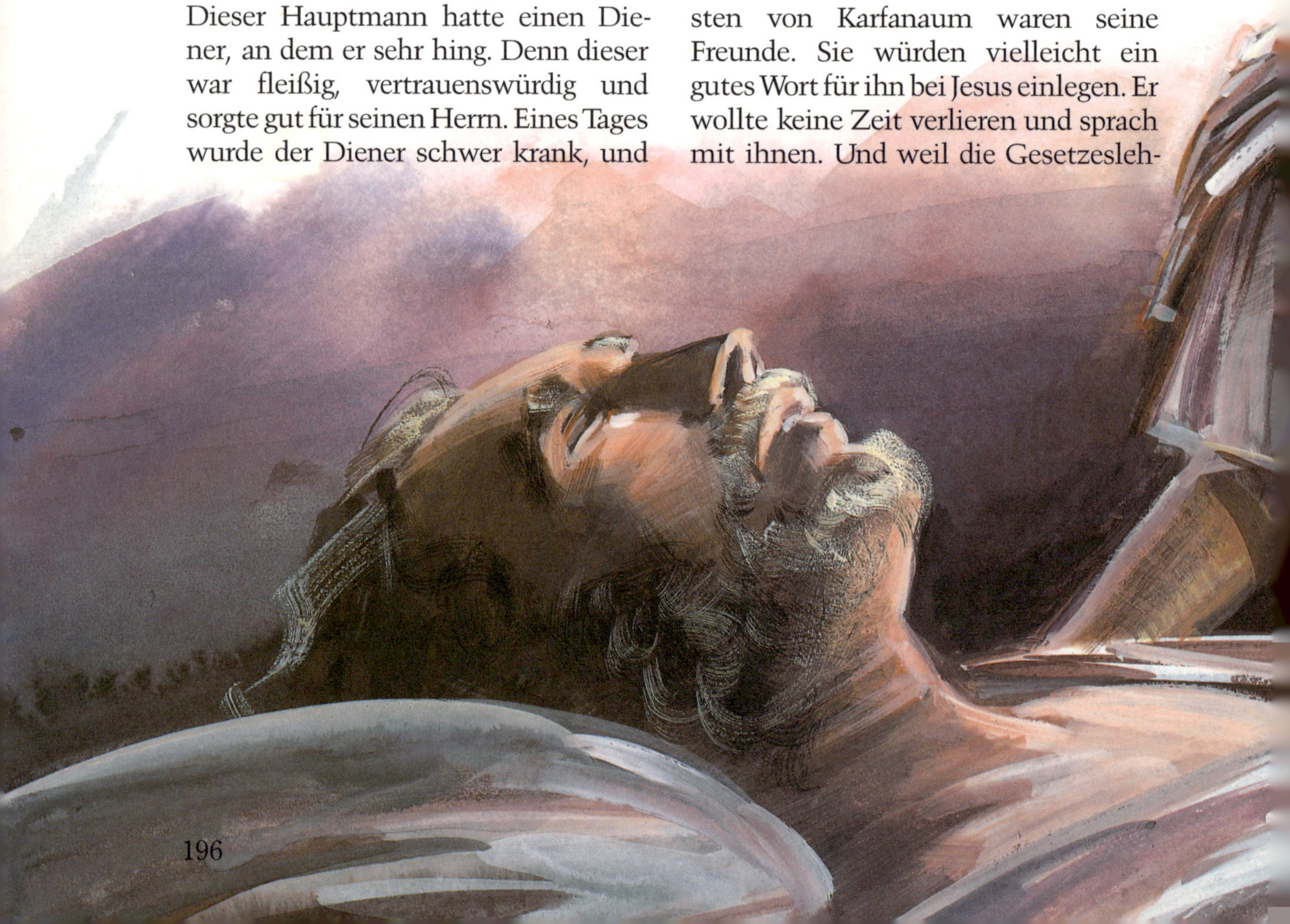

rer den Hauptmann mochten, gingen sie zu Jesus.
„Bitte!" baten sie, „komm und hilf dem Diener des römischen Hauptmanns. Er war immer gut zu uns, achtet uns als Juden und hat uns sogar eine Synagoge gebaut!"

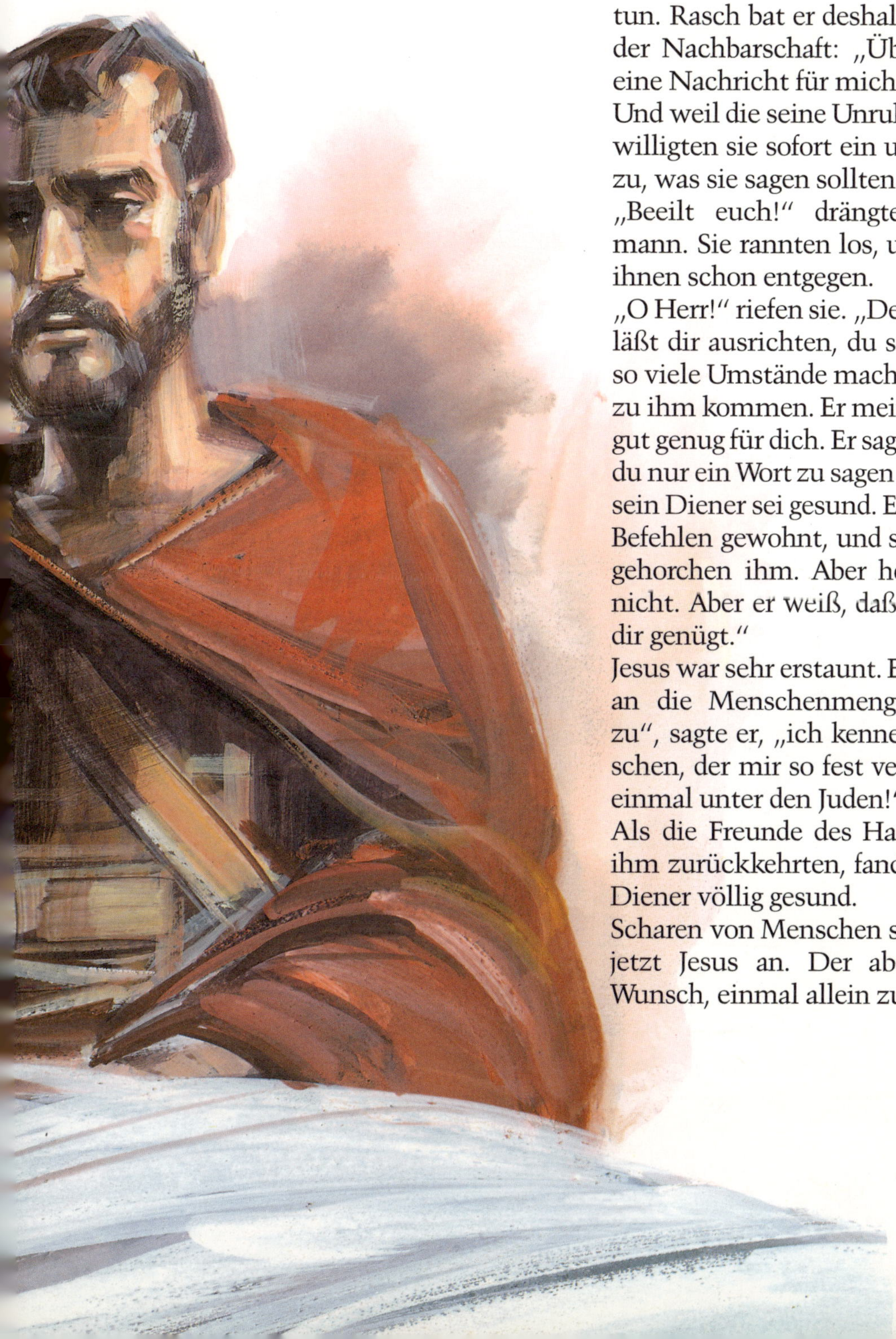

Jesus zögerte keinen Augenblick: „Natürlich komme ich", sagte er und ging mit ihnen.
Daheim machte sich der Hauptmann inzwischen Vorwürfe. Wie konnte er Jesus nur in eine so peinliche Lage bringen? Bei seinen Überlegungen wurde es ihm immer unangenehmer zumute. Schließlich meinte er, er müsse etwas tun. Rasch bat er deshalb Freunde aus der Nachbarschaft: „Überbringt bitte eine Nachricht für mich!"
Und weil die seine Unruhe bemerkten, willigten sie sofort ein und hörten gut zu, was sie sagen sollten.
„Beeilt euch!" drängte der Hauptmann. Sie rannten los, und Jesus kam ihnen schon entgegen.
„O Herr!" riefen sie. „Der Hauptmann läßt dir ausrichten, du sollst dir nicht so viele Umstände machen und eigens zu ihm kommen. Er meint, er ist nicht gut genug für dich. Er sagt, er weiß, daß du nur ein Wort zu sagen brauchst, und sein Diener sei gesund. Er selbst ist das Befehlen gewohnt, und seine Soldaten gehorchen ihm. Aber heilen kann er nicht. Aber er weiß, daß ein Wort von dir genügt."
Jesus war sehr erstaunt. Er wandte sich an die Menschenmenge. „Hört gut zu", sagte er, „ich kenne keinen Menschen, der mir so fest vertraut – nicht einmal unter den Juden!"
Als die Freunde des Hauptmanns zu ihm zurückkehrten, fanden sie seinen Diener völlig gesund.
Scharen von Menschen schlossen sich jetzt Jesus an. Der aber hatte den Wunsch, einmal allein zu sein ...

Der Sturm auf dem See von Galiläa

Fast jeden Tag predigte Jesus zu vielen Menschen, die sich um ihn scharten, um ihn zu hören.
„Wie kann ich euch erklären, was das Reich Gottes ist?“ sprach er einmal und dachte einen Moment nach. „Es ist wie ein Senfkorn, das kleinste unter allen Samenkörnern. Aber wenn ihr es ausgesät habt, wächst es zu einer großen Pflanze heran. So groß, daß auf ihren Zweigen Vögel sitzen und unter ihren Blättern Schutz vor der Sonnenhitze finden können.“
Die Menschen hörten Jesus aufmerksam zu, und er erzählte ihnen noch andere Gleichnisse. Vor allem seinen Jüngern erklärte er sie ganz genau. Diese bemühten sich eifrig, Jesu Lehren zu verstehen.
Inzwischen war es Abend geworden. Jesus war müde, aber die Leute wollten nicht nach Hause gehen. Sie folgten ihm immer weiter. Jesus hatte zu ihnen am Ufer des Sees Gennesaret gesprochen. Da sah er Fischerboote am Strand. Nun kam ihm eine Idee.
„Laßt uns ans andere Ufer fahren!“ sagte er zu seinen Jüngern. Sie machten sich Sorgen um ihn und wollten, daß er sich ausruhe.
Begeistert stimmten sie deshalb zu und kletterten rasch in ein Boot. Ohne zu zögern, fuhren sie los.
Jesus ging zum Bug des Bootes, um dort auf einem Kissen zu ruhen. Sanft klatschten die Wellen ans Boot, leise flatterte das Segel im Wind, ruhig wiegte sich das Schiff in den Wellen. Flüsternd unterhielten sich die Jünger miteinander. Und Jesus schlief ein.

Aber plötzlich brach ein Sturm los. Das Boot begann wie wild zu schaukeln. Die Jünger versuchten vergeblich, das Segel einzuholen. Das Schiff drohte zu kentern. Riesige Wogen stürzten auf es herab, schwappten es voll Wasser. Die Jünger waren in Todesangst. Aber Jesus schlief noch immer ...
Da, eine große Welle hob das Boot hoch und donnerte es wieder nieder. Die Jünger hielten es nicht länger aus. Sie krochen zur Spitze des Bootes, wo Jesus schlief.
„Meister! Meister!" Im Sturm- und Wellengetöse gingen ihre Stimmen fast unter. Sie rüttelten ihn an der Schulter. „Meister! Wach auf! Wir sind in Todesgefahr! Wir ertrinken! Hast du denn keine Angst?"
Jesus erwachte. Er sah lauter ängstliche Blicke auf sich gerichtet, spürte das Stoßen des Bootes, das Wasser und den Sturm. Er stand auf.
Die Jünger, die sich fest an die Bootswände klammerten, sahen Jesus an. Was würde er tun? Was konnte man überhaupt gegen einen solchen Sturm machen?
Jesus stand da, aufrecht, furchtlos. Und er sprach zu dem Sturm: „Gib Frieden, sei still!"
Und sofort schwieg der Sturm. Die Wogen glätteten sich, der See lag da wie vorher, ruhig und sanft.
Dann drehte sich Jesus zu seinen Jüngern um. „Warum fürchtet ihr euch? Wißt ihr denn nicht, daß ihr in Sicherheit seid, wenn ich bei euch bin?"
Die Jünger starrten sich voll Verwunderung an. „Wer ist dieser Mann, der Wind und Wellen befiehlt?" flüsterten sie untereinander.
Das Boot segelte weiter, und sicher erreichten sie das andere Ufer, wo wie immer jemand auf Jesu Hilfe wartete ...

Jairus' Tochter und die kranke Frau

Jesus hatte den Mann geheilt, der am Abend nach dem Sturm am Ufer auf seine Hilfe gewartet hatte. Nun, am anderen Morgen, waren er und seine Jünger auf der Rückfahrt ans andere Ufer des Sees.
Schon von weitem sahen sie dort eine große Menschenmenge.
Kaum war Jesus an Land gegangen, wurde er auch schon von den Menschen umringt. Da boxte sich plötzlich ein Mann namens Jairus durch die Menge nach vorn. Sein Gesicht war bleich und von Angst verzerrt.
Jairus war der Leiter der Synagoge, also ein bedeutender Mann. Aber jetzt warf er sich vor lauter Verzweiflung vor Jesus zu Boden.
„Bitte, bitte!" rief er, „komm zu mir nach Hause! Meine Tochter stirbt! Und sie ist doch erst zwölf Jahre alt! Bitte! Komm!"
Liebevoll half Jesus ihm auf. „Gleich komme ich mit dir!" sagte er, und sie gingen los. Jairus wollte rennen, doch die Menschen behinderten ihn. Verzweifelt kämpfte er sich immer weiter durch und sah sich dann nach Jesus um, ob der ihm folge.
Jesus war stehengeblieben und sagte: „Wer hat mich da berührt?"
Verwundert sahen ihn die Leute an. Petrus aber sagte: „Alle Menschen hier um dich herum berühren dich!"
„Aber jemand hat mich auf ganz besondere Weise berührt", beharrte Jesus. „Ich habe es doch gespürt!"
Zu seinen Füßen kniete zitternd eine Frau. „Ich habe dich angefaßt", bekannte sie. „Seit zwölf Jahren bin ich krank, und niemand kann mir helfen. Aber ich wußte, wenn ich nur deine Kleidung berühre, würde ich geheilt!"
Das Gesicht der Alten leuchtete vor Freude. „Und ich bin geheilt. Ich weiß es!"
Freundlich sah Jesus sie an. „Weil du an mich geglaubt hast, bist du gesund", sagte er. „Dein Glaube hat dir geholfen. Geh in Frieden und bleibe gesund!"
Jairus aber wartete inzwischen ungeduldig und ärgerlich. Warum beeilte sich Jesus nicht? Es war keine Zeit zu verlieren.
Aber gerade als Jesus losging, sah Jairus einige Männer von seinem Haus her auf sich zukommen. Ihm schwante Böses. Die Männer bahnten sich einen Weg durch die Menge. „Deine Tochter ist tot!" riefen sie, „belästige Jesus nun nicht länger."
Der Schmerz drohte Jairus zu überwältigen. Aber Jesus hatte alles gesehen und gehört. „Sei ohne Sorge!" sagte er. „Vertraue auf mich! Deine Tochter wird geheilt werden!"
Dann ging Jesus schnell zu Jairus' Haus. Der folgte ihm und wagte kaum zu hoffen. Trotzdem, im Innersten vertraute er Jesus.
Als sie zu Hause ankamen, hatten sich dort schon viele Leute versammelt. Alle weinten und klagten, weil das Kind gestorben war.
„Seid still!" sagte Jesus, „das Kind schläft nur, es ist nicht tot!"
„Was?" riefen da die Leute und lachten

ihn aus. Das Kind schlief, natürlich! Als ob sie nicht ein schlafendes von einem toten Kind unterscheiden könnten. Und es war tot, da gab es keinen Zweifel!
Jesus schickte alle Leute aus dem Zimmer, nur seine Jünger Petrus, Jakobus und Johannes sowie die Eltern des Kindes durften bleiben.
Als Jairus seine geliebte Tochter sah, schlug er die Hände vors Gesicht. Sie war tot.
Ganz ruhig ging Jesus zu dem Mädchen. Er nahm es bei der Hand und sagte: „Wach auf, mein Kind!" Die fünf Menschen standen wie versteinert da. Denn das Mädchen, das eben noch tot war, begann wieder zu atmen und öffnete die Augen. Es sah Mutter und Vater an, und dann Jesus.
Dann setzte es sich auf!
Und im nächsten Moment erhob es sich völlig gesund von seinem Lager. Die Eltern starrten ihre Tochter an – sprachlos und starr.
Jesus lächelte ihnen zu: „Gebt ihr etwas zu essen!" sagte er dann.
Mit diesen alltäglichen Worten löste sich die allgemeine Spannung. Jairus umarmte seine Tochter, und die Mutter rannte los, um Essen zu kochen. Ihr Kind hatte ja so lange nichts mehr gegessen!
Jesus aber bat die Familie des Jairus: „Erzählt niemandem, was heute hier geschehen ist!"
Dann verließ er mit seinen Jüngern die überglückliche Familie und zog weiter. Immer mehr Menschen vertrauten nun auf ihn.

Die Speisung der Fünftausend

Jesus hatte seine Jünger in die Dörfer der Umgebung geschickt, damit sie dort vom Reich Gottes erzählten und Kranke heilten. Er selbst wollte für eine Weile allein sein.

Nun kehrten die Jünger zurück, um ihm von ihren Erlebnissen zu erzählen. Es war aufregend, aber auch anstrengend gewesen. Auch Jesus brauchte eine Ruhepause. Aber so viele Leute wollten ihn sprechen, ihn hören, von ihm geheilt werden, daß er und seine Jünger kaum Zeit hatten, auch nur in Ruhe zu essen.

Deshalb führte Jesus seine Jünger zu einem ruhigen Ort. Mit dem Schiff fuhren sie nach Betseda.

Doch jemand hatte sie dorthin fahren sehen, und die Nachricht verbreitete sich wie ein Lauffeuer. Sofort strömten aus allen Richtungen Menschen zu der Stelle, wo Jesus landen würde.

Er sah die Menschenmenge dort warten und fühlte große Liebe und Mitleid mit ihnen. Sie schienen ihn so sehr zu brauchen. Er konnte sie nicht enttäuschen ...

Also ging er an Land und stieg mit seinen Jüngern auf einen Hügel, damit ihn die Leute besser sehen konnten. Von dort erzählte er ihnen vom Reich Gottes. Und wieder heilte er kranke Menschen.

Obwohl es schon später Nachmittag war, hielt immer noch eine riesige Menschenmenge aus. Die Jünger begannen, sich Sorgen zu machen. Wie sollten nur alle diese Menschen in der Dunkelheit, nur bei Sternenlicht, ihren Heimweg finden? Außerdem hatten sie den ganzen Tag nichts gegessen und bestimmt Hunger. Ob Jesus überhaupt gemerkt hatte, wie spät es schon war?

Sie gingen zu ihm. „Meister!" sagten sie, „dies ist eine einsame Gegend. Sag den Leuten, sie sollen jetzt nach Hause gehen, bevor es dunkel wird. Dann können sie sich noch um Essen und ein Nachtquartier kümmern!"

Jesus sah ihre besorgten Gesichter.

„Gebt ihr ihnen zu essen!" befahl er.

„Was?" rief Philippus, „da bräuchte man ja acht Monatsgehälter, um für alle diese Menschen Brot zu kaufen. Verlangst du wirklich von uns, daß wir so viel Geld ausgeben?"

„Schaut einmal nach, wieviel es hier zu essen gibt." sagte Jesus.
Die Jünger fragten bei den Leuten nach, und Andreas brachte einen kleinen Jungen zu Jesus. „Er hat fünf kleine Gerstenbrote und zwei dünne Fische. Das ist alles, was wir gefunden haben!" sagte Andreas und blickte sich traurig um. Er sah die riesige Menschenmenge. „Was sollen wir mit so ein paar Brocken für so viele Menschen?"
Jesus antwortete: „Sagt ihnen, sie sollen sich in Gruppen zu je hundert und je fünfzig setzen!"
Verwundert sahen sich die Jünger an, dann folgten sie. Und bald saßen da am Hang des Hügels über fünftausend Menschen ...!
Jesus nahm die fünf Brote des Jungen, dankte Gott dafür und gab die Brote den Jüngern zum Verteilen ...
Dann nahm Jesus die beiden Fische, dankte Gott auch dafür, und gab sie ebenfalls den Jüngern zum Verteilen ...
Und die fünf Brote und die beiden Fische reichten aus, daß alle soviel essen konnten, wie sie nur wollten. Als die Menschen schließlich rundum satt waren und keiner mehr einen Bissen essen konnte, befahl Jesus den Jüngern: „Geht und sammelt alle Essensreste auf, damit nichts verdirbt."
Die Jünger waren völlig verwirrt. Denn was sie an Essensresten aufsammelten, füllte zwölf Körbe ...
Jesus sah, wie müde seine Jünger waren, und er sagte: „Geht schon voraus zum Boot. Ich werde den Leuten sagen, daß es Zeit für den Heimweg ist."
Glücklich zogen die Jünger los. Aber die Menschen wollten noch nicht gehen. Sie waren noch ganz aufgeregt.
„Sicher ist Jesus der Prophet, auf den wir gewartet haben. Er soll unser König sein!" sagten viele.
Jesus wußte, was die Menge von ihm wollte. Doch Gott hatte andere Pläne mit seinem Sohn. Er würde ein anderer König sein, als die Menschen ihn sich wünschten.
Deshalb verließ Jesus im Schutz der Dunkelheit die Menschen und ging allein in die Berge, um zu beten.
Die Jünger waren inzwischen zu ihren Booten gegangen ...

Jesus geht über das Wasser

Es war schon dunkel. Am Ufer lag das Fischerboot. Einige Leute standen darum herum und wunderten sich, daß Jesus nicht bei seinen Jüngern war. Die zwölf Jünger stiegen ins Boot. „Wollen wir auf Jesus warten?" fragte einer.

„Nein, er hat gesagt, wir sollen ohne ihn fahren", sagten die anderen. Sie waren müde und wollten ins Bett. Also ruderten sie los. Stockdunkel war's. Ein starker Wind blies ihnen entgegen, und die Wellen gingen hoch. Müde legten sich die Männer in die Ruder. Selbst wenn sie ausgeschlafen gewesen wären, wäre dieses eine große Kraftanstrengung gewesen. So aber schien die Fahrt endlos. Sie hatten schon etliche Zeit gerudert, hatten aber dennoch nur fünf Kilometer geschafft. Ständig wurden sie von den Wellen hin und her geworfen.

Zaghaft blinzelte der Mond durch die Wolken. Und da, ganz plötzlich sahen sie eine Gestalt auf dem Wasser. Jesus kam ihnen entgegen, er ging über das Wasser!

Die Jünger überlief ein kalter Schrekken: „Es ist ein Geist!" schrien sie voller Furcht.

Da ergriff Jesus das Wort: „Fürchtet euch nicht! Ich bin es!"

Die Jünger starrten zu ihm hin, um ihn genau zu erkennen. Petrus aber rief: „Meister, wenn du es wirklich bist, dann sage mir doch, daß ich zu dir über das Wasser kommen soll!"

„Komm!“ sagte Jesus. Die Jünger hielten den Atem an und beobachteten ängstlich, wie Petrus über Bord kletterte und auf Jesus zuging. Ganz ruhig und sicher ging er. Plötzlich wurde ihm bewußt, was er da tat. Er sah die hohen Wellen und bekam Angst. Und im selben Moment begann er zu sinken.
„Hilfe! Hilf mir, Meister!“ schrie er in höchster Not.

Sofort streckte Jesus seine Hand aus und hielt ihn fest. „Dein Glaube ist so klein!“ sagte er. „Warum hast du gezweifelt?“
Zusammen stiegen sie ins Boot. Im selben Moment legte sich der Wind, und der See beruhigte sich.
Im Mondlicht sahen die Jünger Jesus an. Voll Ehrfurcht sagten sie: „Wahrhaftig, du bist Gottes Sohn!“
Sie überquerten den See von Galiläa und erreichten sicher das andere Ufer. Die Leute aber fragten sich: „Die Jünger waren allein, als sie losfuhren. Jetzt ist Jesus bei ihnen? Wie konnte das geschehen?“

Die Heilung eines Taubstummen

Im Gebiet von Dekapolis lebte ein taubstummer Mann. Er konnte weder hören noch sprechen.

Es war ein hartes Leben für ihn. Nie hörte er die Stimmen der Menschen, nie ihr Lachen, nie Musik und nie Vogelgesang. Und weil er keine Wörter hören konnte, konnte er auch nicht sprechen lernen.

Deshalb hatte er natürlich größte Schwierigkeiten, sich verständlich zu machen. Er konnte nicht einfach jemanden bitten, wenn er etwas brauchte, oder erzählen, was er erlebt hatte. Er konnte sich nicht über gute Nachrichten freuen oder Mitleid zeigen, wenn Mitmenschen Leid widerfuhr. Er fühlte sich einsam und verlassen.

Doch einige Leute kümmerten sich wohl um ihn. Sie hörten, daß Jesus Kranke heilte. So rannten sie zu dem taubstummen Mann. Doch wie sollten sie es ihm sagen?

Sie standen vor ihm, fuchtelten aufgeregt mit den Armen und riefen: „Jesus ist in der Nähe! Jesus!"

Der Mann war völlig verwirrt. Was wollten sie ihm nur sagen? Ungeduldig schrien sie noch lauter: „Jesus! Schnell, komm, bevor er weg ist!"

Aber der arme Mann verstand nichts. Da nahm ihn einer am Arm: „Komm mit uns!" deutete er ihm.

Der Taubstumme folgte ihnen. Er verstand noch immer nicht, weshalb alle so aufgeregt waren.

Wie immer war Jesus von einer Menschenmenge umringt. Einige Leute traten zur Seite, um die kleine Gruppe durchzulassen. Jesus sah sie an, die erwartungsvollen Gesichter der Männer und die verstörte Miene des Taubstummen.

„Bitte!" baten die Männer. „Dieser Mann ist taub und kann nicht sprechen. Aber wenn du ihn berührst, wird er geheilt sein!"

Jesus sah die Männer an, dann die Menschenmenge um sich herum. Dann nahm er vorsichtig den Arm des Taubstummen und führte ihn ein Stückchen abseits von all dem Lärm und Trubel. Der Mann starrte Jesus an, verstand aber nicht, was vor sich ging. Jesus legte ihm nur seine beiden Hände auf die Ohren. Der Taubstumme nickte, Ja, seine Ohren waren das Problem ...

Nun berührte Jesus die Zunge des

Mannes. Wieder nickte der. Er konnte nicht sprechen. Jesus aber hatte ihn verstanden und zeigte ihm, daß der Mann ihm vertrauen könnte.
Dann sah Jesus zum Himmel auf, seufzte und sagte dann: *Effata,* das heißt: *Öffne dich!*
Und auf einmal konnte der Mann hören. Klar und deutlich hören. Er konnte die Stimmen der Leute in der Nähe hören, das Säuseln des Windes in den Bäumen, den Gesang der Vögel. Er war so froh!
Dann versuchte er zu sprechen – und er konnte es. Seine Zunge gehorchte ihm vollkommen. Als die Männer , die ihn gebracht hatten, das erlebten, waren sie außer sich vor Freude.
Und wieder bat Jesus: „Sprecht mit niemandem darüber!"
Aber sie konnten nicht anders, sie waren so glücklich, daß sie davon erzählen mußten. Und die Leute, die den Taubstummen vorher gekannt hatten, waren tief beeindruckt.
„Jesus läßt viele solcher Wunder geschehen", sagten sie. „Er läßt Taube wieder hören und Stumme wieder sprechen!"
Die Nachrichten über Jesus verbreiteten sich rasch. Auch eine Gruppe von zehn kranken Männern hörte davon.

Die zehn Aussätzigen

Jesus befand sich auf einer Wanderung durch das Grenzgebiet zwischen Samaria und Galiläa. Zehn leprakranke Männer wußten, daß Jesus ganz in der Nähe ihrer Hütten vorbeikommen würde.

Lepra war damals eine tödliche Krankheit, weil keiner sie zu heilen wußte. Die Krankheit befiel nach und nach den ganzen Körper, fraß ihn direkt auf. Finger und Zehen verfaulten, das Gesicht wurde zerfressen. Aber nicht nur ihr schrecklicher Anblick machte den Menschen zu schaffen. Mit ihren verkrüppelten Fingern oder Zehen konnten sie kaum essen oder gehen. Und weil sich der Aussatz durch weiße Flekken auf der Haut verriet, konnte man die Krankheit auch kaum verbergen.

Jeder Gesunde mied die Aussätzigen, die ihre Häuser verlassen und außerhalb der Stadt wohnen mußten. Sie durften ihre Ehepartner nicht küssen, ihre Kinder nicht umarmen. Sie trauten sich kaum, Gesunde zu treffen, weil die sich vor den Aussätzigen grausten.

Ein entsetzliches, einsames Leben führten diese Leprakranken. Sie mußten Lumpen tragen, durften ihre Haare nicht schneiden und mußten ihr Gesicht verhüllen. Und wenn sie jemanden sahen, mußten sie rufen: „Ich bin unrein! Ich bin unrein!", um ihn vor der Ansteckungsgefahr durch Lepra zu warnen.

Aber diese zehn Aussätzigen hatten gehört, daß Jesus Kranke heilte. Aber würde er auch sie heilen? Würden die Menschen, die stets bei ihm waren, überhaupt zulassen, daß sie sich ihm näherten? Einer der Kranken, ein Samariter, war besonders besorgt. Denn Jesus war Jude, und jahrelang waren Juden und Samariter verfeindet gewesen.

Doch die zehn Aussätzigen hatten nichts zu verlieren. Sie wollten es versuchen. So warteten sie am Rand der Straße nahe des Ortes. Endlich. Jesus kam. Wie immer war er von Menschen umringt. Sie wagten nicht, sich ihm zu nähern, und riefen deshalb von weitem: „Jesus! Meister! Hilf uns!"

Jesus hörte ihr Rufen, wandte sich zu ihnen und sah ihre verzweifelten Gesichter. „Laßt euch von den Priestern untersuchen!" sagte er dann.

Die Kranken schauten sich ratlos an. Sie sollten sich von den Priestern untersuchen lassen? Das hatten sie doch schon früher tun müssen, als sie sich mit der Krankheit angesteckt hatten. Denn die Priester trafen die Entscheidung, ob jemand Lepra hatte und deswegen das Dorf verlassen mußte. Die Kranken gingen erst dann wieder zu den Priestern, wenn sie glaubten, daß sie wieder gesund waren. Aber Jesus mußte doch sehen, wie krank sie waren. Die Flecken auf ihrer Haut, die schrecklich entstellten Gesichter ...

Aber die kranken Männer vertrauten Jesus. Und deshalb – halb hoffend, halb bangend – gingen sie zu den Priestern. Auf dem Weg dorthin wurde ihre Haut makellos rein, ganz gesund. Ungläubig und aufgeregt sahen sie sich gegenseitig an. Tatsächlich, sie waren geheilt. Überglücklich rannte der Samariter

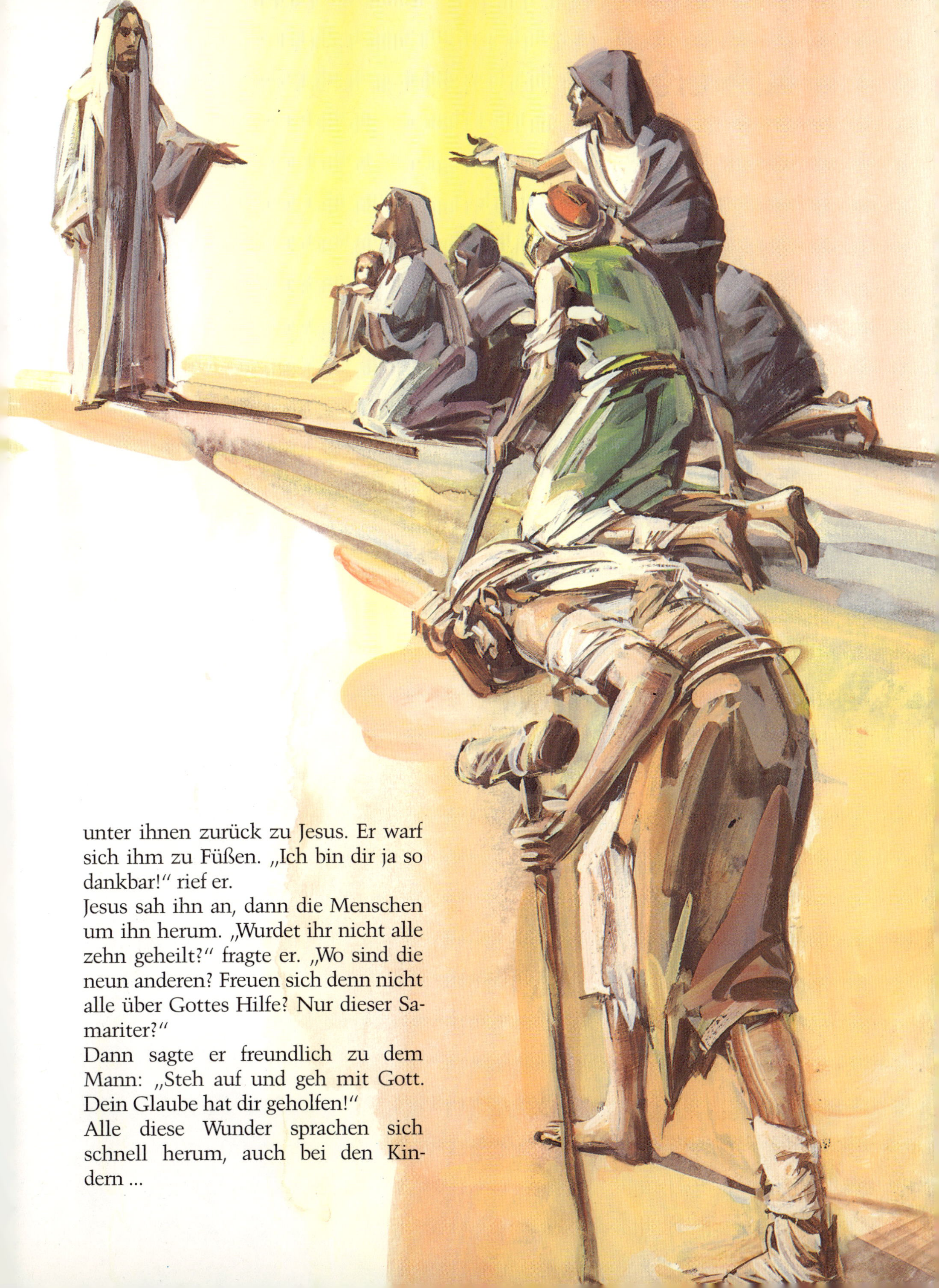

unter ihnen zurück zu Jesus. Er warf sich ihm zu Füßen. „Ich bin dir ja so dankbar!“ rief er.
Jesus sah ihn an, dann die Menschen um ihn herum. „Wurdet ihr nicht alle zehn geheilt?“ fragte er. „Wo sind die neun anderen? Freuen sich denn nicht alle über Gottes Hilfe? Nur dieser Samariter?“
Dann sagte er freundlich zu dem Mann: „Steh auf und geh mit Gott. Dein Glaube hat dir geholfen!“
Alle diese Wunder sprachen sich schnell herum, auch bei den Kindern ...

Jesus und die Kinder

Die älteren Kinder, die schon von Jesus gehört und die Erzählungen verstanden hatten, wollten ihn gern selbst einmal sehen. Und ihre Eltern wünschten sich, Jesus möge ihre Kinder segnen. Doch meistens war es schwierig, mit den Kindern durch die Menschenmassen zu Jesus vorzustoßen.
Eines Tages, als Jesus sich gerade ein wenig abseits der Menge ausruhte, drängte sich eine Schar Eltern mit ihren Kindern zu ihm. Das war die Gelegenheit! Endlich konnten sie ihm einmal ganz nahe sein. Schon rannten die Kinder voraus, Jesus entgegen.
Doch seine Jünger traten der Gruppe in den Weg. „Warum wollt ihr Jesus belästigen mit all den lauten Kindern?" fragten sie barsch. „Er kann jetzt nicht mit euch sprechen!"
Die Enttäuschung war so groß, daß die Eltern stumm stehenblieben. Sollte alle ihr Mühe umsonst gewesen sein? Sie sollten jetzt kurz vorm Ziel wieder gehen?
Aber Jesus hatte seine Jünger gehört. Und ärgerlich sagte er ihnen: „Was macht ihr denn da? Laßt die Kinder zu mir kommen, und haltet sie nicht auf. Denn ihnen gehört das Himmelreich!"
Weit breitete er seine Arme aus, und die Kinder liefen zu ihm. Da sagte Jesus zu den Menschen: „Wenn ihr nicht werdet wie die Kinder, wenn ihr nicht so unbefangen glaubt wie sie, werdet ihr nicht in den Himmel kommen!"
Wie freuten sich da die Eltern! Jesus umarmte jedes der Kinder und segnete es. Die Leute um ihn herum versuch-

ten, seine Worte zu verstehen. Jesus hatte gemeint, sie sollten auf Gott und sein Reich genauso vertrauen, wie die Kinder ihren Eltern vertrauten.
Glücklich verließen die Eltern mit ihren Kindern bald darauf den Herrn. Jesus aber setzte zusammen mit seinen Jüngern den Weg nach Jerusalem fort. Er wollte zum Passahfest dort ankommen. Doch die Jünger, die ihn begleiteten, machten sich Sorgen.
Jesus war ein Stück vor ihnen gegangen. Als er sich umdrehte und ihre sorgenvollen Gesichter sah, rief er sie zur Seite. Er wußte genau, was sie befürchteten. Die Hohenpriester und die Pharisäer waren verärgert über Jesu Predigten und seine Wunder.
Überall verkündeten sie, Jesus sei nicht Gottes Sohn, der Messias, sondern ein ganz normaler Mensch. Sie befürchteten, die Juden wollten ihn zum König machen. Das aber hätte Schwierigkeiten mit der Besatzungsmacht, den Römern, gegeben.
Auch für sich selbst befürchteten die Priester Nachteile. Deshalb warteten sie auf eine Gelegenheit, Jesus zu töten. Und deshalb fürchteten die Jünger, Jesus könnte in Jerusalem in eine Falle geraten.
Jesus aber versuchte, die Jünger auf das kommende Geschehen vorzubereiten: „Wir werden nach Jerusalem gehen. Dort wird der Menschensohn den Hohenpriestern und Gesetzeslehrern übergeben werden. Sie werden ihn zum Tode verurteilen und den römischen Soldaten übergeben. Die werden ihn verhöhnen, quälen und schließlich ans Kreuz schlagen. Dies muß geschehen, so wie es die Propheten vorhergesagt haben. Doch seid nicht traurig. Drei Tage nach seinem Tode wird der Menschensohn wieder auferstehen zum Leben!“
Die Jüngern hörten das zwar alles, begriffen aber kein Wort. Sie wußten nur, daß sie Jesus liebten und fest entschlossen waren, ihm zu folgen.
Auf dem Weg nach Jerusalem kamen sie erst noch durch Jericho, wo wieder einer sehnsüchtig auf Jesu Ankunft wartete ...

Bartimäus

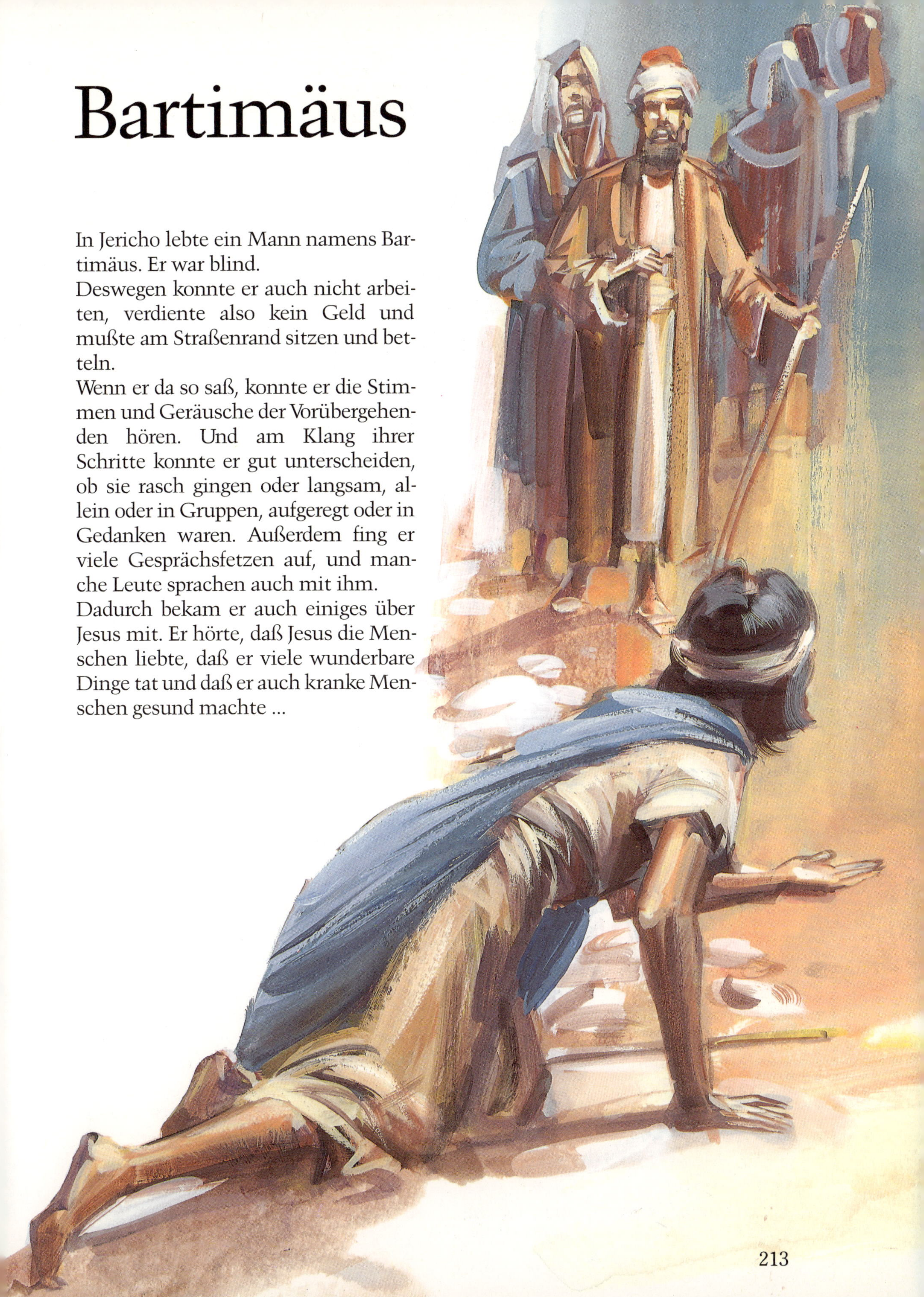

In Jericho lebte ein Mann namens Bartimäus. Er war blind.
Deswegen konnte er auch nicht arbeiten, verdiente also kein Geld und mußte am Straßenrand sitzen und betteln.
Wenn er da so saß, konnte er die Stimmen und Geräusche der Vorübergehenden hören. Und am Klang ihrer Schritte konnte er gut unterscheiden, ob sie rasch gingen oder langsam, allein oder in Gruppen, aufgeregt oder in Gedanken waren. Außerdem fing er viele Gesprächsfetzen auf, und manche Leute sprachen auch mit ihm.
Dadurch bekam er auch einiges über Jesus mit. Er hörte, daß Jesus die Menschen liebte, daß er viele wunderbare Dinge tat und daß er auch kranke Menschen gesund machte ...

Wenn doch nur er, Bartimäus, zu Jesus gehen könnte! Aber das schien unmöglich. Er kannte nur seinen Weg durch die Gassen von Jericho, der hinaus vor das Stadttor führte, wo er seinen Stammplatz hatte. Diese Stelle hatte er gewählt, ·weil hier so viele Menschen auf der Reise von und nach Jerusalem vorübergingen ...
Und jetzt diese Gelegenheit! Jesus war auf dem Weg nach Jerusalem. Er würde also an ihm vorbeikommen!
Einen Augenblick lang war Bartimäus ganz aufgeregt vor Freude. Doch dann fiel ihm ein, daß Jesus ja immer von vielen Menschen umringt war. Wie sollte sich ein Blinder einen Weg durch die Menschenmenge bahnen, hin zu einem Menschen, den er gar nicht sehen konnte?
Enttäuschung machte sich in ihm breit. Aber er könnte Jesus ja zurufen. Aber würde der ihn denn überhaupt hören?
Und Bartimäus wartete! Wartete all die langen, heißen und staubigen Tage hindurch am Straßenrand – voller Sorge! Da, endlich hörte er den Lärm einer aufgeregten Menge – weit weg zunächst, dann näher kommend.
„Was geht da vor?" rief er.
„Jesus von Nazaret kommt!" sagte einer, der vorüberging.
Bartimäus' Herz klopfte laut. Er atmete tief durch ... hörte die Menge näher kommen ... jetzt war sie bei ihm ... jetzt war wohl auch Jesus in seiner Nähe ... und nun: „Jesus! Hilf mir!" schrie er aus Leibeskräften.
„Pssst!" zischten ihm die Leute zu. „Sei doch still!"
Aber Bartimäus hörte nicht auf sie.

„Jesus! Jesus, Sohn Davids! Hilf mir!" schrie er noch lauter.
Trotz all des Lärmes und Gewimmels hörte Jesus Bartimäus. Er blickte sich um und bemerkte ihn. Er sah, daß Bartimäus blind war und nicht durch die Menge zu ihm finden konnte.
„Bringt den Mann zu mir!" sagte Jesus.
Nun streckten sich Bartimäus viele Hände entgegen, um ihm beim Aufstehen zu helfen. Und die Leute riefen: „Komm, Jesus will dich sehen!"
Mit klopfendem Herzen rappelte Bartimäus sich auf und ließ sich dann durch die Menge führen, direkt vor Jesus. Da hörte er auch schon dessen Stimme: „Was möchtest du von mir?"
„Oh, wenn ich doch nur sehen könnte!" seufzte Bartimäus.
Jesus antwortete: „Dann sieh! Dein Glaube hat dich gesund gemacht!" Im selben Moment fühlte sich Bartimäus vom Licht geblendet und hielt sich schnell die Hände vor die Augen. Doch dann: Er konnte die Bäume sehen! Den Himmel! Die Gesichter der Menschen! Er konnte Jesus sehen!
Überglücklich lobte er Gott. Dann begleitete er noch ein Stück die Menge um Jesus und freute sich über all das Neue, das er sehen konnte. Und auch die Menschen, die Bartimäus so sahen, freuten sich mit ihm und priesen Gott.
Inzwischen wartete in Jericho noch jemand sehnsüchtig auf Jesus ...

Zachäus

In Jericho lebte auch ein Zöllner namens Zachäus. Er war reich, aber das meiste Geld hatte er sich durch Betrug verschafft, indem er den Leuten mehr Zoll abknöpfte als vorgeschrieben. Fast alle Juden haßten die Zöllner. Deshalb hatte Zachäus auch fast nie Gäste zu Besuch und kaum Freunde. Er war sehr allein.
Als er wieder einmal so allein zu Hause hockte, hörte er eine große Menschenmenge an seinem Haus vorübergehen. Was war da los? Zachäus eilte vor die Haustür. Die Straße war verstopft von Menschen. Zachäus hörte ihre aufgeregten Rufe. „Jesus wird hier vorbeikommen", schrien sie.
Zachäus hatte schon von Jesus gehört, daß er sehr freundlich sei, sogar zu Zöllnern ...
Und er stellte sich vor, wie Jesus aussehen könnte. Da wuchs der Wunsch in ihm, Jesus zu sehen.
Aber Zachäus war sehr klein. Er stand hinter den Leuten, die die Straße säumten. Die würden ihn bestimmt nicht durchlassen. Als er versuchte, sich nach vorn zu drängeln, merkten die Leute, daß er ein Zöllner war, und rückten nur noch dichter zusammen.
Zachäus war verzweifelt. Am Schreien der Leute hörte er, daß Jesus näher kam, schon fast da war. Er würde vorbeigehen, ohne daß Zachäus auch nur einen Blick auf ihn geworfen hatte. Wenn er nicht ...
Da kam Zachäus eine Idee. An der Straße stand ein Maulbeerbaum. Zachäus rannte los. Heiß war's, er schwitzte vor Anstrengung. Atemlos, aber noch rechtzeitig, erreichte er den Baum und begann hinaufzuklettern. Wie lange war er schon nicht mehr auf einen Baum geklettert! Aber es ging noch recht gut!
Und schon saß da oben in den Ästen der reiche Zöllner. Jetzt hatte er einen tollen Überblick. Er konnte die Straße sehen und die Menschenmenge, die immer näher kam. Und dort – mittendrin – entdeckte er Jesus. Irgendwie wußte Zachäus sofort, wer Jesus war ...
Vor Aufregung schwer atmend, sah Zachäus die Menge näher kommen. Jetzt gingen sie an seinem Baum vorbei ... Einige ganz dicht unter ihm. Jetzt war auch Jesus fast da ...
Plötzlich blieb Jesus stehen. Er schaute nach oben, direkt zu Zachäus, und sagte: „Zachäus! Komm herunter! Heute möchte ich in deinem Haus einkehren!"
Zachäus brauchte einen Moment, um zu begreifen, was Jesus da gesagt hatte. Dann kletterte er hinunter. Jesus wollte ihn besuchen!
„Sei mir willkommen!" rief er außer Atem. „Ich wohne gleich hier!"

Jetzt brauchte sich Zachäus nicht mehr mühsam durch die Menge zu zwängen. Selbstbewußt schritt er voraus, Jesus neben sich.
Die Leute hatten alles beobachtet und begannen, ärgerlich zu tuscheln: „Schaut euch das nur an. Jesus besucht doch tatsächlich diesen Betrüger!"
Zachäus bekam das mit und sagte zu Jesus: „Meister! Ich werde die Hälfte meines Besitzes den Armen geben. Und wenn ich jemanden betrogen habe, will ich ihm viermal soviel zurückgeben!" Da ging ein Raunen der Verwunderung durch die Menge. Und Jesus sagte: „Ein Segen ist heute über dieses Haus gekommen. Auch dieser Mann ist ein Nachkomme Abrahams. Und denkt immer daran: Der Menschensohn ist vor allem zu den schwachen, fehlerhaften Menschen gekommen, damit sie an ihn glauben und ihre Fehler bereuen. Und Gott wird ihnen vergeben."
Zachäus hörte diese Worte und wurde so froh wie nie zuvor. Nach seinem Besuch bei Zachäus setzte Jesus seinen Weg nach Jerusalem fort. Und die Menschen dachten lange über seine Worte nach.

Die Bergpredigt

Wie immer war Jesus von einer großen Zuhörerschar begleitet, als er eines Tages auf einen Berg stieg und sich dort niedersetzte. Die Menschen lagerten sich um ihn herum. Da begann Jesus zu reden. Hier sind einige der Lehren, die er ihnen mitgab:

„Selig sind die, die Gott vertrauen, denn ihnen gehört das Himmelreich.

Selig sind die Trauernden, denn sie werden getröstet werden.

Selig sind die, die sich selbst erniedrigen, ihnen wird die Welt gehören.

Selig sind die, die nach Gerechtigkeit lechzen, denn sie werden gesättigt werden.

Selig sind die, die barmherzig zu ihren Feinden sind, denn sie werden Barmherzigkeit finden.

Selig sind die, die reinen Herzens sind, denn sie werden Gott sehen.

Selig sind die, die Frieden stiften, sie werden Gottes Kinder genannt werden.

Selig sind die, die um der Gerechtigkeit willen verfolgt werden, denn ihnen gehört das Himmelreich.

Wenn ihr verfolgt und beschimpft werdet, weil ihr mir nachfolgt, freut euch und seid glücklich, denn ihr werdet dafür im Himmel reich belohnt werden.

Wenn ihr mir folgt, seid ihr wie das Salz im Essen oder das Licht der Welt. Versteckt dieses Licht nicht. Wenn ihr Gutes tut, wird man es sehen, und man wird Gott, euren Vater, preisen!

Euch wurde gesagt: Du sollst nicht töten! Ich aber sage euch: Allein der Gedanke, jemandem etwas Schlimmes anzutun, ist verwerflich. In den alten Gesetzen steht auch: Auge um

Auge, Zahn um Zahn! Ich aber sage euch: Ihr sollt euch nicht an dem rächen, der euch unrecht getan hat!
Es wurde euch auch gesagt: Liebet eure Freunde, haßt eure Feinde. Betet für die, die euch unrecht getan haben. So

werdet ihr zu Gottes Kindern. Denn er läßt die Sonne scheinen und Regen fallen auf gute und auf böse Menschen.
Wenn ihr jemandem in Not helft, gebt nicht damit an. Gott wird es sehen und euch belohnen.
Wenn ihr betet, sprecht im stillen mit Gott. Denn als euer Vater weiß er ohnehin, was ihr braucht, noch bevor ihr ihn gebeten habt.
Betet so: Vater unser, der du bist im Himmel. Geheiligt werde dein Name. Dein Reich komme, dein Wille geschehe, wie im Himmel, so auch auf Erden. Gib uns unser tägliches Brot. Und vergib uns unsere Schuld, wie auch wir vergeben unseren Schuldigern. Und führe uns nicht in Versuchung, sondern bewahrt uns vor dem Bösen. Denn dein ist das Reich und die Kraft und die Herrlichkeit, in Ewigkeit. Amen.
Und seid unbesorgt. Euer himmlischer Vater weiß, was ihr braucht. Handelt so, wie er es will, dann wird euch alles, was ihr braucht, gegeben. Sorgt euch nicht um den nächsten Tag. Jeder Tag hat seine Sorgen. Urteilt nicht immer über andere, daß sie falsch oder richtig handeln, sonst wird man über euch urteilen. Das wäre so, als wenn ihr den Splitter im Auge des anderen sehen würdet, aber nicht den Balken im eigenen Auge!
Wenn euch eure Kinder um Brot bitten, dann gebt ihr ihnen ja auch keinen Stein. Oder wenn sie um einen Fisch bitten, gebt ihr ihnen ja auch keine Schlange. Wenn ihr wißt, was eure Kinder brauchen, wieviel mehr weiß euer Vater im Himmel, was die brauchen, die ihn bitten!
Wie ihr von anderen behandelt werden wollt, so behandelt sie. Das ist der Grundsatz!“
Erstaunt hörten die Menschen, mit welcher Gewißheit Jesus zu ihnen sprach, ganz anders als die Gesetzeslehrer.
Jesus beendete seine Predigt wie so oft mit einem Gleichnis, einer Geschichte, mit der er etwas Besonderes bildhaft ausdrückte ...

Das Haus auf dem Felsen

Dieses Gleichnis erzählte Jesus am Ende seiner Bergpredigt:
„Es lebten einmal zwei Männer. Beide wollten sich ein Haus bauen. Der eine Mann wußte, wie wichtig ein fester Untergrund dafür war. So grub er tief in die Erde, bis er auf Fels stieß. Hierauf baute er die Grundmauern und das Fundament seines Hauses.
Bald brach ein Sturm los. Der Wind heulte um das Haus, und es regnete in Strömen. Die Flüsse traten über die Ufer. Ihre Fluten umspülten das Haus und tobten gegen die Mauern.
Aber weil das Haus einen festen Grund hatte, stürzte es nicht ein!"
Jesus machte eine Pause und fuhr dann fort: „Jeder, der auf meine Worte hört und nach ihnen handelt, ist wie der kluge Mann, der sein Haus auf einen Felsen baute. Wenn schwere Zeiten kommen, wird er nicht wanken, sondern standhaft sein."
Jesus erzählte dann von dem anderen Mann: „Der kümmerte sich nicht um den Untergrund, sondern baute auf Sand. Da kam der Sturm, und die Wasserfluten stiegen. Der Sturm warf die Wellen gegen das Haus. Und es konnte dem Druck nicht standhalten. Mit lautem Krach stürzte es zusammen."
Jesus erklärte dann, was er damit ausdrücken wollte: „Jeder, der meine Worte hört und nicht nach ihnen handelt, ist wie der dumme Mann, der sein Haus auf Sand baute. In schweren Zeiten wird er sich nicht zu helfen wissen und scheitern."
Jesus erzählte noch andere Gleichnisse ...

Der Sämann

Jesus erzählte: „Ein Bauer ging auf sein Feld, um Getreide zu säen. Aus einem Korb, den er mit einem Strick über die Schulter gehängt hatte, streute er die Körner in hohem Bogen aus.
Einige der Körner fielen auf den Feldweg neben dem Acker. Dort wurden sie festgetreten oder von den Vögeln aufgepickt.
Einige Körner fielen auf steinigen Boden. Die Saat ging zwar auf, doch die jungen Halme konnten ihre Wurzeln nicht in den Boden strecken. Sie vertrockneten in der Sonne.
Einige Körner fielen unter Dornengestrüpp. Das Korn wuchs zwar, aber auch das Gestrüpp. Es erdrückte die Halme. Die Saat ging ein.
Aber einige Körner fielen auf gute, fruchtbare Erde. Die Ähren bekamen lange, tiefe Wurzeln. Das Korn wuchs hoch und reifte in der Sonne. Zur Erntezeit trugen die Ähren hundertmal mehr Körner als ausgesät.“
Jesu Jünger verstanden die Bedeutung des Gleichnisses nicht und baten, er solle sie ihnen erklären. Da erkannten die Jünger den tieferen Sinn:
Die Saatkörner bedeuten das Wort Gottes. Manche Menschen hören Gottes

Botschaft nur mit halbem Ohr. Mit diesen Menschen hat es der Teufel leicht. Sie werden schnell vergessen, was sie gehört haben. Das sind die Körner, die auf den Weg gefallen sind.
Manche Menschen hören Gottes Wort gern und glauben auch kurze Zeit daran. Aber sobald sie in Schwierigkeiten geraten, verlieren sie ihren Glauben. Sie sind wie Saatkörner auf steinigem Boden – ohne Wurzeln.
Einige Menschen hören die Botschaft, aber sie sind so voller anderer Gedanken, daß sie sie nicht aufnehmen können. Sie sind wie Saatkörner unterm Dornengestrüpp.
Einige Menschen aber hören Gottes Wort, glauben daran und versuchen, danach zu leben. Das ist die Saat mit reicher Ernte auf gutem Boden.

Der gute Samariter

Ein Gesetzeslehrer wollte Jesus mit einer schwierigen Frage auf die Probe stellen.
„Meister!" fragte er: „Was muß ich tun, um das ewige Leben zu erlangen, um für immer in Gottes Reich zu leben?"
Jesus wußte genau, warum der Gesetzeslehrer so fragte, und stellte ihm eine Gegenfrage: „Was steht dazu im Gesetz?"
Der Mann antwortete: „Ich soll Gott von ganzem Herzen und ganzer Seele lieben, mit all meiner Kraft. Und ich soll meinen Nächsten lieben wie mich selbst!"
„Richtig!" sagte Jesus. „Also handle so, und du wirst leben!"
Der Rechtsgelehrte aber wollte den Zuhörern zeigen, daß er keineswegs eine einfache Frage gestellt hatte. Deshalb sagte er rasch: „Wer aber ist mein Nächster?"
Da erzählte Jesus ein neues Gleichnis:
„Ein Mann ging von Jerusalem nach Jericho. Die Straße war einsam, gefährlich für Reisende. Sie führte durch Felsschluchten, in denen Räuber lauerten, um unbewaffnete Wanderer zu überfallen.
Darum schritt er eilig aus. Aufmerksam beobachtete er die Umgebung. Vergebens. Plötzlich sprang eine Räuberbande hervor, schlug den Mann zu Boden, riß ihm die Kleider vom Leib, nahm ihm all seine Habe und verschwand wieder hinter dem Felsen. Halbtot blieb der Mann im Straßengraben liegen.
Lange lag der schwerverletzte Mann in der heißen Sonne. Er war zu schwach, um sich zu bewegen. Verzweifelt hoffte er auf Hilfe.
Da! Endlich hörte er Schritte näherkommen.
Es war ein Priester. Der Priester würde ihm bestimmt helfen! Tapp, tapp, tapp. Der arme verletzte Mann konnte es kaum glauben. Der Priester war auf der anderen Straßenseite einfach vorübergegangen.
Die Wunden schmerzten, der Kopf stach, der Verletzte war durstig. Wie ersehnte er sich Hilfe! Er schloß die Augen. Wieder hörte er ganz leise Schritte. Als sie nahe waren, öffnete der Überfallene die Augen. Ein Levit, ein Tempeldiener, näherte sich. Bestimmt würde der ihm helfen. Ja, der Levit kam zu ihm, beugte sich nieder, sah ihn an ... und machte sich eiligst davon!
Der Verwundete weinte vor Enttäuschung. Er hatte Fieber, Schüttelfrost! Sicherlich würde er hier am Straßenrand sterben ...
Wieder Schritte. Das Klippklapp, Klippklapp von Eselshufen. Mühsam öffnete der Mann die Augen. Wer kam da? Mit einem Schluchzer der Enttäuschung ließ er den Kopf sinken. Es war ein Ausländer, ein Samariter. Von denen konnte man nichts erwarten. Die Samariter waren keine Freunde der Juden. Von dem kam bestimmt keine Hilfe. Der Mann schloß die Augen und verlor alle Hoffnung.
Aber die Hufschläge verlangsamten sich, der Esel blieb stehen. Der verletzte Mann spürte eine sanfte Berührung. Er sah auf. Der Samariter half

ihm! Er reinigte seine Wunden mit Öl und Wein und verband die Wunden so gut er konnte. Dann bot er dem Verletzten einen Schluck klares, kühles Wasser aus seiner Flasche an und stützte liebevoll und vorsichtig dessen Kopf beim Trinken.

Aber der Samariter wollte den Verletzten nicht einfach auf der Straße liegenlassen. Der Verwundete versuchte aufzustehen. Aber er war zu schwach. Hätte ihn der Samariter nicht gestützt, wäre der Mann hingefallen.

‚Es hat keinen Zweck', jammerte der Mann. Doch der Samariter führte ihn zu seinem Esel. Dann half er ihm aufsteigen. Langsam und behutsam zokkelte der Esel die steinige Straße entlang. Schließlich kamen sie zu einem Gasthof.

‚Hier werden wir übernachten', sagte der Samariter.

Er führte den Verletzten hinein und umsorgte ihn. Noch einmal verband er seine Wunden, dann brachte er ihm Essen und Trinken.

Auch am nächsten Morgen war der Mann noch zu schwach, um allein seinen Weg fortzusetzen.

‚Macht nichts!' sagte der Samariter. ‚Ruhe dich hier aus, bis du wieder gesund bist!' Und weil er wußte, daß die Räuber dem Mann das ganze Geld abgenommen hatten, sagte er zu dem Wirt: ‚Hier sind zwei Silberstücke. Pflege den Mann. Wenn das Geld nicht reicht, werde ich dir auf meinem Rückweg den Rest bezahlen.'

Aufmerksam hatte der Gesetzeslehrer dem Gleichnis zugehört.

Am Schluß fragte Jesus ihn: „Wer war nun der Nächste des Mannes, der überfallen und ausgeraubt wurde?"

Der Rechtsgelehrte antwortete: „Derjenige, der ihm so selbstlos geholfen hat!"

Und Jesus sagte: „Nimm dir daran ein Beispiel!"

Das verlorene Schaf und die verlorene Münze

Und wieder einmal murrten die Pharisäer und Schriftgelehrten untereinander: „Seht euch das an! Jesus spricht mit Zöllnern und Sündern! Schon wieder! Und er speist sogar mit ihnen!"
Jesus hörte, wie sie stichelten, und erzählte ihnen dieses Gleichnis:
„Stellt euch einen Hirten mit hundert Schafen vor. Als er sie eines Abends zählte, waren es nur noch neunundneunzig. Eines fehlte. Was tut er? Er läßt die neunundneunzig im sicheren Pferch und macht sich auf die Suche nach dem einen. Er sucht und sucht, ist müde und hat Blasen an den Füßen. Aber er findet es nicht! Aber er gibt nicht auf. Schließlich entdeckt er das verlorene Schaf. Er jauchzt vor Freude. Und weil das Schaf müde und erschöpft ist, nimmt er es liebevoll auf seine Schultern und trägt es so nach Hause. Dort ruft er seine Nachbarn herbei: ‚Schaut her und freut euch mit mir! Ich habe mein verlorenes Schaf wiedergefunden!'
Dann sah Jesus die Pharisäer und Schriftgelehrten an und sprach:
„Ich sage euch: Gott ist wie dieser Schafhirte. Im Himmel wird mehr Freude über einen Menschen sein, der einsieht, daß er unrecht getan hat, und bereut und sich bessert, als über neunundneunzig Menschen, die immer alles richtig machen."
Die Pharisäer und Schriftgelehrten hörten das mit ärgerlichem Stirnrunzeln.

Da erzählte ihnen Jesus zum besseren Verständnis ein anderes Gleichnis: „Stellt euch eine Frau vor, die zehn Silbermünzen besitzt. Plötzlich fällt ihr auf, daß sie ein Geldstück verloren hat. Und was tut sie? Sie ist sehr niedergeschlagen. Mit zitternden Händen zündet sie eine Lampe an. Und mit dieser Lampe leuchtet sie nun in jeden Winkel und jede Ecke ihres Hauses. Und mit einem Besen fegt sie sorgfältig und aufmerksam den Boden, sucht überall und entdeckt schließlich das Geldstück, das im Schein ihrer Lampe glitzert.

Sie hebt die Münze auf, hält sie fest und ruft ihre Freunde und Nachbarn: ‚Kommt, laßt uns feiern. Freut euch mit mir, ich habe meine verlorene Münze gefunden!'"

Und Jesus sagte zu seinen Zuhörern: „Die Engel im Himmel freuen sich über jeden einzelnen, der bereut, daß er unrecht getan hat."

Der verlorene Sohn

Ein anderes Gleichnis: „Ein Mann hatte zwei Söhne. Der ältere war fleißig und gehorsam, der jüngere aber faul, ungehorsam und nie zufrieden.
‚Es ist furchtbar langweilig zu Hause', stöhnte er.
Und der jüngere Sohn besann sich darauf, daß sein Vater reich war. Er wußte auch, daß der ganze Reichtum nach dem Tod des Vaters zwischen ihm und seinem Bruder aufgeteilt würde. Aber wer wußte, wann das sein würde? Warum sollte er bis zum Tod seines Vaters warten und nicht schon vorher sein Erbe genießen?
Also forderte er ohne Rücksicht auf die Gefühle seines Vaters: „Gib mir mein Erbteil schon jetzt!"
Der Vater liebte seinen Sohn sehr. Aber er wußte auch, daß er ihn nicht halten konnte. Sein Sohn war alt genug, um von zu Hause fortzugehen. Und der Vater wollte ihn nicht zwingen zu bleiben. Vielleicht würde der Sohn den Vater sogar in der Fremde vermissen, hoffte er.
Also teilte der Mann seinen Besitz gerecht unter seinen beiden Söhnen auf.
‚Toll', dachte der jüngere, ‚Jetzt kann ich tun und lassen, was ich will!' Er nahm seinen ererbten Besitz und zog ins Ausland.
Die Leute dort merkten sehr schnell, daß der junge Mann viel Geld besaß. Sie kamen zu seinen Festen, ließen sich von ihm beschenken und schmeichelten sich ein.
Eine Zeitlang lebte der junge Mann in Saus und Braus. Er kaufte, was ihm gefiel, und lebte, wie es ihm paßte. Doch bald war das Geld fort – und seine neuen Freunde auch. Und, was noch schlimmer war: im Lande herrschte eine Hungersnot.
Der junge Mann war nun ganz allein – ohne Freunde, ohne Geld, ohne Essen. Er suchte nach Arbeit, aber weil er nichts Richtiges gelernt hatte, wollte ihn keiner einstellen. Schließlich bot ihm ein Mann eine Stelle als Schweinehirt an.
Der Bursche willigte ein. Niemand sprach mit ihm, keiner kümmerte sich um ihn. Seine Kleidung war zerlumpt, und er war so hungrig, daß er am liebsten das Schweinefutter gegessen hätte.
Eines Tages – die Schweine schmatzten und grunzten zufrieden in ihrem Stall – dachte der Bursche an seinen Vater und sein Zuhause, wo alle Knechte genug zu essen hatten. Tiefe Reue überkam ihn. ‚Ich habe nicht verdient, länger ein Sohn genannt zu werden', dachte er. ‚Aber ich will heimgehen und meinen Vater fragen, ob er mir vielleicht Arbeit gibt!'
So machte er sich auf den Heimweg. Müde, halb verhungert und mit zerschundenen Füßen schleppte er sich dahin. Vielleicht würde ihn sein Vater gar nicht ins Haus lassen? Vielleicht hatte er ihn ganz vergessen ...
Doch ganz im Gegenteil: Jeden Tag hatte sein Vater sehnsüchtig nach ihm Ausschau gehalten, voller Hoffnung. Er vermißte seinen Sohn, wollte, daß der zurück nach Hause komme ...
Und nun, ganz da hinten in der Ferne, sah er eine dünne, zerlumpte Gestalt

herankommen. War das möglich? Der Vater hielt die Hände zum Schutz gegen die Sonne.
Ja! Ja! Das war zwar nicht der gutgekleidete junge Mann, der vor Monaten fortgezogen war. Aber er war sich sicher: Es war sein Sohn!
Der Vater breitete die Arme aus und lief ihm entgegen. Der junge Mann konnte es kaum glauben. Überglücklich schloß ihn der Vater in seine Arme. Sein Sohn weinte vor Scham und Reue.
Dann versuchte er, seinem Vater zu erklären, daß er sein früheres Handeln sehr bedauere und daß er eigentlich nur erwarte, als Knecht eingestellt zu werden.
Aber der Vater rief schon die Diener: ‚Beeilt euch! Bringt meinem Sohn frische Kleider. Die besten, die wir haben. Und bereitet ein Festessen vor. Ich bin so glücklich! Mein Sohn war gestorben, aber nun lebt er wieder!'
Der ältere Sohn hörte beim Heimkommen den Festlärm, die Musik und fröhliches Lachen. Auf seine erstaunten Fragen, was das zu bedeuten habe, antworteten die Diener: ‚Dein Bruder ist zurück. Deshalb wird ganz groß gefeiert!'
‚Gefeiert?' rief ärgerlich der ältere Sohn. Rasend vor Eifersucht weigerte er sich, das Haus zu betreten. Da eilte sein Vater zu ihm hinaus. ‚Komm zum Fest!' bat er ihn.
Doch der ältere Sohn bebte vor Zorn: ‚Seit Jahren arbeite ich hier für dich. Aber für mich hast du nie ein Fest gegeben. Dieser da aber nimmt die Hälfte

deines Geldes, geht fort und verjubelt alles. Und jetzt, wo er nichts mehr hat, kommt er nach Hause. Und du gibst auch noch ein Fest für ihn!'

‚Mein Sohn', sagte da der Vater, ‚alles, was ich habe, gehört auch dir. Das Fest ist nicht für deinen Bruder, es ist für uns alle. Es ist doch richtig, glücklich zu sein und zu feiern. Denn er war verloren, und nun ist er wieder da.'

Jesus beschrieb mit diesem Gleichnis Gott, unseren Vater. Nie hört er auf, uns zu lieben. Er ist bereit, jedem, der seine Fehler bereut, zu vergeben. Und er ist voller Freude, wenn alles wieder gut ist.

Der nächtliche Besucher

Jesus wollte seinen Jüngern etwas über das Beten erzählen. Und er tat es wieder in Form eines Gleichnisses:
„Es ist tiefe Nacht. Ihr seid zu Hause. Plötzlich klopft es an die Tür. Ihr öffnet – und draußen steht ein Freund. Er ist auf der Durchreise, will sich bei euch ausruhen und ein wenig essen. Freudig begrüßt ihr ihn, bittet ihn herein. Da fällt euch ein: Ihr habt ja gar nichts zu essen im Hause. Es ist tief in der Nacht! Wo könnt ihr um diese Zeit etwas zu essen besorgen?
Verzweifelt überlegt ihr. Und da fällt euch euer Freund ein paar Häuser weiter ein.
Rasch rennt ihr zu ihm. Es ist stockfinster. Ihr klopft an seine Tür und ruft laut: ‚Bitte, kannst du mir nicht etwas Brot leihen? Ein Freund von mir ist ganz unerwartet zu Besuch gekommen, und ich habe nichts zu essen daheim!'
Ihr wartet. Kurz darauf hört ihr von drinnen eine leise, verschlafene Stimme: ‚Geh nach Hause und laß mir meine Ruhe! Ich mache um diese Zeit nicht mehr auf. Ich bin schon im Bett, und meine Familie schläft. Ich kann jetzt nicht mehr aufstehen und dir Brot geben!'
Und was macht ihr?
Ihr geht nicht weg. Ihr klopft und ruft weiter. Und dann werdet ihr ihn drinnen im Dunkeln hören. Er macht Licht und kommt an die Haustür. Dann gibt er euch das Brot, um das ihr so nachdrücklich gebeten habt."
Jesu Jünger wunderten sich sehr über dieses Gleichnis. Da erklärte Jesus ihnen: „In euren Gebeten sollt ihr bitten und nicht aufhören zu bitten. Wenn ihr im normalen Leben wißt, wie ihr dem helfen könnt, der euch um etwas bittet, wieviel besser wird dann Gott wissen, was gut für euch ist! Und wenn ihr um etwas bittet, von dem Gott weiß, daß es gut für euch ist, werdet ihr es bekommen!"

Die Talente

Jesus erzählte: „Ein reicher Mann wollte eine Reise machen. Da er vorsichtig war, wollte er nicht sein ganzes Geld mit auf die Reise nehmen. Also rief er seine Diener, um es ihnen anzuvertrauen.
Dem ersten Diener gab er fünf Talente Silbergeld, dem zweiten zwei Talente und dem dritten eins. Jedes Talent war mehrere tausend Mark wert. Der reiche Mann hatte das Geld entsprechend den Fähigkeiten seiner Diener aufgeteilt. Dann reiste er ab.
Der erste Diener steckte sein Geld in ein Geschäft. Und er handelte so geschickt, daß er sein Vermögen verdoppelte.
Auch der zweite Diener konnte sein Vermögen durch gute Geschäfte verdoppeln.
Der dritte Diener aber dachte: ‚Wenn ich das Geld in ein Geschäft stecke, kann ich alles verlieren. Dann wäre mein Herr sehr zornig auf mich, auch wenn es nur ein kleiner Betrag ist. Solange ich es nicht verloren habe, brauche ich mir darüber auch keine Sorgen zu machen. Also werde ich es verstekken!'
Und er nahm einen Spaten, grub heimlich ein Loch, und darin versteckte er das Geld.

Lange Zeit später kam der reiche Herr von der Reise zurück. Die drei Diener hießen ihn willkommen. Der erste sagte: ‚Herr, ich habe die fünf Talente Silber in ein Geschäft gesteckt und damit fünf weitere verdient. Hier sind meine zehn Talente!'
Der reiche Mann sagte: „So ist es recht. Du bist ein guter und treuer Diener. Du hast das wenige dir Anvertraute gut verwaltet, nun werde ich dich mit größeren Aufgaben betrauen.'
Der zweite Diener berichtete: ‚Auch ich habe durch Geschäfte die zwei Talente verdoppelt. Hier sind vier!'
Der reiche Mann antwortete: ‚Sehr gut! Auch du bist ein guter Diener! Du bist mit dem dir Anvertrauten gut umgegangen, und ich werde dir größere Aufgaben geben!'
Der dritte Diener hatte alles beobachtet und kam nun zögernd näher. Er

wußte, irgendwie mußte er eine Ausrede finden ...
‚Herr', sagte er, ‚ich weiß, du bist ein harter Mann. Du erntest, wo du nicht gesät hast. Ich hatte Angst, das Geld in ein Geschäft zu stecken, denn ich wollte es nicht verlieren. Deswegen habe ich es vergraben. Hier ist es!'
Zornig antwortete der reiche Mann: ‚Du unnützer Diener! In all der Zeit hast du nichts getan! Wenn du schon wußtest, daß ich ernte, wo ich nicht gesät habe, warum hast du das Geld nicht zur Bank getragen, wo es mir Zinsen gebracht hätte? Du hättest klüger sein und deine Chance nützen sollen, etwas für mich zu tun!'
Und er befahl: ‚Nehmt sein Geld und gebt es dem, der zehn Talente hat. Denn jedem, der etwas hat, soll noch mehr gegeben werden. Wer seine Möglichkeiten nutzt, dessen Leben wird reich werden. Aber der, der seine Chancen vertut, wird alles verlieren. Sein Leben wird immer ärmer werden, ärmer als je zuvor. Jagt den nichtsnutzigen Diener davon!'"
Jesus ist wie der reiche Mann in diesem Gleichnis. Dessen Reise läßt sich vergleichen mit der Rückkehr Jesu in den Himmel. Die, die an Jesus glauben, sollen als seine Nachfolger auf Erden dafür sorgen, daß hier Gottes Reich errichtet wird. Mit ihren jeweiligen Gaben und Möglichkeiten können sie dazu beitragen, egal wie klein und unbedeutend ihr Beitrag dazu zu sein scheint.

Jesus, der gute Hirte

Fest entschlossen setzte Jesus seinen Weg nach Jerusalem fort, obwohl er wußte, was ihm dort zustoßen würde. Unterwegs versuchte er, seinen Jüngern mehr über sich und seine Aufgaben zu erklären.

Für die Menschen damals war der Anblick von Schafhirten etwas Alltägliches. Und jeder wußte genau, was ein Hirte zu tun hatte. Zum Beispiel würde ein guter Hirte niemals seine Herde im Stich lassen, wenn ein Löwe oder Bär sie angriff. Eher würde er sein Leben riskieren als die Tiere ihrem Schicksal überlassen.

Oft hatten die Jünger auch gesehen, wie die Hirten für ihre Herden frische Weiden suchten oder sie zu kühlen, klaren Bächen zum Trinken führten. Oder wie sie nach verirrten Lämmern suchten, sich rührend um die Mutterschafe kümmerten und wie sie jedes einzelne Tier genau kannten.

So verstanden die Jünger auch etwas von Jesu Liebe und Fürsorge, als er sagte: „Ich bin der gute Hirte. Der gute Hirte gibt sein Leben für seine Schafe ... Ich bin der gute Hirte und kenne meine Schafe. Und sie kennen mich. Und wie Gott, der Vater, mich kennt, so kenne ich den Vater. Und ich opfere mein Leben für meine Schafe.

Niemand entreißt mir das Leben. Ich gebe es selbst hin. Ich habe die Macht, es hinzugeben, und ich habe die Macht, es wieder zu nehmen. Diesen Auftrag hat mir mein Vater gegeben."

Viele Menschen, die die Worte Jesu hörten, verstanden sie nicht. Einige Zuhörer ärgerten sich und sagten: „Das ist Gotteslästerung. Er macht sich selbst zu Gott!" Und sie wollten Jesus umbringen.

Doch Jesus entkam ihnen. Er verließ Judäa und ging zurück über den Jordan. In dieser Gegend glaubten viele seiner Zuhörer an ihn. Aber er hielt sich dort nicht lange auf ...

Maria, Martha und Lazarus

In dem Ort Betanien, drei Kilometer von Jerusalem entfernt, lebten drei gute Bekannte von Jesus: Maria, Martha und ihr Bruder Lazarus.
Martha hatte Jesus schon oft in ihr Haus eingeladen. Als er wieder einmal bei ihnen zu Gast war, war sie vollauf damit beschäftigt, ein gutes Essen zu kochen und für ihren Gast alles besonders nett zu machen. Ganz erhitzt und aufgeregt rannte sie die ganze Zeit immer hin und her.
Dabei ärgerte sie sich über ihre Schwester Maria, die nichts tat und nur dasaß, um Jesus zuzuhören. Das war doch nicht richtig!
Eine Zeitlang werkelte Martha allein vor sich hin. Dann platzte ihr der Kragen vor Ärger: „Meister, meine Schwester überläßt mir die ganze Arbeit! Siehst du das nicht? Sie sollte mir lieber helfen. Sag du es ihr!"
Aber Jesus antwortete ihr freundlich: „Martha, mach dir nicht soviel Gedanken um unwichtige Dinge. Maria hat sich für wirklich Wichtiges entschieden. Ich möchte sie nicht daran hindern!"
Da verstand Martha, daß es viel wichtiger war, Jesus zuzuhören und mit ihm zu sprechen, als sich ums Kochen zu kümmern oder immer nur an den Haushalt zu denken.
Auf dem Weg nach Betanien fiel Jesus diese Begebenheit wieder ein. Im selben Moment eilte ihm ein Mann entgegen und rief: „Ich habe schlechte Nachrichten von Maria und Martha für dich. Dein Freund Lazarus ist sehr krank!"

Ruhig antwortete Jesus: „Lazarus wird sterben müssen, aber daran wird sich Gottes Herrlichkeit zeigen." Und obwohl Jesus seine drei Freunde sehr liebte, ging er nicht sofort nach Betanien. Erst zwei Tage später sagte er zu seinen Jüngern: „Laßt uns zurück nach Betanien in Judäa gehen!"
Voller Angst riefen die Jünger: „Aber die Leute dort wollen dich steinigen!"
Jesus aber entgegnete ihnen ruhig: „Unser Freund Lazarus schläft. Ich muß ihn aufwecken!"
Die Jünger waren verwirrt: Wenn jemand krank war, bedeutet Schlaf doch Besserung, oder?
„Herr, wenn er schläft, dann geht es ihm doch schon wieder besser!" sagten sie.
Jesus merkte, daß sie ihn nicht verstanden. Und so sagte er offen: „Lazarus ist tot. Und ich bin froh, daß ich nicht bei ihm war. Ihr werdet bald verstehen, warum ich das sage. Und dann werdet ihr mir glauben!"
Die Jünger sahen sich an. Für Thomas stand fest, daß Jesus umgebracht würde, wenn sie nach Judäa zurückgingen. Trotzdem sagte er: „Laßt uns alle gehen, damit wir mit ihm sterben!"
Als sie sich Betanien näherten, war Lazarus schon seit vier Tagen beerdigt. Viele Juden waren gekommen, um Martha und Maria zu trösten. Als sie Jesus und seine Jünger sahen, berichteten sie den Schwestern von deren Ankunft.
Maria blieb ruhig sitzen. Aber Martha konnte Jesu Ankunft nicht erwarten. Sie rannte aus dem Haus und ihm entgegen. Er war noch nicht mal ganz im Ort angekommen, als sie ihn erreichte. Da klagte sie laut: „Herr, wenn du hier gewesen wärst, wäre mein Bruder nicht gestorben!"
Dann, ein bißchen ruhiger und mit ein klein wenig Hoffnung fügte sie hinzu: „Aber ich weiß, daß Gott alles tun

kann, worum auch immer du ihn bittest, sogar jetzt ..."
Jesus sah sie voller Mitleid und Verständnis an. „Dein Bruder wird wieder ins Leben zurückkehren!" sagte er dann.
Martha antwortete zögernd: „Ich weiß, am Tag der Auferstehung, am Jüngsten Tag, wird er ins Leben zurückkehren!"
Ruhig und klar sagte Jesus: „Ich bin die Auferstehung und das Leben. Wer an mich glaubt, wird leben, auch wenn er stirbt. Und wer lebt und an mich glaubt, wird niemals sterben. Glaubst du das?"

Martha sah ihn fest an: „Ja, Herr, ich glaube, daß du Christus bist, der Sohn Gottes, der in die Welt gekommen ist", sagte sie ruhig und überzeugt. Dann eilte sie nach Hause.
„Maria", sagte sie zu ihrer Schwester, „Jesus ist hier, er will dich sehen." Martha wirkte irgendwie verändert, ein wenig außer sich. Und so riß sich Maria aus ihrer Trauer und rannte ebenfalls Jesus entgegen. Schluchzend warf sie sich ihm zu Füßen und sagte genau wie Martha: „Herr, wenn du da gewe-

sen wärst, wäre mein Bruder nicht gestorben!"
Als Jesus sah, wie sie weinte, fragte er sie traurig: „Wo habt ihr ihn beerdigt?"
„Komm und sieh!" sagte Maria und führte Jesus zu dem Grab. Da weinte auch Jesus. Seine Schultern zuckten. Einige Juden, die ihm zusahen, sagten: „Er muß Lazarus sehr liebgehabt haben!" Andere aber sagten: „Er hat Blinde sehend gemacht. Hätte er nicht auch Lazarus, seinen Freund, vor dem Tode retten können?"
Nun hatte Jesus die Grabstätte erreicht. Es war ein Höhlengrab mit einem mächtigen Stein vor dem Eingang.
Jesus sagte: „Rollt den Stein vom Eingang fort!" Es entstand eine kurze Pause, alle schwiegen. Dann sagte Martha: „Herr, der Leichnam wird schon riechen. Er liegt schon seit vier Tagen hier!"
Jesus antwortete ihr: „Habe ich dir denn nicht gesagt, daß du Gottes Herrlichkeit erkennen wirst, wenn du glaubst?"
Und nun, anfangs noch etwas zögernd, weil sie nicht wußten, was sie erwarten würde, räumten die Leute den Stein zur Seite.
Jesus aber sprach zu Gott: „Vater, ich danke dir, daß du mich erhört hast. Ich weiß, daß du mich immer hörst. Aber dieses Mal bete ich laut zu dir, damit alle diese Menschen hier um mich herum wissen, daß du mich geschickt hast."
Jesus hatte sein Gebet beendet. Und dann rief er mit lauter Stimme: „Lazarus, komm heraus aus deinem Grab!"
Und der Mann, der gestorben war, kam heraus! Seine Hände und Füße waren noch umhüllt von den Grabtüchern, ebenso sein Gesicht. Die Menschen starrten ihn an, ganz stumm, von Ehrfurcht ergriffen.
„Helft ihm, die Grabtücher abzulegen, und laßt ihn dann gehen!" sagte Jesus.
Viele der Juden, die das alles miterlebt hatten, glaubten nun, daß Jesus wirklich der Messias, der Sohn Gottes, war. Einige von ihnen aber gingen zu den Hohenpriestern und den Pharisäern, um ihnen alles zu berichten. Diese beriefen sofort eine Sitzung des Hohen Rates ein.
„Man muß ihn stoppen!" riefen sie, und: „Wenn wir ihn so weitermachen lassen, wird noch jeder an ihn glauben. Die Römer werden kommen und uns vernichten – unseren Tempel, unser ganzes Volk!"
„Besser einer stirbt als alle!" sagte Kaiphas, der Hohepriester, bedeutungsvoll. Von diesem Tag an waren die Hohenpriester und Pharisäer fest entschlossen, Jesus zu töten.
Jesus wußte das, und er ging heimlich in einen kleinen Ort namens Efraim. Dort blieb er so lange, bis er wußte, daß die Zeit für ihn gekommen war, Gottes Auftrag zu erfüllen ...

Palmsonntag

Die Zeit des Passahfestes stand kurz bevor. Viele Menschen bereiteten sich darauf vor, dieses Fest wie üblich in Jerusalem zu feiern. Im Tempel hielten sie Ausschau nach Jesus.
„Wird er wohl kommen? Was meinst du?" fragte jeder den anderen. Wahrscheinlich nicht. Denn es gab schließlich den Befehl der Hohenpriester, jeder solle sich sofort melden, wenn er wisse, wo Jesus sich aufhielt. Und Jesus wußte doch sicher von diesem Befehl. Die Hohenpriester und Pharisäer warteten ja nur auf die Gelegenheit, Jesus festzunehmen.
Natürlich kannte Jesus diesen Befehl. Trotzdem änderte er seine Entscheidung nicht und machte sich mit seinen Jüngern auf nach Jerusalem.
Als sich Jesus mit seinen Jüngern dem Ort Betfage näherte, sagte er ihnen: „Geht in das Dorf. Dort werdet ihr eine Eselin mit einem Fohlen finden, das noch nie geritten wurde. Bindet das Fohlen los und bringt es mir."
Die Jünger nickten zustimmend. Es war besser, wenn sie allein gingen und Jesus nicht gesehen würde.
Jesus fügte noch hinzu: „Wenn euch irgend jemand fragt, warum ihr das tut, sagt einfach: ‚Der Herr braucht das Fohlen, und er wird es bald wieder zurückschicken!'"
Wieder nickten die Jünger zustim-

mend. Aber sie wußten dennoch nicht so recht, wozu Jesus den jungen Esel brauchte.
Später erinnerten sie sich, daß die Propheten lange vorher geweissagt hatten, der König der Juden werde auf dem Rücken eines Esels zu seinem Volk kommen ...
Nun gingen sie nach Betfage, wie Jesus es ihnen gesagt hatte. Und tatsächlich, dort stand der junge Esel angebunden, genau wie es Jesus ihnen beschrieben hatte. Sie banden ihn los.
Einige Leute hatten sie beobachtet und riefen: „Hey, was macht ihr da?"
Die Jünger antworteten: „Der Herr braucht ihn, und er wird den Esel bald wieder zurückschicken!"
Das klang wie eine geheime Botschaft. Die Leute schwiegen, und die Jünger führten den Esel fort.
Jesus erwartete sie schon. Die Jünger breiteten ihre Mäntel über den Rücken des Esels.
Schon hatte sich eine Menschenmenge um sie geschart, und rasch verbreitete sich auch in Jerusalem die Nachricht: „Jesus kommt!"
Einige Leute legten ihre Mäntel auf die Straße, damit Jesus darüber reiten konnte. Andere legten Palmzweige auf die Straße oder schwenkten sie wie Fahnen.
Vor und hinter Jesus, der auf dem Esel einherritt, hatte sich eine dichte Menschenmenge gebildet. Und es wurden Rufe laut: „Hosianna! Gelobt sei der, der da kommt im Namen des Herrn. Hosianna dem Sohn Davids! Hosianna dem Höchsten!"
Viele der Menschen waren gekommen, weil sie gehört hatten, daß Jesus Lazarus vom Tode auferweckt hatte. Sie erwarteten, daß Jesus ihnen etwas über das Reich Gottes erzählen würde – seinen ihm von Gott gegebenen Auftrag –, aber so richtig verstanden sie das alles nicht.
Auch Judas Iskariot, einer der zwölf Jünger, verstand nicht, was da vor sich ging. „Wahrscheinlich", dachte er, als er die aufgeregten Menschen um Jesus sah, „kommt Jesus als unser Heerführer, um unsere Feinde zu besiegen. Wir sollen von den Römern und ihrer Besatzungsherrschaft befreit werden!"
So zog Jesus in Jerusalem ein. Nicht heimlich und voller Angst vor den Plänen der Hohenpriester und Pharisäer, sondern öffentlich, mitten in der jubelnden Menge.
Als er in Jerusalem einritt, fragten viele Leute an der Straße: „Wer ist denn das?"
Und die, die mit Jesus zogen, antworteten stolz: „Das ist Jesus! Jesus von Nazaret!"
Und Jesus ging, wie es Brauch war, zum Tempel ...

Die Reinigung des Tempels

Als Jesus den Tempel erreichte, geriet er in Zorn angesichts dessen, was sich dort abspielte.
Junge Ziegen und Schafe, die als Opfertiere verkauft wurden, standen dort, blökend und zitternd vor Angst. Auch Tauben flatterten aufgeregt in ihren Käfigen. Und gleich nebenan standen die Geldwechsler. Männer, vor denen sich auf den Tischen Geld stapelte. Das war Wechselgeld für alle, die sich Opfertiere kaufen wollten.
Und Jesus sah, daß die Geldwechsler ihre Kunden betrogen! Sie gaben weniger Geld heraus an die Leute, die den Preis nicht genau errechnen konnten oder die sich einfach nicht trauten, sich gegen den Betrug zu wehren.
Jesus war außer sich vor Zorn. Er nahm einen Strick vom Boden und schwang ihn wie eine Peitsche. Die Stapel mit Münzen wurden von den Tischen gewischt, und diese rollten durch die Gegend. Ganz verstört beobachteten die Geldwechsler den wütenden Jesus.
Dann ließ Jesus die Lämmer, Ziegen und Tauben aus ihren Verschlägen frei. Und er rief den Geldwechslern und Verkäufern zu: „In der Bibel steht geschrieben: Mein Haus soll ein Haus

der Beter genannt werden, aber ihr habt es zum Haus der Diebe gemacht!"
War das ein Durcheinander! Lärm, fliehende Tiere, Leute, die nach Geld grabschten, Wut- und Angstschreie, und dazwischen die Rufe von Kindern, die Jesus und seinem Esel gefolgt waren und riefen: „Hosianna! Hosianna dem Sohn Davids!"
Ganz verstört beobachteten die Jünger dieses Treiben. Sie waren unfähig, sich zu rühren, und versuchten, das Ganze zu begreifen. Jesus, ihr Herr und Meister, war doch in Todesgefahr. Und jetzt, weit entfernt davon, die Hohenpriester und Pharisäer zu besänftigen, führte er sich hier auch noch so auf! Damit würde er alles nur noch schlimmer machen ...
Aber noch sah es nicht so aus. Denn

nun kamen viele Blinde und Gelähmte, um sich von Jesus heilen zu lassen. Und er machte sie gesund, hier im Tempel. Deshalb trauten sich die Hohenpriester und Pharisäer noch nicht, ihn gefangenzunehmen. Sie fürchteten, die Menschenmenge könnte sich gegen sie wenden ...

Immer noch riefen die Kinder: „Hosianna dem Sohn Davids!" Und da ließen die Pharisäer ihre Wut an den Kindern aus.

„Hörst du nicht, was sie rufen? Sie sollen sofort aufhören!" sagten sie zu Jesus.

„Natürlich höre ich es", antwortete Jesus ruhig. „Habt ihr nicht gelesen, was dazu in der Bibel steht? ‚Aus dem Munde der Kinder kommt das wahre Gotteslob!'"

Wieder hatte Jesus ihnen, die sich für die wahren Bibelexperten hielten, gezeigt, daß sie nichts wußten. Und er fügte hinzu: „Wenn die Menschen Gott nicht lobten, würden die Steine sein Loblied singen!"

Ärgerlich tuschelten die Pharisäer und Hohenpriester untereinander: „Es hilft alles nichts. Wir müssen ihn heimlich gefangennehmen und töten. Sonst zettelt er noch einen Aufstand an!"

Es war schon spät geworden, und Jesus ging mit seinen Jüngern fort aus diesem Tempel nach Betanien.

Und dort, in einem Haus dieses Dorfes, sollte etwas Wunderbares geschehen ...

Abendessen in Betanien

Es war schon Abend, als Jesus und seine Jünger in Betanien ankamen. Simon, der früher ein Aussätziger gewesen war, lud sie zum Abendessen in sein Haus ein. Auch ein paar Bekannte von Jesus nahmen daran teil.

Als sich die Gäste zu Tisch gesetzt hatten, kam eine Frau ins Zimmer. Sie trug eine wertvolle Alabastervase mit kostbarem Parfüm. Das Gespräch verstummte. Alle sahen die Frau an, deren Gesicht voll Trauer war.

Die Frau ging ruhigen Schritts auf Jesus zu. Ohne zu zögern, träufelte sie das Parfümöl auf seinen Kopf und über seine Füße. Dann trocknete sie seine Füße mit ihrem Haar. Der Duft des Parfüms füllte den ganzen Raum. Schweigend und ein wenig verwundert sahen die Gäste der Frau zu.

Nur Judas Iskariot, der über das Geld der Jünger wachte, reagierte ärgerlich. „Was für eine Verschwendung! So ein teures Parfüm! Das kostet ja ein Vermögen. Das Geld dafür hätte man besser den Armen gegeben!"

Einige andere Jünger stimmten ihm zu. Die Frau war verschreckt. Sie war mißverstanden worden. Denn sie hatte nur zeigen wollen, wie traurig sie über Jesu Schicksal war.

Aber Jesus hatte sie richtig verstanden. Und er sagte: „Laßt sie nur. Sie hat etwas sehr Schönes getan. Es wird immer arme Leute geben, um die ihr euch kümmern könnt, aber mich werdet ihr nicht immer haben. Diese Frau hat mich mit ihrem Parfümöl gesalbt für mein bevorstehendes Begräbnis. Und ich sage euch: Überall auf der Welt, wo meine Botschaft erzählt wird, da wird man auch darüber sprechen, was diese Frau getan hat. Und man wird es nicht vergessen."

Da wußte die Frau, daß Jesus sie verstanden hatte.

Aber Judas war noch immer zornig. Er hatte gehofft, Jesus würde König werden. Er hatte sich schon auf das Königreich auf Erden gefreut. Und nichts davon geschah. Seine Enttäuschung verwandelte sich immer mehr in Wut ...

In seinem Ärger ging Judas zu den Hohenpriestern und zur Tempelwache. „Ich weiß, wo Jesus ist!", sagte er ihnen. „Ich werde euch mitteilen, welchen Weg er geht. Und dann könnt ihr ihn an einem stillen Platz gefangennehmen, wo keine Leute zuschauen."

Die Hohenpriester rieben sich die Hände. Jetzt würden sie Jesus bald los sein.

Als Belohnung versprachen sie Judas Iskariot dreißig Silberstücke. Nun wartete Judas auf eine Gelegenheit, um ihnen Jesus auszuliefern ...

Der vertrocknete Feigenbaum

Am frühen Morgen brachen Jesus und seine Jünger nach Jerusalem auf.
Unterwegs wurde Jesus hungrig. Da sah er einen Feigenbaum am Straßenrand. Er sah groß und stark aus, war voller Blätter und schien auch voller Feigen zu sein. So voll wie Jerusalem von Menschen war, die Jesus erwarteten.
Aber als Jesus näher kam und genau zwischen die Zweige schaute, konnte er nicht eine einzige Feige entdecken. Der Baum hielt nicht, was er versprochen hatte. Genauso wie sich die Menschen in Jerusalem nicht wirklich Sorgen um Jesu Schicksal machten, wie sich bald zeigen würde.
Und Jesus sagte zu dem Baum: „Du wirst niemals Früchte tragen!" Da verwelkten seine Blätter, und der Baum ging ein.
Die Jünger waren erstaunt. „Wie konnte er nur so schnell eingehen?" fragten sie.
Jesus antwortete ihnen: „Wenn euer Glaube an Gott groß genug ist, dann könnt ihr nicht nur Bäume vertrocknen lassen, sondern auch Berge versetzen. Wenn ihr so betet, wie Gott es will, wird er eure Gebete erhören. Aber vergebt auch allen, die euch Böses gewollt haben. Dann wird euch auch euer himmlischer Vater vergeben, wenn ihr unrecht getan habt."
Und so ins Gespräch vertieft, kamen die Jünger mit Jesus in Jerusalem an.

Die Witwe im Tempel

Als sie in Jerusalem ankamen, gingen Jesus und seine Jünger sofort zum Tempel. Dort hatte sich wie üblich eine große Zuhörerschar versammelt, um Jesu Predigt zu lauschen.
„Hütet euch vor den Gesetzeslehrern", warnte er sie. „Sie halten sich für etwas Besseres. Sie haben für sich besondere Plätze in der Synagoge reserviert, und bei Festen sitzen sie auf Ehrenplätzen. Aber insgeheim betrügen sie die Armen und nehmen ihnen die Wohnungen weg. In aller Öffentlichkeit beten sie, besonders laut und lang, damit jeder sehen soll, wie gläubig sie sind. Aber Gott läßt sich nicht täuschen, und sie werden bestraft werden für ihre Scheinheiligkeit."
Stumm vor Schreck hörten die Jünger diese Worte ihres Herrn. Das würde die Mächtigen im Tempel noch mehr verärgern. Sie verstanden aber, daß Jesus die Scheinheiligkeit dieser Leute nicht länger ertragen konnte, die die Menschen betrogen und ihnen Gläubigkeit vorspiegelten.
Von seinem Platz im Tempel aus konnte Jesus beobachten, wie die Menschen zum Opferstock kamen und ihr Geld hineinlegten. Viele Reiche kamen, schoben sich selbstbewußt durch die Menge und ließen ihre Gold- und Silbermünzen mit lautem Scheppern in den Opferstock fallen, damit möglichst jeder hörte, wieviel Geld sie spendeten.
Doch da kam eine Frau in den Tempel, deren Mann gestorben war. Man sah ihr an, daß sie arm war. Sie war sehr blaß und schäbig gekleidet. Ehrfürchtig näherte sie sich dem Opferstock. Ganz leise und verstohlen ließ sie dann zwei kleine Münzen hineinfallen, damit es niemand hörte.
Beschämt über ihre kleine Spende, wollte sie sich davonstehlen. Aber Jesus sagte zu seinen Zuhörern: „Diese arme Witwe hat mehr gegeben als die reichen Leute!" Erstaunt sahen alle ihn an. Hatte er denn nicht gesehen, daß die Frau nur zwei kleine Münzen gespendet hatte?
Doch Jesus erklärte ihnen: „Die Reichen haben aus ihrem Überfluß heraus gegeben, nur ein winziges bißchen ihres Reichtums, für sie kaum spürbar. Aber diese Frau hat Gott all ihr Geld gegeben, weil sie ihn liebt. Sie gab alles, was sie hatte. Niemand kann mehr geben!"
Nun verstand die Menge Jesus. Und mit Freude im Herzen ging die Witwe davon. Nur Judas stand da und wartete auf eine Gelegenheit, Jesus zu verraten ...

Vorbereitungen für das letzte Abendmahl

Es war der erste Tag des Passahfestes, und Jesu Jünger fragten ihn: „Wo sollen wir das Passahfest feiern?"
Judas spitzte die Ohren.
Jesus nahm Petrus und Johannes zur Seite und sagte. „Geht nach Jerusalem. Beim Betreten der Stadt werdet ihr einen Mann mit einem Wasserkrug sehen. Folgt ihm. Er wird euch zu einem Haus führen. Sagt dort zu dessen Besitzer: ‚Unser Meister läßt fragen, in welchem Raum er und seine Jünger das Passahfest feiern können.'
Er wird euch dann einen großen Raum im ersten Stock zeigen. Und dort bereitet alles vor!"
Judas war verwirrt. Wie sollte er den beiden folgen, ohne Verdacht zu erregen?
Petrus und Johannes machten sich auf den Weg. Und sie trafen tatsächlich den Mann mit dem Wasserkrug. Es war wie ein Geheimzeichen. Denn normalerweise holten die Frauen das Wasser vom Brunnen.
Petrus und Johannes wußten sofort Bescheid. Heimlich folgten sie dem Mann. Ihre Herzen klopften vor Aufregung.
Der Mann führte die beiden direkt zu dem Haus, dessen Besitzer den Jüngern einen Raum im ersten Stock zeigte. Petrus und Johannes bereiteten alles für das Essen vor und kehrten dann zu Jesus zurück.
Am Abend gingen sie alle zu dem Passahmahl in den vorbereiteten Raum. In dieser heißen Gegend war es üblich, daß ein Diener jedem Gast beim Betreten des Hauses die Füße wusch. Aber an diesem Abend drängten sich alle Jünger zu Tisch. Keiner wollte für die anderen das Füßewaschen übernehmen.
Als das Essen aufgetragen wurde, stand Jesus auf. Er legte seinen Mantel ab und band sich ein Handtuch um.
Staunend und beschämt sahen die Jünger zu. Jesus schüttete Wasser in eine Schüssel und begann, ihnen die Füße zu waschen und sie dann mit dem Handtuch abzutrocknen. Als er zu Petrus kam, rief der aus: „Herr, du wirst doch nicht mir die Füße waschen ...!"
Doch Jesus antwortete: „Du verstehst jetzt nicht, warum ich das tue, später aber wirst du es verstehen!"
„Du sollst mir aber nicht meine Füße waschen!" sagte Petrus, denn er wollte nicht, daß Jesus sich ihm gegenüber wie ein Diener benahm.
„Wenn ich dir nicht die Füße wasche, bist du nicht länger mein Jünger", antwortete Jesus ihm.
Da rief Petrus: „O Herr, wasch mir

meine Hände oder mein Gesicht, das ist genauso gut!"

Aber Jesus sagte: „Wer einmal am Tag gebadet hat, der ist sauber. Nur seine Füße müssen gewaschen werden." Und er fügte hinzu: „Alle meine Jünger sind rein, bis auf einen ..." Traurig sah er Judas lange an. Denn er wußte, daß Judas ihn in dieser Nacht verraten würde.

Als Jesus allen Jüngern die Füße gewaschen hatte, legte er wieder seinen Mantel um und setzte sich zu Tisch. „Versteht ihr?" fragte er. „Ihr nennt mich Meister und Herr. Und das bin ich ... Ich, euer Meister und Herr, habe euch die Füße gewaschen. Ihr aber sollt bereit sein, anderen die Füße zu waschen, anderen zu dienen. Ich habe das getan, damit ihr genauso handelt. Seid auch ihr euch nicht zu schade, solche Aufgaben zu übernehmen. Kein Knecht ist größer als sein Herr, kein Bote bedeutender als der, der ihn schickt. Wenn ihr euch gegenseitig dient, werdet ihr glücklich und gesegnet sein. Und wer gut ist zu dem, der meine Botschaft bringt, der ist auch gut zu mir und zu dem, der mich geschickt hat."

Das Abendmahl

Es war ihr letztes Abendmahl zusammen. Jesus war schon sehr unruhig. „Wahrlich, ich sage euch", sprach er, „einer von euch an diesem Tisch wird mich verraten."
Nur Judas wußte genau, wen Jesus meinte. Die anderen Jünger aber waren ganz aufgebracht. „Bin ich es, Herr, bin ich es?" fragten sie. Johannes saß neben Jesus, und Petrus flüsterte ihm zu: „Frag du ihn, wen von uns er meint!"
Johannes beugte sich zu Jesus und flüsterte: „Meister, wer ist es?"
Jesus sagte: „Es ist der, dem ich das Brot geben werde."
Er tauchte ein Stück Brot in die Soße und – reichte es Judas.
„Der Menschensohn wird sterben, so wie es vorhergesagt ist", sagte Jesus.

„Aber wehe dem, der ihn verrät. Es wäre besser für ihn, er wäre nie geboren worden!"
Judas blickte Jesus an und versuchte, ganz gelassen zu tun: „Du meinst doch nicht etwa mich, Herr?" sagte er.
Aber Jesus wußte alles und sagte: „Geh und tue, was du tun mußt!"
Und Judas stand auf und verließ das Haus.
Keiner der anderen Jünger hatte etwas von diesem Gespräch bemerkt. Sie wußten, daß Judas ihr Geld verwaltete. Sicher war er gegangen, um etwas für sie zu besorgen.
Während des Essens nahm Jesus das Brot, dankte Gott, brach es und gab es den elf Jüngern mit den Worten: „Nehmt und esset alle davon. Dies ist mein Leib, der für euch hingegeben wird. Tut dies zu meinem Gedächtnis." Erstaunt und nachdenklich sahen die Jünger ihn an. Dann nahm Jesus den Wein, dankte Gott, schenkte

den Jüngern ein und sagte: „Trinkt alle davon. Dies ist mein Blut des Neuen Testamentes. Gottes neuer Bund mit den Menschen wird mit diesem Blut besiegelt. Es wird vergossen werden für euch und viele andere zur Vergebung ihrer Sünden. Und ich sage euch: Ich werde nicht mehr von dem Saft des Weinstocks trinken bis zu dem Tag, an dem ich von neuem trinke im Reich meines Vaters.“

Traurig nahmen die Jünger diese Worte auf und blickten nieder.

„Gottes Herrlichkeit wird sich zeigen“, sagte Jesus. „Meine lieben Freunde, ich werde nicht mehr lange bei euch sein. Und deshalb gebiete ich euch: „Liebet einander, wie ich euch geliebt habe!“

„Meister, warum verläßt du uns?“, riefen die Jünger. „Wir gehen mit dir!“

„Ihr könnt nicht mit mir gehen“, sagte Jesus freundlich. „Aber später werdet ihr mir folgen.“

„Warum können wir nicht mit dir kommen?“ beharrte Petrus. „Ich würde sogar für dich sterben!“

„Petrus“, antwortete Jesus. „Ihr alle werdet mich verlassen und davonlaufen. Und ehe heute nacht der Hahn dreimal kräht, wirst du mich dreimal verleugnen.“

„Niemals!“ rief Petrus erschrocken aus.

Jesus fuhr fort, seine kleine Freundesschar zu trösten: „Seid nicht traurig. Ihr glaubt an Gott, also glaubt auch an mich. Im Haus meines Vaters sind viele Räume. Wäre es nicht so, hätte ich euch dann gesagt, daß ich zu ihm gehe, um für euch einen Platz vorzubereiten? Und wenn ich für euch einen Platz vorbereitet habe, werde ich wiederkommen und euch zu mir holen. Denn wo ich bin, sollt auch ihr sein. Und ihr wißt, wohin ich gehe.“

Da sagte Thomas: „Herr, wir wissen nicht, wohin du gehst. Wie sollen wir dann den Weg kennen?“

Jesus antwortete: „Ich bin der Weg, die Wahrheit und das Leben. Niemand kommt zum Vater, außer durch mich. Wenn ihr mich erkannt habt, werdet ihr auch meinen Vater erkennen.“

Da rief Philippus: „Herr, laß uns Gott sehen. Dann werden wir ihn erkennen!“

Jesus antwortete ihm: „Aber Philippus! So lange bin ich schon bei dir, und du hast mich noch nicht erkannt? Wer mich gesehen hat, der hat auch den himmlischen Vater gesehen.“

Wenn ihr mich liebt, dann folgt meinen Worten. Ich werde euch nicht ohne Trost verlassen. Ich werde zu euch kommen. Nur noch eine kurze Weile bleibt, dann wird mich die Welt nicht mehr sehen. Ihr aber werdet mich sehen. Und weil ich lebe, werdet auch ihr leben. Ich gebe euch meinen Frieden. Seid nicht traurig und fürchtet euch nicht!“

Eine Weile saßen sie noch beisammen, unterhielten sich und sangen ein Loblied auf Gott. Dann verließen sie das Haus und gingen hinaus in die Nacht zum Garten Getsemani.

Judas aber wußte, wohin sie gegangen waren ...

Im Garten von Getsemani

Der Garten von Getsemani lag im Dunkeln, nur das Mondlicht warf Schatten. Jesus sagte zu seinen Jüngern: „Bleibt ihr besser hier, ich will dort drüben beten.“ Dann wandte er sich an Petrus, Jakobus und Johannes: „Ihr drei dürft mich noch ein Stück begleiten ...“

Die drei gingen mit ihm, und sie sahen, daß Jesus sehr niedergeschlagen war.

„Bleibt hier und wacht mit mir“, sagte er. „Ich bin so voller Trauer, daß es mir schier das Herz zerreißt.“

Er ging einige Schritte von ihnen fort und warf sich zu Boden. Und er betete: „Vater, dir ist alles möglich. Laß diesen Leidenskelch an mir vorübergehen. Aber dein Wille geschehe!“

Er kam zurück zu den drei Jüngern. Aber anstatt wach zu bleiben, wie er sie gebeten hatte, waren sie eingeschlafen, ganz erschöpft von dem langen, schweren Tag.

„Simon Petrus“, sagte Jesus, „sogar du bist eingeschlafen. Konntest du nicht eine Stunde wach bleiben?“

Die drei Jünger erwachten und schämten sich sehr. Es war ihnen ganz arg, daß sie Jesus in seinem tiefen Leid allein gelassen hatten.

„Bleibt wach!“ bat er sie erneut, „und betet, daß ihr kein Unrecht begeht!“ Freundlich und voller Mitleid sah er sie an und sagte: „Ihr wolltet wach bleiben, aber ihr seid einfach zu müde!“

Und wieder ging Jesus zum Beten. Voller Demut sagte er: „Vater, wenn dieser Leidenskelch der einzige Weg ist, dann soll dein Wille geschehen ...!“
Als er zu den drei Jüngern zurückkehrte, waren sie schon wieder eingeschlafen. Noch einmal weckte er sie, und sie waren stumm vor Scham.
Jesus betete ein drittes Mal. Und auch beim dritten Mal fand er die Jünger in tiefem Schlaf. Dieses Mal sagte er: „Schlaft ihr etwa immer noch?“ Und dann drängend: „Wacht auf! Die Zeit ist gekommen! Laßt uns gehen! Dort kommt der, der mich verraten wird!“
Die Jünger wachten auf. Plötzlich waren sie hellwach. Sie fühlten sich geblendet vom Schein vieler Fackeln und Laternen. Lanzen und Schwerter klirrten. Ein Trupp Soldaten rückte an, die Tempelgarde, von den Hohenpriestern geschickt.
Die Jünger rappelten sich hoch. Jesus aber trat ganz ruhig vor die Soldaten. „Wen sucht ihr?“
„Jesus von Nazaret!“ antworteten sie.
„Das bin ich“, sagte Jesus.
Judas bahnte sich durch die Tempelgarde einen Weg nach vorn zu Jesus. Und bevor er noch ein Wort sagen konnte, sprach Jesus: „Tu, was du tun mußt!“
Da küßte Judas ihn und sagte: „Meister!“ Denn das war das verabredete Zeichen für die Hohenpriester.
„Mit einem Kuß verrätst du den Menschensohn?“ fragte Jesus ihn.
Die Soldaten rückten vor, um Jesus festzunehmen. Wütend sprang Petrus

dazwischen, zog ein Schwert und hieb dem Diener des Hohenpriesters Kaiphas ein Ohr ab.
Jesus aber berührte das Ohr des Mannes und heilte es.
„Laßt eure Schwerter stecken", befahl er seinen Jüngern. „Denn der, der durch die Macht des Schwertes lebt, wird durch das Schwert sterben! Glaubt ihr etwa, ich könnte meinen Vater nicht selbst um Hilfe rufen? Er könnte Zehntausende von Engeln zu meiner Verteidigung schicken. Aber wenn ich das täte, würde nicht in Erfüllung gehen, was in der Bibel vorhergesagt wurde. Glaubt ihr etwa, ich würde meinem Vater nicht gehorchen?"
Dann sprach er zu den Soldaten: „Bin ich etwa ein Aufrührer? Kommt ihr deshalb mit Lanzen und Schwertern, um mich gefangenzunehmen? Habt ihr mich nicht jeden Tag im Tempel lehren gehört? Warum habt ihr mich nicht dort verhaftet? Ich bin Jesus von Nazaret, den ihr festnehmen sollt. Laßt meine Jünger laufen!"
Und seine Jünger, die sahen, was kommen würde, verließen ihn und rannten davon ...

Jesus wird verhört

Nun war Jesus in der Hand seiner Feinde. Sie fesselten ihn und führten ihn fort. Die Jünger aber, aus Angst um ihr Leben, hatten ihn verlassen und waren geflohen. Doch Petrus und Johannes, hin und her gerissen zwischen Liebe, Angst und Sorge, wollten wissen, was nun kommen würde. So blieben sie stehen, wandten sich um und folgten Jesus schließlich in weitem Abstand, immer verborgen in der Dunkelheit.

Die Hohenpriester, die Ältesten und die Tempelgarde brachten Jesus in das Haus des Hohenpriesters Kaiphas. Zunächst wurde Jesus von Annas, dem Schwiegervater Kaiphas', verhört. Dann wurde er Kaiphas direkt vorgeführt und mußte dem Hohen Rat Rede und Antwort stehen.

Petrus und Johannes warteten im Vorhof des Priesterpalastes. Es war eine kalte Nacht. Die Diener hatten ein Feuer entfacht. Zitternd trat Petrus zu ihnen, um sich zu wärmen. Das Tor des Palastes behielt er dabei genau im Auge. Er sah, wie Leute ins Haus gebracht wurden, Leute, die man mit falschen Anschuldigungen gegen Jesus gut präpariert hatte. Denn die Priester wollten Jesus unbedingt töten, obwohl er nichts Unrechtes getan hatte.

Jesus hörte sich schweigend die vielen Verleumdungen gegen ihn an, bis Kaiphas ihn schließlich fragte: „Bist du Gottes Sohn?"

Es entstand eine gespannte Pause, alles wartete auf die Antwort. Jesus sagte: „Ja, du hast es gesagt! Ihr werdet den Menschensohn zur Rechten Gottes und auf Wolken des Himmels sitzen sehen."

„Er lästert Gott!" rief da Kaiphas aus. „Das reicht!" Und er zerriß sein Gewand, wie es bei den Juden der Brauch war, wenn sie eine Gotteslästerung hörten. „Was sollen wir mit ihm machen?"

„Er muß zum Tode verurteilt werden!" schrien die Hohenpriester und Ältesten, und sie begannen, ihn zu schlagen.

Petrus hörte draußen am Feuer das Geschrei und zitterte vor Angst. Das sah eine Dienerin. Sie sagte zu ihm: „Du da, warst du nicht auch bei diesem Mann?"

„Nein!" schrie Petrus voller Angst. Er verließ das Feuer und ging zum Tor.

Da sah ihn eine andere Frau und sagte: „Dieser Mann war auch bei Jesus!"

„Ich sagte euch doch schon, ich kenne diesen Mann nicht!" schrie Petrus voller Angst.

Kurz darauf sagten auch andere Leute: „Du bist doch einer von seinen Jüngern. Du bist aus Galiläa. Deine Mundart verrät dich!"

Petrus war verzweifelt: „Und ich sage

euch noch einmal, ich kenne ihn nicht!“ Die Gruppe sah ihn böse und bedrohlich an. In dem Moment krähte ein Hahn dreimal.
Da erinnerte sich Petrus, was Jesus ihm gesagt hatte: „Ehe der Hahn dreimal kräht, wirst du dreimal sagen, daß du mich nicht kennst!“
Voller Scham rannte Petrus weg. Er wollte allein sein. Und er weinte bitterlich, denn sein Herz war zerrissen von Trauer.
Der Morgen dämmerte. Die Hohenpriester und Ältesten ließen Jesus unter Bewachung zu Pilatus bringen, dem römischen Statthalter des Gebietes. Judas sah das alles. Und er ahnte, daß Jesus zum Tode verurteilt war. Das konnte er nicht ertragen.
Er nahm die dreißig Silberstücke, die man ihm als Belohnung für seinen Verrat gegeben hatte, und rannte zu den Hohenpriestern und Ältesten. „Ich habe mich geirrt. Ich habe einen Unschuldigen angezeigt!“ rief er.
„Was geht uns das an? Das ist deine Sache!“ antworteten sie teilnahmslos.
Da warf ihnen Judas das Geld vor die Füße. Und weil er nicht ertragen konnte, was er Jesus angetan hatte, ging er vor die Stadt und erhängte sich.
Schweigend stand Jesus nun vor Pilatus. Der fragte ihn:
„Sie sagen, du hättest dich selbst einen König genannt. Bist du der König der Juden?“
„Du sagst es!“ antwortete Jesus.
Die Hohenpriester und Ältesten brachten noch manche Lügen über Jesus vor, doch der schwieg dazu.
Pilatus war erstaunt: „Hörst du denn nicht, was sie da über dich sagen?“ fragte er. Doch Jesus blieb stumm.
Eine große Menschenmenge hatte sich versammelt. Sie waren aufgehetzt von den Hohenpriestern und Ältesten. Pila-

tus sagte zu ihnen: „Ich kann an diesem Mann nichts Schuldhaftes entdekken."

„Er wollte einen Aufstand in Galiläa anzetteln!" riefen die Hohenpriester.

„Er ist also aus Galiläa", sagte Pilatus da erleichtert. „Dann habe ich mit dieser Sache nichts zu tun. Ihr müßt ihn zu Herodes bringen. Er regiert Galiläa!"

Herodes war zu diesem Zeitpunkt wegen des Passahfestes in Jerusalem. So wurde Jesus zu einem weiteren Verhör gebracht.

Herodes war zunächst erfreut, Jesus persönlich kennenzulernen. Denn er hatte viel von seinen Wundern gehört und wollte nun selbst einige sehen. Er stellte Jesus viele Fragen, doch der schwieg beharrlich, obwohl die Hohenpriester und Ältesten ihre Lügen fortsetzten. Schließlich wurde Herodes fürchterlich sauer. Jesus Schweigen ärgerte ihn maßlos. So ließ er Jesus von seinen Soldaten ein königliches Gewand anziehen und verspottete ihn dann auf grausame Weise. „Du bist mir ja ein schöner König!" lachte er ihn aus. Dann schickte er ihn zurück zu Pilatus.

Eine große Menschenmenge folgte. Viele spotteten laut, andere, Freunde von Jesus, gingen schweigend mit, von Trauer überwältigt.

Von Pilatus wurde nun erneut eine Entscheidung verlangt.

„Niemand hat etwas Schuldhaftes an diesem Mann gefunden. Ich werde ihn auspeitschen und dann gehen lassen!" entschied Pilatus.

Doch die Menge hatte sich inzwischen in eine wütende Raserei gesteigert. „Nein, nein!" schrie die Meute, „Laß lieber Barabbas frei!"

Barabbas war ein Mörder. Pilatus wußte, daß immer am Passahfest ein Verurteilter begnadigt wurde. Auf diese Weise hatte er Jesus retten wollen. Doch die Menge rief nach Barabbas. Pilatus bekam Angst. Er wollte keinen Volksaufstand.

Als er noch überlegte, was er tun könnte, wurde ihm eine Nachricht seiner Frau überbracht. „Ich habe Schreckliches über diesen Mann geträumt. Sieh zu, daß du nichts damit zu tun hast!"

Die Leute schrien immer lauter. Da rief Pilatus: „Wen soll ich freilassen? Barabbas oder Jesus?"

„Barabbas!" rief die Masse gellend.

„Und was soll ich mit Jesus tun?" fragte Pilatus.

„Kreuzige ihn!" schrien sie.

„Warum? Was hat er denn getan?"

Doch die Masse schrie nur noch lauter: „Kreuzige ihn, kreuzige ihn!"

Da ließ Pilatus eine Schüssel mit Wasser kommen. Als Zeichen, daß er mit dieser Entscheidung nichts zu tun haben wollte, wusch er sich vor aller Augen seine Hände. „Ihr seid dafür verantwortlich!" rief er der Menge zu.

„Ja, kreuzige ihn!" heulte sie noch einmal auf. So wurde Barabbas begnadigt, Jesus aber ausgepeitscht und zur Kreuzigung geführt.

Die Kreuzigung

Die römischen Soldaten rissen Jesus die Kleider vom Leib. Dann legten sie ihm einen purpurfarbenen Umhang um, setzten ihm eine Dornenkrone auf und gaben ihm einen Herrscherstab in die Hand. So machten sie sich über ihn lustig, knieten nieder und sagten: „Heil dir, du König der Juden!"
Dann nahmen sie den Stab und schlugen auf ihn ein.
Noch einmal ließ Pilatus ihn der Menge vorführen. Sicherlich hatte sie jetzt Mitleid mit ihm. Doch die Leute schrien wieder: „Kreuzige ihn! Er hat gesagt, er sei Gottes Sohn. Nach unseren Gesetzen muß er dafür sterben!"
Noch einmal versuchte Pilatus, Jesus zu befragen. Doch der schwieg beharrlich.
Noch nie hatte der römische Statthalter einen solchen Menschen gesehen. „Ich kann dich freilassen oder kreuzigen!" sagte er.
Da sagte Jesus: „Du hättest nicht die Macht dazu, wenn sie dir nicht von oben gegeben wäre."
Die Menge tobte: „Wenn du diesen Mann freiläßt, bist du kein Freund des Kaisers. Jeder, der sagt, er sei ein König, ist ein Feind des Kaisers."
Das saß. Denn Pilatus hatte großen Respekt vor dem Kaiser in Rom. Er wollte Ruhe in seinem Bezirk. So übergab er schließlich Jesus zur Kreuzigung.
Die Soldaten zwangen Jesus, ein schweres Kreuz auf einen Berg zu schleppen, der Golgota hieß.
Doch Jesus war von den Quälereien inzwischen so schwach, daß er auf dem Weg dorthin stürzte. So zwang man einen Mann aus der Menge, Simon von Cyrene, das Kreuz für Jesus zu tragen.
An der Hinrichtungsstätte warteten die Freunde Jesu. Hilflos mußten sie mitansehen, wie Soldaten Jesus ans

Kreuz nagelten, mit je einem Nagel durch Hände und Füße.
Die Hammerschläge dröhnten, und Jesus schrie vor Schmerzen. Aber er betete zu Gott: „Vater vergib ihnen, denn sie wissen nicht, was sie tun!"
Dann wurde das Kreuz aufgestellt. Darunter saßen die Soldaten und teilten Jesu Kleider unter sich auf. Sie würfelten darum, wem sie gehören sollten.

Als Jesus am Kreuz hing, verhöhnten ihn viele Menschen. „Soll er doch vom Kreuz herabsteigen, dann glauben wir an ihn!" sagten die Hohenpriester spöttisch.
Aber Jesus wollte Gottes Plan vollenden und antwortete ihnen nicht.

Jesu Freunde, vor allem die Frauen, standen nah beim Kreuz und hofften, ihr Anblick könnte ihn trösten. Sie blieben auch noch, als die meisten anderen Zuschauer schon gegangen waren.
Auch zwei Diebe waren gekreuzigt worden, direkt neben Jesus. Einer bereute seine Taten und bat Jesus, an ihn zu denken. Jesus antwortete ihm: „Noch heute wirst du mit mir im Paradies sein!"
Da sah Jesus seine Mutter Maria und den Jünger Johannes. Er sagte zu den beiden: „Frau, nimm deinen Sohn. Sohn, nimm deine Mutter!" Da wußten beide, daß sie von jetzt an füreinander dasein und sich gegenseitig trösten sollten.

Jesus litt große Schmerzen. Es fielen ihm Psalmen ein, die er als Junge gelernt hatte: „Mein Gott, mein Gott, warum hast du mich verlassen?"
Kurz darauf sagte er: „Ich habe Durst!" Da tauchten sie einen Schwamm in Essig und drückten ihn an seine Lippen.
Wenig später flüsterte der Sterbende: „Es ist vollbracht. Vater, ich gebe meinen Geist in deine Hände!" Und er starb.
In den letzten drei Stunden, in denen Jesus am Kreuz hing, herrschte Dunkelheit im ganzen Land. Und als er starb, bebte die Erde. Der Vorhang im Tempel riß mitten entzwei.
Da befiel die Menschen große Angst. Die römischen Soldaten, die Jesus gekreuzigt hatten, waren starr vor Schreck. Als sie die Finsternis und das Erdbeben erlebten, sagten sie: „Dieser Mann war wirklich Gottes Sohn!"

Jesu Begräbnis

Es war ein Freitag, an dem Jesus und die beiden Diebe gekreuzigt wurden. Der nächste Tag war der jüdische Sabbat, ein heiliger Feiertag.

Am Freitagabend gingen die jüdischen Anführer zu Pilatus und baten, die drei Männer vom Kreuz abnehmen zu dürfen. Sie sollten nicht an einem Feiertag dort hängen.

Um ganz sicher zu sein, daß Jesus wirklich tot war, stach ihm ein Soldat mit dem Schwert in die Seite. Blut und Wasser flossen aus der Wunde.

Die trauernden Jünger wollten Jesu Leichnam an sich nehmen, um ihn zu bestatten. Doch ein reicher Mann, Josef von Arimathäa, suchte sie auf. Er war Mitglied des Hohen Rates, aber insgeheim ein Anhänger Jesu.

Mutig ging er zu Pilatus und bat ihn um Jesu Leichnam.

Pilatus wandte sich an seine Soldaten und fragte überrascht: „Ist Jesus denn schon tot?" Die Soldaten nickten und erzählten ihm von der Kreuzabnahme. Also gab Pilatus sein Einverständnis.

So ging Josef nach Golgota, und Nikodemus, ebenfalls Mitglied des Hohen Rates und insgeheim schon lange ein Jünger Jesu, ging mit ihm. Die wollen dem Toten die letzte Ehre erweisen.

Ehrfürchtig nahmen sie den Leichnam Jesu und wickelten ihn in ein mit Duftölen getränktes Leintuch. So wie es bei den Juden Brauch war.

Dann legten sie den Leichnam in das Grabmal, das Josef für sich selbst erworben hatte. Es war eine in den Fels geschlagene Grabhöhle, die noch unbenutzt war. Diese Grabstätte befand sich in einem Garten nahe der Kreuzigungsstätte Golgota.

Auch die Frauen, die bis zum Schluß bei Jesus am Kreuz ausgehalten hatten, waren zur Beerdigung gekommen. Sie hatten ebenfalls kostbare Duftöle bei sich.

Nun rollte Josef einen schweren Stein vor die Grabhöhle. Der traurige Tag neigte sich seinem Ende zu. Maria und eine andere Frau namens Maria blieben in tiefer Trauer an der Grabstätte zurück. Doch schließlich verließen auch die beiden Frauen den Garten.

Der Sabbattag war gekommen. Die Hohenpriester und Pharisäer suchten Pilatus auf, denn sie waren immer noch in großer Sorge.

„O Gebieter", sagten sie, „wir denken daran, daß dieser Lügner zu Lebzeiten behauptet hat, er würde drei Tage nach seinem Tode auferstehen. Laß eine Wache am Grab postieren, bis die drei

Tage um sind! Sonst stehlen seine Jünger womöglich den Leichnam, und schon geht das Gerücht um, er sei noch am Leben. Diese Lüge hätte noch schlimmere Folgen als die erste."
„Also gut", sagte Pilatus. „Geht und sichert das Grab so gut wie möglich. Ihr könnt euch dazu Wachen mitnehmen!"
Die Priester und Pharisäer nahmen also römische Soldaten mit und gingen zu dem Garten. Dort brachten sie am Stein vor dem Grabeingang ein Siegel an, so daß man den Stein nicht wegräumen konnte, ohne das Siegel zu zerbrechen. Die guttrainierten und zu absolutem Gehorsam gedrillten römischen Soldaten blieben als Wachen am Grab zurück.
Und dennoch ...

Das erste Osterfest

Beim ersten Sonnenstrahl am Sonntagmorgen machten sich Maria Magdalena und einige andere Frauen auf zum Grab. Sie nahmen Salben und Öle mit, um den Leichnam zu balsamieren. Sie waren noch immer sehr traurig und wollten Jesus etwas Gutes tun.
Doch noch auf dem Weg zum Grab fiel ihnen der große Stein vor dem Eingang ein. Wie sollten sie den wegbekommen? Als sie gerade darüber sprachen, gab es ein heftiges Erdbeben. Ein Engel des Herrn kam in den Garten, rollte den Stein vom Grabeingang fort und setzte sich auf ihn. Seine Kleider schimmerten weiß. Als die römischen Soldaten den Engel sahen, fielen sie vor Schreck in Ohnmacht.
Bevor die Frauen aber das Grab erreicht hatten, war der Engel verschwunden. Die Soldaten waren geflohen. Maria Magdalena, die den Frauen immer ein Stück vorauseilte, sah schon von weitem, daß der Stein fortgerollt war. In großer Aufregung rannte sie zurück, um Petrus und Johannes zu suchen.

Nun kamen auch die anderen Frauen beim Grab an. Furchtsam gingen sie hinein. Suchend sahen sie sich um: Jesu Leichnam war nicht mehr da. Und plötzlich standen zwei Engel in weißen Gewändern neben den Frauen. Die erstarrten vor Schreck.
„Fürchtet euch nicht!" sagten die Engel. „Ihr sucht Jesus, den Gekreuzigten. Aber was sucht ihr den Lebendigen bei den Toten? Er ist nicht hier. Er ist auferstanden! Seht, das ist der Platz, an dem er lag. Und erinnert euch, was er gesagt hat. Jetzt lauft und bringt seinen Jüngern diese Nachricht, auch Petrus. Sagt ihnen, daß Jesus nach Galiläa geht. Dort werden sie ihn sehen!"

Da erinnerten sich die Frauen, daß Jesus gesagt hatte, er werde am dritten Tage auferstehen. So schnell sie konnten, rannten sie zurück, um den Jüngern die unglaubliche Nachricht zu überbringen.
Aber Maria Magdalena war schon bei Petrus und Johannes. „Sie haben seinen Leichnam gestohlen", schluchzte sie. „Und ich weiß nicht, wohin sie ihn gebracht haben!"
Da rannten auch die beiden Jünger zum Grab. Johannes war zuerst dort. Nahe am Eingang entdeckte er die Leichentücher Jesu. Er blieb stehen. Doch Petrus lief atemlos in die Grabstätte hinein.
Er fand das Leinentuch und das Schweißtuch, das man Jesus um den Kopf gewickelt hatte. Es lag abseits, sorgsam aufgewickelt.
Da glaubte Petrus!
Dann kam auch Johannes in die Grabhöhle. Die beiden sahen sich an. Unfaßbare Freude erfüllte sie. Ein wenig verwirrt, weil sie das alles nicht richtig verstehen konnten, gingen sie heim.
Maria Magdalena aber war nicht mit den beiden bis zum Grab gegangen. Sie stand allein schluchzend im Garten. Erst als die Jünger gegangen waren, traute sie sich zum Grab und sah in die Höhle. Dort, wo Jesus gelegen hatte, saßen zwei Engel. Einer am Kopf- und einer am Fußende. Maria hielt sie für ganz gewöhnliche Männer.
„Frau, warum weinst du?" fragten die Engel.

„Weil sie meinen Herrn weggenommen haben und ich nicht weiß, wo sie ihn hingebracht haben“, schluchzte sie.
Da spürte sie, daß jemand hinter ihr stand. Sie wandte sich um und sah einen Mann. Doch sie erkannte ihn nicht.
„Warum weinst du“, fragte auch dieser, „und wen suchst du?“
Halb blind vor Tränen dachte Maria, dieser Mann wäre vielleicht der Gärtner. „Bitte“, sagte sie, „wenn du ihn fortgenommen hast, sag mir, wohin du ihn gebracht hast. Ich werde gehen und mich um ihn kümmern.“
Da sagte Jesus: „Maria!“
Nun wandte sie sich ihm voll zu, schaute ihn an und flüsterte auf hebräisch: „Rabbuni!“, das heißt „Meister!“
„Berühre mich nicht, denn ich bin noch nicht zu meinem Vater zurückgegangen. Aber geh zu meinen Freunden und sag ihnen, daß ich zurück zu meinem und eurem Vater gehe. Ich kehre zurück zu Gott!“ Überglücklich eilte Maria zur ihren Freunden. Sie traf eine Gruppe von ihnen beisammen und rief: „Ich habe den Herrn gesehen!“ Dann überbrachte sie ihnen seine Botschaft. Aber die Jünger konnten die gute Nachricht kaum glauben. Obwohl ihnen Jesus immer wieder erklärt hatte, was geschehen würde, glaubten sie nicht, daß er auferstanden war.
Es war spät am Sonntagabend. Die Jünger hatten sich in einem Haus versammelt und alle Türen verriegelt, weil sie sich vor der Rache der Juden fürchteten.
Plötzlich stand Jesus unter ihnen.
„Friede sei mit euch!“ begrüßte er sie auf die altbekannte Weise. Voll Furcht starrten ihn die Jünger an, denn sie dachten, es wäre ein Geist.
Da streckte Jesus ihnen die Hände entgegen und zeigte ihnen seine Wundmale. Auch zeigte er ihnen die Seite, in die der römische Soldat sein Schwert gestoßen hatte.
„Faßt mich nur an“, lächelte er nachsichtig. „Einen Geist kann man nicht anfassen!“
Die Jünger aber trauten sich nicht. Da bat Jesus: „Habt ihr etwas zu essen hier?“
Sie reichten ihm Brot, und er aß. Da endlich begriffen die Jünger die Wahrheit. Dies war kein Geist. Dies war ihr Meister! Er war auferstanden! Am Leben! O Freude!
Nur Thomas war nicht dabei, als Jesus ihnen erschien. Als er zu ihnen zurückkam, riefen die anderen: „Wir haben den Herrn gesehen!“
Thomas schüttelte den Kopf. „Wenn ich nicht seine Wundmale berühren und meine Hand in seine Seite legen kann, werde ich es nicht glauben“, sagte er.
Und er trauerte weiter. Inzwischen waren einige der römischen Wachsoldaten zu den Hohenpriestern gegangen ...

Die Wache berichtet den Hohenpriestern

Einige der römischen Wachsoldaten, die dabei gewesen waren, als der Stein vom Grab gerollt wurde, gingen zu den Hohenpriestern, um ihnen alles zu berichten.
Bleich im Gesicht und schlotternd vor Angst, gingen die Priester zu den jüdischen Anführern. Was die Soldaten berichtet hatten, mußte unbedingt geheimgehalten werden ...

Sie machten einen Plan. „Ihr müßt sagen, die Jünger hätten Jesu Leichnam nachts gestohlen, während ihr schlieft", schärften sie den Soldaten ein.
Und sie boten den Soldaten viel Geld als Bestechung an. Die aber zögerten. Sie hatten ja nicht einschlafen dürfen ...
Die Hohenpriester redeten ihnen lange zu: „Wenn Pilatus das hört, werden wir sagen, daß ihr unschuldig seid. Seid unbesorgt!"
Nun nahmen die Soldaten die Bestechung an und erzählten das Lügenmärchen herum. Viele Juden glaubten es. Aber Jesu Jünger lernten, die Wahrheit zu glauben ...

Der Weg nach Emmaus und Thomas glaubt

An diesem Sonntag waren zwei von Jesu Jüngern auf dem Weg von Jerusalem nach Emmaus. Tieftraurig unterhielten sie sich. Jesus ging ganz in ihrer Nähe. Aber sie erkannten ihn nicht. Da schloß er sich ihnen an und fragte, warum sie so traurig seien. Da sagte einer von ihnen: „Kann es sein, daß du nicht gehört hast von all dem, was in den letzten Tagen in Jerusalem passiert ist? Das weiß doch jeder!"
„Erzählt es mir", bat Jesus. Da erzählte ihm der Jünger, daß sie alle in Jesus einen ganz besonderen Propheten gesehen hätten, einen, der sie von der römischen Fremdherrschaft befreien würde. Aber die Besatzer hätten ihn gekreuzigt. Und nun hätten noch einige Frauen erzählt, sie hätten das Grab leer gefunden. Und von Engeln sei die Rede, die gesagt hätten, Jesu lebe. Aber wer könne so was schon glauben?
Jesus aber antwortete: „Ihr seid so schwerfällig in eurem Glauben. Es war notwendig, daß dieses alles so geschah!"
Und er erzählte ihnen alles, was dazu in der Bibel stand, angefangen bei den Büchern Mose.
Wie sie da so gingen und sich unterhielten, fühlten sich die Jünger etwas erleichtert, fast froh ...
Sie erreichten Emmaus, und Jesus wollte weitergehen. Aber Kleophas, der eine Jünger, sagte: „Es ist schon spät und bald dunkel. Übernachte hier bei uns!" Also ging Jesus mit ihnen. Das Abendessen wurde zubereitet, und sie setzten sich zu Tisch. Jesus nahm

das Brot und segnete es. Dann brach er es und gab es den beiden Wegbegleitern. Die Art, wie er das tat, kam den beiden bekannt vor. Und plötzlich erkannten sie ihn. Doch im selben Moment entschwand Jesus ihren Augen. Sie sahen sich an, und ihre Gesichter strahlten vor Freude.
„Es war Jesus! Was die Frauen erzählt haben, ist wahr!" riefen sie. Und sie eilten den ganzen Weg nach Jerusalem zurück, um es den anderen Jüngern zu erzählen.
Aber es sollte noch sieben Tage dauern, bis auch Thomas überzeugt war. Wieder saßen die Jünger hinter verschlossenen Türen beisammen. Plötzlich war Jesus bei ihnen.
„Friede sei mit euch!" begrüßte er sie. Und als sie ihn anstarrten, hielt er ihnen seine Hände hin. Freundlich sagte er zu Thomas: „Lege deine Finger in die Nägelmale und deine Hand in die Wunde an meiner Seite. Und zweifele nicht länger, sondern glaube!"
Thomas brauchte seine Finger nicht auf die Nägelmale zu legen oder seine Hand in die Wunde. Voll Ehrfurcht, Liebe und großer Freude flüsterte er: „Mein Herr und mein Gott!"
Jesus sagte: „Glaubst du nun, nachdem du mich gesehen hast? Glücklich sind die, die nicht sehen und doch an mich glauben!"

Das Frühstück am Ufer

Jesus hatte gesagt, er würde vor seinen Jüngern nach Galiläa gehen. Nun warteten sieben seiner zwölf Jünger dort auf ihn nahe beim Ufer des Sees Tiberias. Petrus war unter ihnen. Er sehnte sich danach, Jesus wiederzusehen. Noch immer war er ganz verzweifelt und beschämt, daß er seinen Meister dreimal verleugnet hatte.

Jetzt wollte Petrus nicht länger wartend und untätig herumsitzen. Er sprang auf und sagte: „Ich gehe fischen." Es war so wie in jenen Tagen, bevor er Jesus getroffen hatte.

„Wir kommen mit dir", riefen die anderen. Alles war besser als dieses Warten ...

Sie bestiegen ein Boot und fuhren los. Die ganze Nacht fischten sie, fingen aber nicht einen einzigen Fisch. Müde segelten sie zurück.

Es war noch früh am Morgen. Als sie sich dem Ufer näherten, konnten sie

im Dämmerlicht einen Mann sehen. Aber sie erkannten nicht, wer es war.
Der Mann rief ihnen zu: „Habt ihr etwas gefangen, meine Freunde?"
„Nein, nichts", antworteten sie. Da sagte er: „Werft euer Netz auf der rechten Bootsseite aus. Sofort werdet ihr Fische fangen!"
Jakobus, Johannes und Petrus sahen sich an. Schon einmal hatte ihnen jemand so etwas gesagt ...
Sie warfen das Netz aus – und sofort war es voller Fische, so voll, daß sie es nicht heben konnten. Da sagte Johannes: „Es ist unser Herr!" Petrus wartete nicht länger. Er warf seinen Kittel ab und watete ans Ufer, platschend und stolpernd. Er konnte es nicht abwarten, Jesus zu sehen. Es waren noch über hundert Meter zum Ufer. Die anderen ruderten das Boot mit dem übervollen Netz im Schlepptau.
Als sie am Ufer landeten, brannte dort ein Feuer, darüber brutzelten Fische, und auch Brot war da.
Jesus sagte: „Bringt noch ein paar von euren Fischen!"
Und während die anderen Jesus noch anstarrten, sprang Petrus ins Boot und holte allein das Netz an Land.
Hundertdreiundfünfzig große Fische waren in dem Netz, und trotzdem war es nicht gerissen!
„Kommt und frühstückt mit mir", lud Jesus die Jünger ein.
Keiner wagte zu fragen: „Wer bist du?" Sie waren sicher, daß es Jesus war. Er war derselbe und doch ganz anders. Die Jünger starrten ihn mit großen Augen an.
Jesus nahm das Brot und gab es ihnen, so wie er es früher so oft getan hatte. Dann verteilte er die Fische.
Nach dem Essen fragte Jesus: „Simon Petrus liebst du mich?"
„Ja, Herr, ich liebe dich!" antwortete Petrus.
„Weide meine Lämmer!" sagte Jesus und fragte noch einmal: „Simon Petrus, liebst du mich wirklich?"

Petrus antwortete: „Herr, du weißt, daß ich dich liebe!"
Jesus sagte: „Kümmere dich um die, die mir nachfolgen."
Und ein drittes Mal fragte er: „Simon Petrus, liebst du mich?"
Nun war Petrus ärgerlich: „Herr", sagte er, „du weißt alles. Du weißt, daß ich dich liebe."
Jesus sagte: „Sorge für meine Jünger!"
Und er fügte hinzu: „Petrus, ich sage dir, als du jung warst, hast du dich selbst angezogen und bist gegangen, wohin du wolltest. Aber wenn du alt bist, wirst du deine Hände ausstrecken, und ein anderer wird dich anziehen und führen, wohin du nicht willst!"
Ein wenig später wurde Petrus bewußt, daß diese Worte die Prophezeiung für seinen Tod am Kreuz waren. Aber was er jetzt wußte, war, daß ihm dreimal die Chance gegeben worden war, Jesus zu sagen, daß er ihn liebte. Damit hatte Jesus ihm vergeben, daß er ihn dreimal verleugnet hatte. Und darüber hinaus hatte Jesus ihm einen besonderen Auftrag erteilt.
Und einige Tage später erhielten auch die anderen Jünger von Jesus den Auftrag, sein Werk auf Erden fortzusetzen. Sie waren in Galiläa auf einen Berg gestiegen, und dort hatte Jesus sie zu seinen Nachfolgern ernannt.
Als er ihnen erschien, beteten sie ihn an. Dann trat er näher und sprach zu ihnen.
„Mir ist alle Macht gegeben, im Himmel und auf Erden. Gehet hin und lehret alle Völker. Tauft sie im Namen des Vaters, des Sohnes und des Heiligen Geistes. Lehrt sie, meine Gebote zu halten. Und seid gewiß, daß ich bei euch bin alle Tage, bis an das Ende der Welt."
Schon bald sollten die Jünger damit beginnen, ihren Auftrag auszuführen. Doch vorher sollten sie noch etwas Wunderbares erleben ...

Die Himmelfahrt

In den vierzig Tagen nach seiner Kreuzigung erschien Jesus seinen Jüngern mehrere Male. Einige der elf Jünger hatten zunächst noch gezweifelt. Aber nun waren sie alle von der Wahrheit seiner Auferstehung überzeugt.

Als sie das letzte Mal zusammen aßen, sagte er zu ihnen: „Ihr müßt hier in Jerusalem auf die Gabe meines Vaters warten. Er wird euch die Gabe des Heiligen Geistes senden."

Sie verstanden ihn nicht ganz, es gab noch so viel, das sie ihn fragen wollten. Doch er wußte, daß er nicht länger bei ihnen bleiben konnte. So führte Jesus sie aus der Stadt hinaus zum Ölberg.

„Wenn ihr den Heiligen Geist empfangen habt, werdet ihr Kraft bekommen", sagte er. „Ihr werdet von mir künden in Jerusalem, Judäa, Samaria und den entferntesten Gegenden der Welt."

Er hob seine Hände und segnete die Jünger. Während er sie segnete, verließ er sie. Er wurde aufgenommen in den Himmel. Eine Wolke verbarg ihn, so daß sie ihn nicht mehr sehen konnten.

Während die Jünger noch zum Himmel starrten, erschienen zwei Männer mit weißen Kleidern bei ihnen und sagten: „Männer von Galiläa, warum starrt ihr in den Himmel? Dieser Jesus, den ihr in den Himmel habt aufsteigen sehen, wird eines Tages von dort zurückkehren auf dieselbe Weise."

Voller Freude gingen die Jünger zurück nach Jerusalem, um dort zu beten. Die meiste Zeit verbrachten sie im Tempel. Dort warteten sie auf die von Jesus versprochene Gabe des Heiligen Geistes.

Das erste Pfingstfest

Fünfzig Tage nach dem Passahfest kam Pfingsten. Zehn Tage zuvor war Jesus in den Himmel aufgefahren. Seitdem warteten die Jünger auf die von Jesus versprochene Gabe des Heiligen Geistes. In ihren Kreis hatten sie Matthias an Judas' Stelle aufgenommen. Und inzwischen waren sie als die zwölf Apostel bekannt geworden. Jetzt am Pfingstfest hatten sie sich alle in einem Haus versammelt.

Plötzlich kam ein Brausen vom Himmel, so wie ein mächtiger Wind. Das Brausen erfüllte das ganze Haus. Voller Ehrfurcht schauten die Jünger einander an, denn über dem Kopf eines jeden von ihnen erschien ein Feuerflämmchen.

Und dann fühlten sie sich erfüllt vom Heiligen Geist, so wie es Jesus ihnen versprochen hatte.

Sie begannen zu sprechen – und hörten sich in verschiedenen Sprachen reden, was durch den Heiligen Geist bewirkt wurde.

Zu dieser Zeit lebten Juden aus vielen Nationen in Jerusalem. Sie glaubten an Gott und beteten zu ihm. Als sich die Neuigkeit über die Apostel herumsprach, kamen viele Menschen, um ihnen zuzuhören. Und sie waren ganz erstaunt, weil jeder die Apostel in seiner eigenen Landessprache reden hörte. Sprachen, die die Apostel nie gelernt hatten.

„Sind diese Männer denn nicht aus Galiläa?" fragten sie sich. „wie kommt es dann, daß sie in unserer Landessprache über Gott reden können? Was bedeutet das?" Einige spotteten: „Sie sind betrunken, das ist alles!"

Aber Petrus stellte sich mutig vor sie hin, die anderen Jünger ihm zur Seite. Jetzt würden sie sich nicht länger in verschlossenen Räumen verstecken. Sie waren bereit, es mit der ganzen Macht des Römischen Reiches aufzunehmen und mit den Mächtigen ihres eigenen Volkes. Und sie würden es in Jesu Namen tun.

„Hört her!" rief Petrus. „Diese Männer sind nicht betrunken. Bedenkt, es ist erst neun Uhr morgens!"

Dann erzählte er ihnen, daß in der Bibel geschrieben stehe, Gottes Heiliger Geist werde ausgegossen auf die Menschen. Ihre Söhne und Töchter würden Propheten sein und die jungen Männer Visionen haben. Und er erzählte ihnen von Jesus.

Rund dreitausend Menschen hörten Petrus zu, glaubten seinen Worten und wurden getauft.

Noch viele Zeichen und Wunder ereigneten sich in dieser Zeit.

Alle Mitglieder der Gemeinschaft der Gläubigen teilten von jetzt an ihren Besitz miteinander. Sie gaben jedem, was er brauchte. Sie trafen sich jeden Tag im Tempel oder zu Hause. Sie aßen, beteten und lernten zusammen.

Sie waren glücklich und glaubten an Gott. Von Tag zu Tag wuchs die Gemeinde.

Doch sie wurden von den Anführern der Juden scharf beobachtet ...

Der gelähmte Mann an der Schönen Pforte

In Jerusalem lebte ein gelähmter Mann. Weil er nicht arbeiten konnte, mußte er sich seinen Lebensunterhalt erbetteln. Jeden Tag wurde er an die sogenannte Schöne Pforte des Tempels gebracht. Es war ein guter Platz, weil hier viele Menschen auf ihrem Weg vom und zum Tempel durchgingen.
Auch an diesem Nachmittag kurz nach dem Pfingstfest saß er an der gewohnten Stelle. Da kamen Johannes und Petrus, um im Tempel zu beten.
„Bitte gebt mir eine Spende, wieviel auch immer ihr wollt!" bettelte er.
Petrus und Johannes blieben stehen.
„Schau uns an!" sagte Petrus.
„Sicher geben sie mir Geld!" dachte der Gelähmte und schaute sie erwartungsvoll an.
Da sagte Petrus: „Ich kann dir weder Gold noch Silber geben, aber was ich habe, gebe ich dir! Im Namen Jesu Christi von Nazaret – steh auf und geh!"
Der gelähmte Mann starrte Petrus verwundert an. Der reichte ihm die Hand. Der Gelähmte ergriff sie folgsam und zog sich hoch. Sofort spürte er, wie Kraft ihn durchströmte, in seine Gelenke und in die Füße floß. Vorsichtig ließ er Petrus los ...
Er konnte stehen!
Überglücklich probierte er ein paar Schritte, testete seine neue Fähigkeit.

Er konnte gehen!
Er konnte laufen!
Er konnte springen!
Sein Gesicht leuchtete. Lächelnd gingen Petrus und Johannes in den Tempel. Und der Mann begleitete sie – hüpfend, springend, Gott lobend.
Die Menschen im Tempel sahen ihn. Wie erstaunt waren sie! „Ist das nicht der lahme Mann, der immer an der Schönen Pforte um Geld bettelt?" fragten sie untereinander. „Was ist nur geschehen?"

Sie drängelten, um das Ganze möglichst gut sehen zu können. Der Mann bekam Angst und klammerte sich an Petrus und Johannes fest.
Petrus sprach zu ihnen: „Ihr Leute aus Israel, warum seid ihr so erstaunt? Warum starrt ihr uns so an, als hätten wir diesen Gelähmten aus unserer eigenen Kraft zum Gehen gebracht?"
Und er fuhr fort, ihnen wieder von Jesus zu erzählen.
Die Leute hörten ihm zu – sogar die Sadduzäer, die Priester und der Hauptmann der Tempelgarde ...
„Jesus war der Messias!" verkündete Petrus. „Er war von Gott gesandt, wie es in der Bibel vorhergesagt wurde. Und nachdem er am Kreuz gestorben war, ist er wieder zum Leben auferstanden. Er kam, um uns allen das ewige Leben zu bringen!"
Die Sadduzäer, die Priester und der Kommandant der Tempelwache waren außer sich. Schon wieder predigte jemand die Botschaft von der Auferstehung!
Die Tempelwache boxte sich ihren Weg durch die Zuhörermenge und verhaftete Petrus und Johannes.
Inzwischen war es Abend geworden, und die beiden Apostel wurden über Nacht ins Gefängnis gesperrt.
„Hier könnt ihr bis morgen bleiben", sagte der Wachkommandant drohend. „Dann wird das Gericht entscheiden, was mit euch geschieht!"
Aber trotz der Verhaftung glaubten sehr viele derjenigen, die im Tempel gewesen waren, an die Botschaft von Petrus und Johannes. Über fünftausend Gläubige zählte inzwischen ihre Gemeinschaft in Jerusalem. Und das machte der einflußreichen Oberschicht der Juden Sorgen ...

Das Verhör der Apostel

Am nächsten Morgen wurden Petrus und Johannes aus dem Gefängnis zum Gericht, dem Hohen Rat, gebracht. Kaiphas, der Hohepriester, leitete den Prozeß – derselbe Kaiphas, der Jesus verhört hatte. Und er befahl, daß auch der gelähmte Mann vorgeführt werden sollte.

„Tretet vor!" befahl Kaiphas den beiden Aposteln streng. Sie gehorchten. Aufrecht standen sie da. Mutig blickten sie ihren Anklägern in die Augen. Da ergriff Annas, Kaiphas' Schwiegervater und selbst Hoherpriester, das Wort.

„Sagt uns, wie habt ihr das gemacht? Diese Heilung?" fragte er.

Petrus spürte, daß ihm der Heilige Geist Kraft gab, und sagte, ohne zu zögern: „Wenn ihr uns hierher gebracht habt, um uns wegen unserer gestrigen guten Tat – der Heilung eines Gelähmten – zu befragen, dann solltet ihr und das ganze jüdische Volk eines wissen: Es geschah durch die Macht Jesu Christi. Durch den, den ihr abgelehnt habt. Er ist der einzige, der die Macht hat, zu heilen!"

Die Richter waren erstaunt. Petrus und Johannes waren doch ganz einfache Männer. Und trotzdem hatten sie solchen Mut und die Fähigkeit, so beredt zu sprechen. Sicher, diese Leute waren Jünger Jesu gewesen ...

„Wartet draußen!" befahl Kaiphas.

Petrus und Johannes gehorchten. Die Wachen führten sie hinaus.

Nun berieten die Mitglieder des Hohen Rates besorgt, was geschehen sollte.

„Jeder in Jerusalem weiß, daß sie dieses Wunder vollbracht haben", sagten sie. „Es hat keinen Zweck, das abzustreiten. Aber wir müssen ihnen sagen, daß sie es nicht wagen sollen, weiterhin im Namen Jesu zu predigen. Sonst breitet sich dieser Glaube noch weiter aus!"

Petrus und Johannes wurden wieder hereingeholt und mußten erneut vor die Richter treten.

„In Zukunft dürft ihr nicht mehr im Namen Jesu Christi predigen!" verkündete Kaiphas.

Mutig antworteten Petrus und Johannes: „Entscheidet selbst: Ist es richtig, daß wir Gott gehorchen oder euch? Wir müssen allen Menschen von den wunderbaren Dingen berichten, die wir gesehen und gehört haben!"

Da wurden die Richter wütend. Sie drohten Petrus und Johannes, es würde ihnen schlimm ergehen, wenn sie ihre Predigten fortsetzten. Aber am Schluß mußten sie die beiden doch ziehen lassen. Wie schon früher hatten sie wegen der Volksmeinung Angst, ein Urteil gegen die beiden zu fällen. Sie wußten, daß in diesem Augenblick die Menge draußen Loblieder sang auf Gott wegen der Wunderheilung eines Gelähmten. Schließlich war dieser Mann mehr als vierzig Jahre gelähmt gewesen.

Dann beteten sie zusammen: „Herr, unser Gott, du hast Himmel und Erde, das Meer und alle Lebewesen erschaffen. Und du weißt, daß Herodes und Pilatus sich gegen uns verschworen haben. Aber sie haben Jesus nur angetan, was du vorherbestimmt hattest. Höre nun die Drohungen gegen uns. Gib uns die Kraft des Heiligen Geistes, daß wir weiter ohne Angst deine Botschaft verkünden können. Und laß uns weiter Wunder wirken im Namen Jesu. Amen!"

Nach dem Gebet spürten sie die Kraft des Heiligen Geistes. Ihr Mut kehrte zurück, und sie fürchteten sich nicht, Gottes Wort zu predigen.

Die Mitglieder der christlichen Gemeinschaft verkauften Haus und Hof und gaben den Erlös den Aposteln, um ihn an die Armen zu verteilen.

Nur ein Mann und eine Frau wollten nicht ihren ganzen Erlös hergeben ...

Hannanias und Saphira

Hannanias, einer aus der Gemeinschaft der Christen, verkaufte ein Stück seines Grundbesitzes und erzielte einen guten Preis dafür. Er hatte zwar gesehen, daß andere Gemeindemitglieder ihren Verkaufserlös den Aposteln übergaben, er aber wollte etwas von dem Geld für sich persönlich zurückbehalten. Wer wußte, ob er es nicht später einmal brauchen würde? Er sprach darüber mit seiner Frau, und beide beschlossen, niemandem den genauen Verkaufserlös zu nennen.

Hannanias behielt also einen Teil des Geldes, den Rest legte er feierlich den Aposteln zu Füßen.

Aber Petrus sagte streng: „Hannanias, warum hast du das getan? Der Teufel ließ dich den Heiligen Geist belügen! Du hast Geld zurückbehalten. Du hast nicht mich belogen, sondern Gott!"

Als Hannanias das hörte, fiel er zu Boden und starb. Man trug ihn hinaus und beerdigte ihn.

Kurz darauf kam Saphira in das Haus der Gemeinde. Sie wußte nicht, was vorgefallen war. Da zeigte ihr Petrus das Geld, das Hannanias gebracht hatte.

„Saphira", fragte er, „ist das wirklich alles, was Hannanias für seinen Landverkauf bekommen hat?"

Saphira nickte: „Ja, das ist der volle Betrag!" log sie.

Da sagte Petrus: „Wie konntet ihr nur den Heiligen Geist herausfordern? Dein Mann ist tot. Da kommen die Männer, die ihn beerdigt haben. Auch dich werden sie bald hinaustragen."

Saphira war so überrascht, daß sie zu Boden stürzte und auch starb. Sie wurde neben ihrem Mann beerdigt. Und jeder, der die Geschichte hörte, bekam große Angst.

Die Apostel heilten aber auch weiterhin viele Kranke und taten wunderbare Dinge.

Die Gläubigen trafen sich regelmäßig in Salomos Halle. Wer nicht zu ihnen gehörte, wagte nicht, sich dort sehen zu lassen, obwohl sich die Gläubigen eines guten Rufes erfreuten.

Trotzdem wurde die Gemeinschaft stetig größer. Kranke wurden in ihren Betten an die Straße getragen, damit Petrus' Schatten im Vorübergehen auf sie fallen und sie heilen sollte. Aus allen Orten rund um Jerusalem kamen die Menschen und brachten Kranke, die dringend Hilfe brauchten. Und alle wurden gesund. Die Priester betrachteten das alles aber mit großem Mißfallen und Argwohn ...

Die Apostel in Haft

Als die Zahl der Gläubigen sprunghaft anwuchs und die Menschen in Scharen heranströmten, um die Apostel zu hören, wurden die Hohenpriester und Sadduzäer sehr eifersüchtig. Und erneut ließen sie Petrus und Johannes verhaften, und dieses Mal auch alle anderen Apostel.

In der Nacht, als die Apostel im Gefängnis versuchten einzuschlafen, erschien ihnen ein Engel. Er öffnete die Gefängnistür und führte sie hinaus. „Geht zurück in den Tempel und erzählt den Menschen mehr von dem neuen Leben, das ihr jetzt lebt", sagte er.

Voller Staunen über dieses Erlebnis wanderten die Apostel durch die dunklen Straßen. Und bei Tagesanbruch saßen sie wieder im Tempel und predigten.

Für diesen Morgen hatten die Hohenpriester den gesamten Hohen Rat einberufen. Als die jüdischen Führer eingetroffen waren, sandten sie Offiziere zum Gefängnis, um die Gefangenen vorführen zu lassen.
Bald kamen die Soldaten zurück, völlig schockiert: „Herr", sagten sie, „das Gefängnis war fest verschlossen, Wachen standen davor, alles schien in Ordnung. Aber als wir hineingingen, war die Zelle leer! Die Gefangenen waren fort!"

„Wie das?" schrien die Hohenpriester und der Kommandant der Tempelwache. Verwirrt sahen sie sich an. Und als sie noch rätselten, wie das passieren konnte und was sie tun sollten, platzte ein Bote herein.
„Die Männer, die ihr gestern verhaftet habt, sind im Tempel und predigen!" rief er.
„Überlaßt das mir!" rief der Wachkommandant und stürzte wütend davon. Als er mit einigen Männern in den Tempel stürmte, traf er auf eine riesige Zuhörermenge. So wagte er es nicht, die Apostel zu verhaften und abzuführen. Die Leute würden sich womöglich auflehnen, es könnte zu Tumulten kommen ...

So zwang sich der Wachoffizier, höflich zu sein, und bat die Apostel, ihn zum Hohen Rat zu begleiten. Die Apostel stimmten zu. Und wieder einmal standen sie vor Gericht.

Kaiphas schäumte vor Wut: „Wir haben euch doch verboten, weiter im Namen von Jesus von Nazaret zu predigen! Und ihr tut es trotzdem! Schlimmer noch: Ihr versucht, uns auch noch die Schuld an seinem Tod zu geben!"

Petrus und die anderen antworteten standhaft: „Wir müssen Gott mehr als den Menschen gehorchen! Es war Gott, der Jesus vom Tode auferweckte. Wir müssen das den Menschen sagen, und auch, daß der Heilige Geist allen gegeben wird, die ihm gehorchen!"

Als sie sahen, daß Petrus nicht schweigen würde, riefen die Richter, man solle die Apostel sofort töten. Alle schrien durcheinander. Es gab Aufruhr. Aber ein Pharisäer namens Gamaliel rief: „Wartet!" Und als der Lärm sich gelegt hatte, befahl er der Wache: „Führt die zwölf einen Moment hinaus!"

Dann sprach Gamaliel voller Ernst zum Hohen Rat: „Ich weiß, es hat schon viele Aufstände gegeben. Und wenn die Anführer tot waren, gingen die Anhänger nach Hause, und der Aufstand war zu Ende. Aber dieser Fall ist anders. Deshalb sage ich: Laßt die Apostel laufen! Wenn sie allein aus menschlicher Kraft handeln, wird sich das Ganze wie üblich bald von allein erledigen. Aber wenn es von Gott geschieht, kann niemand von uns das Geschehen verhindern. Denn dann kämpfen wir gegen Gott selbst!"

Stille trat ein. Gamaliels Worte zeigten Wirkung. Die Richter zögerten. Dann bestanden sie nicht mehr auf einem Todesurteil.

Statt dessen ließen sie die Apostel grausam auspeitschen und befahlen ihnen erneut, nie mehr über Jesus zu predigen.

Die Apostel verließen den Hohen Rat – nicht etwa eingeschüchtert, sondern voller Freude. Und wo immer sie auch waren, predigten sie weiter über Jesus. Aber die Mächtigen der Juden sollten ihnen noch mehr Schwierigkeiten bereiten ...

Stefanus

Von Tag zu Tag wuchs die Gemeinschaft der Gläubigen weiter an. Die Mitglieder teilten noch immer ihren Besitz miteinander, aber es gab auch einige Unzufriedene.
„Die Witwen der griechischen Juden werden nicht so gut versorgt wie die der Hebräer", klagten sie.
Die zwölf Apostel beriefen eine Versammlung ein. „Hört einmal", sagten sie, „wir können nicht das Predigen vernachlässigen, um uns der Versorgung zu widmen. Wählt aus eurer Mitte sieben kluge und gerechte Männer, die sich um diese Dinge kümmern."
So wurden die sieben Männer bestimmt und von den Aposteln gesegnet.
Unter den sieben war Stefanus. Er war nicht nur klug, sondern auch ein großer Prediger und Wundertäter.
Die jüdischen Machthaber waren ziemlich besorgt. Das neue Evangelium breitete sich sehr schnell aus. Inzwischen gehörten sogar schon Priester zu den Anhängern dieser Apostel. Und immer weniger Menschen richteten sich nach dem Gesetz Mose.
Wenn Stefanus predigte, waren unter den Zuhörern auch immer Mitglieder der Synagoge. Sie diskutierten oft mit ihm. Aber er war vom Heiligen Geist beseelt, und seine Antworten waren zu klug, als daß sie ihn hätten hereinlegen können. Deshalb bestachen sie einige Leute, damit sie Stefanus verleumdeten. Dann stachelten sie die Ältesten und andere einflußreiche Juden gegen ihn auf, schleppten ihn vor den Hohen Rat und wiederholten dort ihre falschen Anschuldigungen gegen ihn.
Die Mitglieder des Hohen Rates hörten sich die Anklagen an und beobachteten dabei Stefanus eindringlich. Zu ihrem Erstaunen zeigte er weder Anzeichen von Furcht noch von Niedergeschlagenheit – vielmehr leuchtete sein Gesicht vor Glück.
„Was sagst du zu diesen Anschuldigungen?" fragten ihn die Hohenpriester.
Stefanus nutzte die Gelegenheit. Er antwortete ausführlich, sprach von Abraham und Moses und schloß mit einer Anklage gegen die Juden selbst. „Ihr seid einer wie der andere", rief er. „Immer schon habt ihr eure Propheten getötet und verfolgt. Und nun habt ihr auch Jesus Christus, den Menschensohn, ermordet!"

Die Zuhörer knirschten vor Wut mit den Zähnen. Stefanus aber schaute nach oben und sagte: „Ich sehe den Himmel offen und den Menschensohn zur Rechten Gottes sitzen!"
Die Mitglieder des Hohen Rates hielten sich die Ohren zu, um nichts mehr zu hören. Dann sprangen sie auf Stefanus zu, packten ihn, schleiften ihn aus der Stadt und steinigten ihn.
Einige der Männer, die Stefanus verleumdet hatten, zogen ihre Mäntel aus, um besser Steine werfen zu können. Ihre Kleidung gaben sie einem Mann namens Saulus, der darauf aufpassen sollte.
Als die Steine auf ihn niederprasselten, blieb Stefanus aufrecht stehen und betete: „Herr Jesus, nimm meinen Geist in deine Hände." Und als er nicht mehr stehen konnte, brach er in die Knie und rief laut: „Herr, verzeih ihnen ihre Sünden!"
So starb Stefanus.
Der junge Saulus hatte dem ganzen Geschehen zustimmend zugeschaut ...
Am selben Tag begann die Verfolgung aller Christen in Jerusalem. Viele von ihnen flohen.
Unter großer Anteilnahme wurde Stefanus von der Gemeinde beerdigt. Der junge Saulus aber war von einer solchen Verfolgungswut gegen die Gläubigen besessen, daß er in jedem Haus nach ihnen fahndete, um sie ins Gefängnis zu schleifen.
Die gläubigen Flüchtlinge aber waren über ganz Judäa und Samaria verstreut. Wo immer sie waren, predigten sie über Jesus, und so breitete sich das Evangelium rasch aus.
Einer von Stefanus' Gefährten, Philippus, predigte in Samaria.

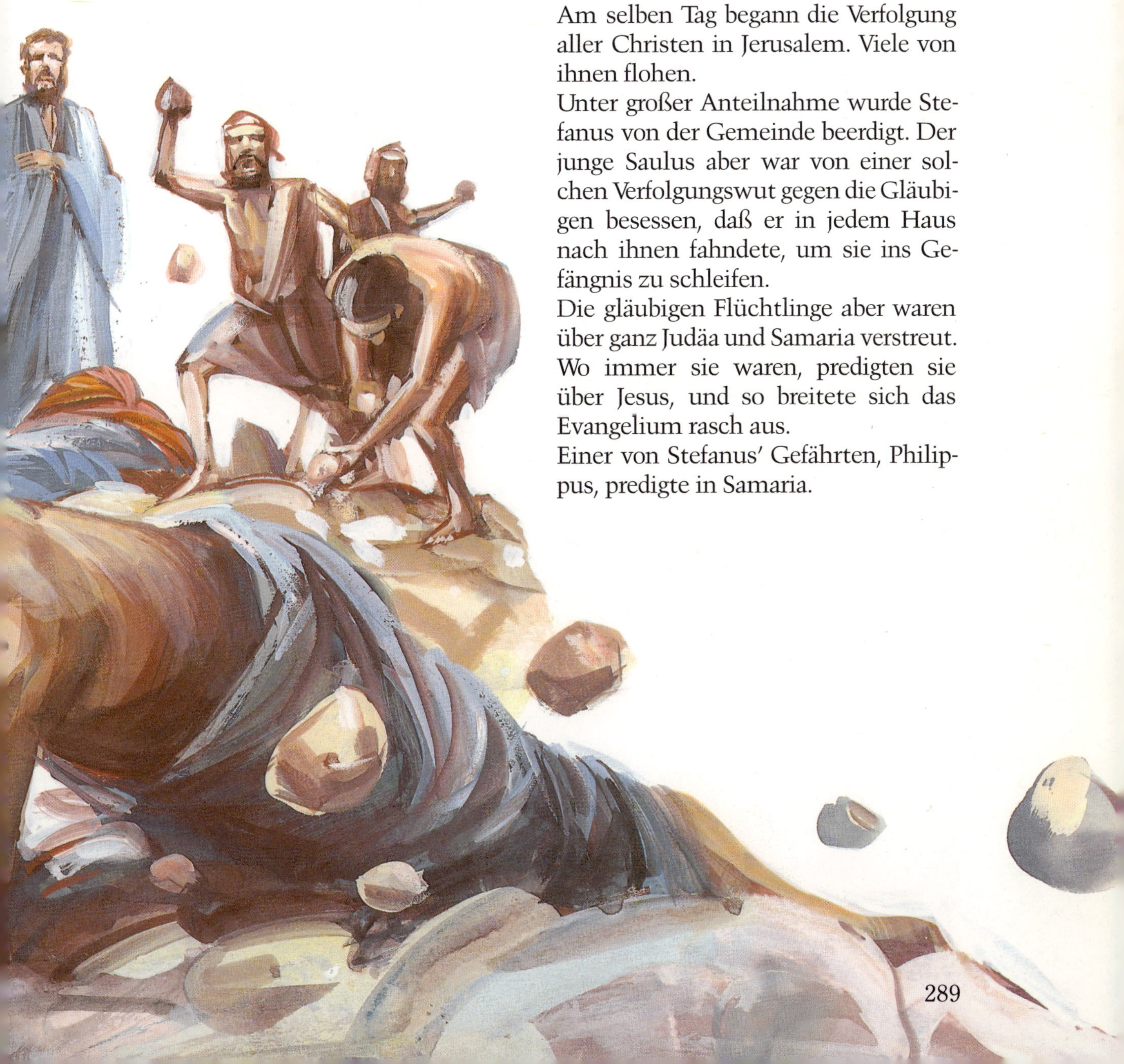

Philippus und der Äthiopier

Die Menschen pilgerten in Scharen zu Philippus' Predigten. Er heilte auch viele Kranke. Und die Leute waren von ihm begeistert.
Da erschien ihm ein Engel mit einer Botschaft Gottes: „Philippus, geh nach Süden, über die einsame Straße, die von Jerusalem nach Gaza führt."
Die Stadt verlassen, wo sich die Dinge so gut entwickelten, über eine einsame Straße zu einer Wüste gehen? Warum schickte ihn Gott dorthin?
Da sah er in weiter Entfernung einen Wagen genau auf sich zukommen. Bald würde er ihn erreichen.
Da sprach der Heilige Geist zu Philippus: „Geh und folge dem Wagen!" Als der an ihm vorbeikam, rannte Philippus neben ihm her. In dem Wagen saß ein Mann aus Äthiopien, der zu Philippus' großem Erstaunen laut aus der Bibel, aus dem Buch Jesaja, las. Soeben las er den Abschnitt: „Er wurde wie ein Schaf zum Schlächter geführt. Und wie ein Lamm, das vor den Schergen verstummt, öffnete auch er seinen Mund nicht."
Keuchend rief Philippus: „Verstehst du, was diese Worte bedeuten?"
Aufgeschreckt sah der Äthiopier hoch und erblickte Philippus. „Wie soll ich sie verstehen, wenn sie mir keiner erklärt?" fragte er.
„Ich kann sie dir erklären", keuchte Philippus im Laufen.
„Wirklich?" fragte der Mann und ließ seinen Kutscher sofort anhalten. „Willst du nicht zu mir in den Wagen kommen?" bot er Philippus an.
Der nahm die Einladung dankbar an. Der Wagen fuhr wieder an. Der Äthiopier erzählte Philippus, daß er Schatzmeister der äthiopischen Königin sei. Er komme soeben von Jerusalem, wo er zu Gott gebetet habe, und sei nun auf dem Heimweg.
Philippus war schnell klar, daß dieser Mann wohlhabend und einflußreich war. Nun verstand er, warum ihn Gott zu genau diesem Zeitpunkt hierher geschickt hatte ...
Der Äthiopier kam zurück auf die Bibelworte Jesajas und fragte: „Wovon spricht der Prophet? Meint er mit dem Schaf, das zum Schlachten geführt wird, sich selbst oder jemand anderen?"

Da erzählte Philippus ihm von Jesus. Gespannt hörte der Äthiopier zu, und er glaubte an das Evangelium.
Da fuhr der Wagen an einer Wasserstelle vorbei. „Schau, da ist Wasser! Könntest du mich nicht hier taufen, am besten sofort?" rief der Äthiopier.
„Ja!" sagte Philippus und nickte zustimmend.
„Halt!" befahl der Mann seinem Kutscher. Und inmitten der Staubwolken stoppte die Kutsche. Die beiden Männer stiegen aus, gingen zu der Wasserstelle, und Philippus taufte seinen Reisebegleiter.
Unmittelbar danach wurde Philippus durch den Heiligen Geist den Blicken des Äthiopiers entzogen. Seine Aufgabe war erfüllt. Ohne sich groß darüber zu wundern, setzte Philippus seine Heimreise fort. Er ging nach Cäsarea und predigte wie gewohnt.
In Jerusalem aber setzte Saulus seine grausame Verfolgung fort.

Saulus auf der Straße nach Damaskus

Saulus reichte es nicht, nur die Gläubigen in Jerusalem zu verfolgen. Deshalb ging er zu den Hohenpriestern.
„Gebt mir ein Empfehlungsschreiben an den Leiter der Synagoge in Damaskus!" sagte er. „Ich will dort nach Anhängern Jesu suchen und sie verhaften. Sie müssen alle getötet werden! Das Evangelium über Jesus von Nazaret muß ein für alle Male gelöscht werden!"
Die Hohenpriester gaben ihm das Schreiben mit. So machte sich Saulus mit einigen Helfershelfern auf die Reise.
Auf der Straße nach Damaskus aber wurde er von einem überirdisch hellen Blitz geblendet. Er stürzte zu Boden und hörte eine Stimme: „Saulus, Saulus, warum verfolgst du mich?"
Zitternd flüsterte Saulus: „Wer bist du, Herr?"
„Ich bin Jesus, den du verfolgst", kam die Antwort.
Jesus? Von dem die Gläubigen behaupteten, daß er noch lebe? Konnte es sein, daß Saulus sich geirrt hatte ...?
Immer noch zitternd fragte er: „Herr, was soll ich tun?"
„Steh auf!" sagte Jesus. „Geh nach Damaskus, dort wirst du deine Anweisungen bekommen!"
Saulus' Begleiter verharrten stumm vor Furcht. Auch sie konnten die Stimme hören, aber niemanden sehen.
Saulus rappelte sich von der Erde auf. Er hielt sich die Hand vor Augen, denn er konnte nichts sehen. Er war blind.
Einer seiner Begleiter nahm ihn bei der Hand und sagte: „Komm, wir werden dich den Rest des Weges nach Damaskus führen!"
Noch ganz erschrocken folgte Saulus ihm. Sie brachten ihn in das Haus eines Mannes mit Namen Judas. Dort blieb Saulus. Drei Tage war er blind. Und in dieser Zeit wollte er weder essen noch trinken, aber er betete ...
In Damaskus lebte ein Gläubiger namens Hannanias. Ihm erschien Jesus in einer Vision: „Hannanias!" sagte er. Der war zwar einen Moment lang erschrocken, antwortete aber dann mit fester Stimme: „Hier bin ich, Herr!"
„Steh auf und geh in das Haus von Judas. Frage dort nach Saulus aus Tarsus. Er ist erblindet. Und nun betet er. Er hat eine Vision gehabt und wartet jetzt auf einen Mann namens Hannanias, der ihm die Hände auflegt, so daß er wieder sieht!"
Hannanias hatte Angst. „Aber Herr, ich habe von diesem Mann gehört. Er verfolgt die Gläubigen in Jerusalem auf grausamste Art und Weise. Und auch hier will er sie verhaften. Er hat sogar entsprechende Vollmachten der Hohenpriester bei sich."
Jesus antwortete ihm ruhig: „Hannanias, geh zu ihm. Ich habe ihn als meinen Sendboten auserwählt. Er soll den Juden und den anderen Völkern meine Botschaft bringen.
Ich werde zu ihm sprechen und ihm zeigen, wieviel er in meinem Namen leiden muß!"
Hannanias schluckte schwer. Aber er machte sich auf den Weg zu Judas'

Haus. Er zwang sich, an die Tür zu klopfen. Sofort wurde er eingelassen und in Saulus' Zimmer geführt. Einen Moment lang starrte Hannanias ihn an. Da saß dieser Mann, der so grausam und brutal gewesen war, blind und hilflos da und betete verzweifelt zu Gott.
Hannanias ging zu ihm und legte ihm seine Hände auf, so wie Jesus es ihm gesagt hatte. „Saulus, mein Bruder!" sprach er ihn freundlich an. „Jesus selbst hat mich zu dir geschickt. Derselbe Jesus, der dir auf der Straße nach Damaskus begegnet ist. Er hat mich zu dir geschickt, damit du wieder sehen kannst und den Heiligen Geist empfängst."
Da fiel es Saulus plötzlich wie Schuppen von den Augen. Über sein Gesicht ging ein Leuchten der Freude.
„Ich kann sehen!" rief er. Noch ein wenig schwach vom Fasten stand er auf und sagte ruhig: „Ich glaube!" Und: „Ich will getauft werden!" So wurde er auf den Namen Paulus getauft. Er aß und kam wieder zu Kräften.
Aber bald drohte ihm Gefahr ...

Saulus' Flucht aus Damaskus

Saulus blieb noch einige Zeit bei den Gläubigen in Damaskus. Er verwendete nun genausoviel Energie darauf, ihnen zu helfen, wie er vorher bei ihrer Verfolgung aufgewendet hatte. Er predigte in der Synagoge, und die Zuhörer kamen aus dem Staunen nicht heraus.

„Ist das nicht derselbe Saulus, der die Gläubigen in Jerusalem verfolgt hat?" fragten sie.

„Hört ihn euch an! Jetzt predigt er, daß Jesus der Messias war, Gottes Sohn!"

Saulus' Predigten waren so überzeugend, daß die Leiter der Synagogen von Damaskus ihn nicht widerlegen konnten. Voller Angst beschlossen sie deshalb, ihn zu töten.

„Er wird die Stadt bald verlassen. Und dazu muß er durch eines der Stadttore gehen. Wenn wir an jedes Tor eine Wache stellen, werden wir ihn schon erwischen", überlegten sie.

Aber Saulus' Freunde hatten von dem Plan erfahren und warnten ihn.

„Es muß einen Weg geben, die Stadt unversehrt zu verlassen", grübelten sie, „wenn nicht durch die Tore, dann über die Stadtmauer!"

Aber die Stadtmauer von Damaskus war, wie damals üblich, mächtig und hoch ...

„Ich habe eine Idee", rief einer der Gläubigen. „Wir brauchen nur ein paar starke Stricke und einen Korb. Damit können wir Saulus an der Stadtmauer herunterlassen."

Das war zwar sehr riskant, aber keiner hatte einen besseren Plan.

In der Nacht schlichen heimlich einige der Gläubigen zu der von ihnen ausgesuchten Stelle an der Stadtmauer, befestigten einen Korb an festen Stricken und hängten ihn über die Mauer. Mutig kletterte Saulus in den Korb. „Alles in Ordnung!" flüsterte er. „Es kann losgehen!"

Seine Helfer warteten noch einen Moment und lauschten. Wenn sie jetzt jemand entdeckte, würden sie diese Tat mit dem Tode büßen müssen ...

Doch alles war ruhig. So schnell wie möglich ließen Saulus' Freunde den Korb an den Stricken neben der Stadtmauer herunter. Die Gefährten auf der anderen Seite der Mauer sahen mit angehaltenem Atem der gefährlichen Flucht zu. Saulus landete sicher am Boden. Rasch half man ihm aus dem Korb. Er dankte seinen Freunden und machte sich sofort auf den Weg zurück nach Jerusalem. Schließlich hatte er keine Zeit zu verlieren.

Zu Hause angekommen, ging er sofort zur Christengemeinde. Doch die Gläubigen fürchteten sich vor ihm, weil sie nicht glaubten, daß er jetzt auch zu ihnen gehörte.

Nur einer von ihnen, Barnabas, sagte: „Ich vertraue dir, Saulus, und werde dich zu den Aposteln bringen."

Barnabas berichtete den Aposteln von Saulus' Vision, wie er Jesus auf der Straße nach Damaskus begegnet war. Und er erzählte weiter, daß Saulus in den Synagogen von Damaskus das Evangelium verkündet hatte.

Die Apostel glaubten Barnabas. Und so hießen die Gläubigen von Jerusalem

Saulus willkommen und luden ihn zu sich ein.
Genauso wie in Damaskus begann Saulus auch in den Synagogen von Jerusalem zu predigen. Er sprach auch zu den griechischen Juden. Aber die konnten ihn nicht leiden und trachteten nach seinem Leben.
Als die Gläubigen das bemerkten, brachten sie Saulus zunächst nach Cäsarea und schickten ihn dann nach Tarsus. Eine Zeitlang ließ die Verfolgung der Gläubigen in Judäa, Galiläa und Samaria nach. Und mit Hilfe des Heiligen Geistes schlossen sich immer mehr Menschen dem neuen Glauben an.
Während dieser Zeit zog auch Petrus durchs Land, predigte über Jesus und heilte die Kranken. Eines Tages erhielt er einen dringenden Auftrag ...

Tabita von Joppe

In Joppe lebte eine Frau namens Tabita. Sie war eine Anhängerin Jesu und bei den Mitgliedern der Christengemeinde äußerst beliebt. Immer war sie hilfsbereit und freundlich zu ihren Mitmenschen. Besonders zu den Armen.
Eines Tages erkrankte sie und starb. Alle trauerten um sie. Die trauernden Hinterbliebenen konnten sich kaum an den Gedanken gewöhnen, jetzt ohne sie leben zu müssen. Deshalb wurde sie nicht sofort beerdigt, sondern erst liebevoll gesalbt und in einem Raum im ersten Stock des Hauses aufgebahrt.
Da sagte einer von den Trauernden: „Wenn nur Petrus hier wäre. Der würde uns bestimmt helfen!"
„Aber er ist doch hier!" sagte ein anderer.

„Petrus ist in Lydda. Er hat dort einen Mann namens Äneas geheilt, der seit acht Jahren bettlägerig war!"
Die Gläubigen sahen sich untereinander an. Gab es da doch noch eine Hoffnung? Lydda war nur einige Kilometer von Joppe entfernt!
Eilig machten sich zwei Mitglieder der Gemeinde auf den Weg. Sie fanden Petrus und baten ihn mitzukommen. Petrus war einverstanden.
Kaum waren sie in Joppe angekommen, führten ihn die Gläubigen in den Raum, in dem Tabita aufgebahrt war. Weinend standen dort die Witwen, denen sie so oft geholfen hatte. Sie zeigten Petrus die Kleider, die Tabita für sie genäht hatte, als sie noch lebte.
Freundlich bat Petrus sie, ihn allein zu lassen. Als alle draußen waren, kniete er nieder und betete. Dann beugte er sich vor und sagte: „Tabita, steh auf!"
Sie schlug die Augen auf und blickte erstaunt um sich. Als sie Petrus erkannte, setzte sie sich auf. Petrus nahm sie an der Hand und half ihr aufzustehen. Dann öffnete er die Tür und führte sie zu den Wartenden. Sie konnten es kaum glauben: Tabita lebte! Welche Freude!
Die Geschichte sprach sich in ganz Joppe herum, und immer mehr Menschen bekannten sich zum Evangelium.
Ein Gerber namens Simon lud Petrus in sein Haus ein. Während der Zeit, die er dort verbrachte, hatte Petrus einen merkwürdigen Traum ...

Petrus trifft Cornelius

Es war schon fast Mittag. Petrus war auf das Flachdach von Simons Haus gestiegen, um dort zu beten.
Danach wurde er sehr hungrig. Und während er wartete, daß unten im Haus das Essen aufgetragen wurde, begann er von Nahrungsmitteln zu träumen.
Es war ihm, als sähe er ein großes Leintuch, das an seinen vier Enden vom Himmel herab zur Erde gelassen wurde. In dem Tuch waren alle möglichen Arten von Tieren – Vögel, Säuge- und Kriechtiere. Und eine Stimme sagte: „Petrus, steh auf, schlachte und iß!"
Petrus war zwar sehr hungrig, aber er dachte an die Gesetze Moses', wonach diese Tiere unrein waren und von den Juden nicht gegessen werden durften. Und er sagte: „Nein Herr! Ich habe nie die Gesetze gebrochen und etwas Unreines gegessen!"
Die Stimme aber sagte: „Nenne du nicht unrein, was Gott rein gemacht hat!"

Dreimal geschah dies. Dann wurde das Leintuch in den Himmel gezogen.
Ganz verwirrt saß Petrus da. Was hatte der Traum zu bedeuten? Ging es wirklich um Essen, oder war noch mehr damit gemeint ...?
Als er noch darüber rätselte, hörte er ein Klopfen an der Haustür. Jemand rief: „Wohnt hier Simon Petrus?“
Der Heilige Geist sprach zu Petrus: „Hörst du das Rufen? Es sind drei Männer, die dich suchen. Ich habe sie geschickt. Geh mit ihnen!“
Die Männer kamen aus Galiläa. Sie hatten eine Nachricht von Cornelius, einem römischen Hauptmann. Petrus lud sie zum Essen und Übernachten ein.
Am nächsten Morgen begleiteten er und einige andere Gläubige die Männer nach Cäsarea. Die Reise dauerte fast zwei Tage.
Als sie in Cornelius' Haus traten, war es schon voller Menschen. Er hatte seine Verwandten und engsten Freunde eingeladen, damit sie an einer Predigt von Petrus teilnehmen konnten.
Als Petrus eintrat, fiel Cornelius vor ihm auf die Knie, um ihn anzubeten.
„Steh auf!“ sagte Petrus. „Ich bin nur ein Mensch, nicht Gott!“
Als er in das Haus eingetreten war, erinnerte er sich sofort an seinen seltsamen Traum. Juden war es nämlich verboten, Angehörige fremder Völker zu besuchen, denn die Fremden galten als unrein, weil sie sich nicht an die religiösen Gesetze der Juden hielten. In diesem Moment erkannte Petrus, daß Gott niemanden als „unrein“ erschaffen hat. Und diese Erkenntnis wollte Petrus auch anderen mitteilen.
Dann erkundigte er sich bei Cornelius, warum er nach ihm geschickt habe.
Cornelius antwortete: „Ein Engel gab mir den Auftrag. Er wußte genau, wo du zu finden warst. Ich gehorchte ihm. Und nun erzähle uns bitte von Jesus, dem Herrn!“
Petrus nickte: „Ich weiß jetzt“, sagte er, „daß Gottes Reich nicht nur für die Juden da ist. Jeder, egal von welchem Volk, der an Gott glaubt und seine Gebote beachtet, wird von Gott angenommen!“
Dann erzählte Petrus vieles über Jesus. Und er schloß mit den Worten: „In Jesu Namen werden allen, die an ihn glauben, die Sünden vergeben!“
Während Petrus predigte, wurden alle Zuhörer vom Heiligen Geist beseelt und lobten Gott.
Einige der gläubigen Juden von Joppe wunderten sich darüber. Wie konnte Gott seinen Heiligen Geist zu Nichtjuden, zu heidnischen Angehörigen fremder Völker schicken? Aber Petrus sprach: „Diese Menschen haben den Heiligen Geist genauso empfangen wie wir. Warum sollten wir ihnen dann die Taufe verweigern?“
Also wurden sie im Namen Jesu Christi getauft. Und damit wurde auch ein römischer Hauptmann zum Jünger Jesu Christi.
Als Petrus wieder in Jerusalem war, sagten die Gläubigen zu ihm: „Wie konntest du nur im Haus eines Heiden einkehren und mit ihm essen?“
Petrus erzählte ihnen alles, auch den Traum. „Gott sandte diesen Menschen seinen Geist, genau wie uns. Wie sollte ich mich da gegen ihn stellen?“ fragte er. Jetzt verstanden sie ihn und lobten Gott.
Und die friedliche Zeit für die Christen ging zu Ende ...

Petrus im Gefängnis

König Herodes hatte beschlossen, die Verfolgung der Christen wieder aufzunehmen. Er ließ Jakobus, den Bruder von Johannes, verhaften und mit dem Schwert hinrichten.
Das gefiel dem Volk. Als Herodes das sah, ließ er auch Petrus ins Gefängnis werfen, um ihn vor Gericht zu bringen und ihn nach dem Passahfest zu töten. Aber er erinnerte sich auch daran, daß Petrus schon einmal aus dem Gefängnis entkommen war. Deshalb sagte sich Herodes: „Dieses Mal werde ich dafür sorgen, daß er uns nicht entwischt." Und er ließ Petrus Tag und Nacht von vier Soldaten bewachen.
Die Gläubigen waren verzweifelt. Jakobus war umgebracht worden, sollten sie nun auch Petrus verlieren?
Tag und Nacht beteten sie unablässig zu Gott, er möge Petrus verschonen. Doch obwohl sie nicht nachließen, zu bitten und zu flehen, ereignete sich nichts. Auch in der Nacht vor Petrus' Verhör versammelten sie sich wieder zum Gebet.

Petrus war im Gefängnis eingeschlafen. Er war an Händen und Füßen angekettet. Zwei Soldaten bewachten ihn in der Zelle, zwei standen davor. Sie bewachten die eiserne Gittertür. Ein Entkommen war wirklich unmöglich ...
Aber plötzlich fühlte Petrus, wie ihn jemand an der Schulter rüttelte. Er schreckte hoch, noch halb im Schlaf. Dann riß er ungläubig die Augen auf. Ein Engel stand in der Zelle neben ihm, von Licht umstrahlt. „Rasch! Steh auf!" sagte der Engel.
Aufstehen? Sah der Engel die Ketten nicht? Doch kaum hatte Petrus daran gedacht, fielen die Ketten auch schon von ihm ab. Ihr Klirren weckte nicht einmal die Wachen. Sie schienen fest eingeschlafen zu sein ...

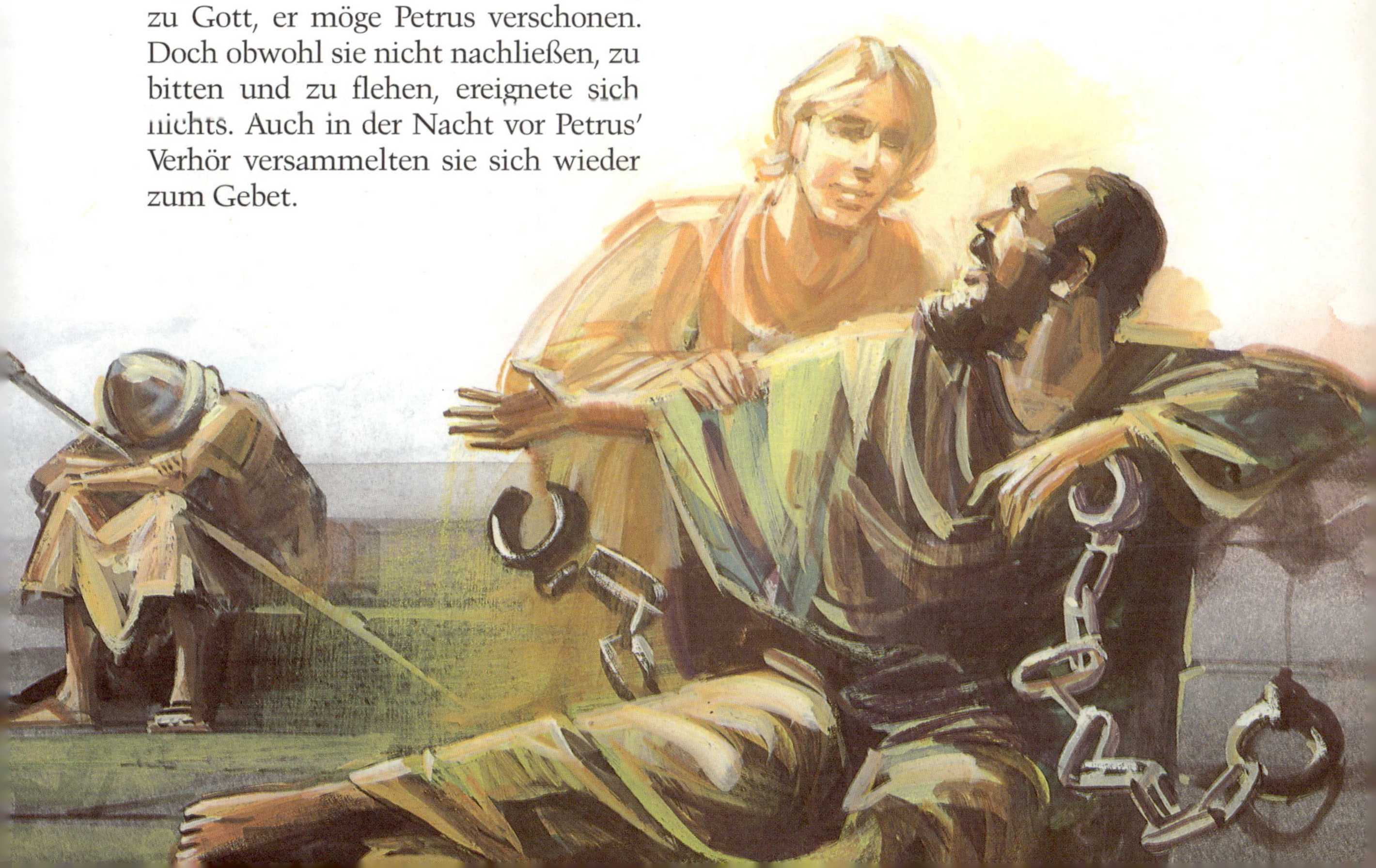

Petrus rappelte sich auf. Er war noch ganz verwirrt.
„Zieh dich an, auch deine Schuhe, dann leg deinen Mantel um und folge mir!" befahl der Engel. So rasch wie möglich gehorchte Petrus. Geschah dies alles in Wirklichkeit oder träumte er?
Leise öfnete der Engel die Zellentür. Petrus schlüpfte mit ihm hinaus. Sie gingen an den schlafenden Soldaten vorbei und kamen an ein großes Eisentor. Es öffnete sich von selbst, und sie traten ins Freie. Als sie eine Straße entlanggingen, war der Engel plötzlich verschwunden.
Petrus sah sich um im Sternenlicht. Er war allein. Es stimmte wirklich! Er war heraus aus dem Gefängnis! Gott hatte zu seiner Rettung einen Engel geschickt. Er lief eilig zum Haus von Maria, der Mutter von Johannes Markus.
Dort beteten die Gläubigen für Petrus' Befreiung. Da hörten sie ein Klopfen an der Haustür ...
Rhoda, eine junge Dienerin, ging ängstlich zur Tür. Und Petrus rief von draußen: „Ich bin's, Petrus!"
Petrus! Rhoda war außer sich vor Freude. Sie eilte zu den Gläubigen zurück, und in ihrer Aufregung vergaß sie, die Tür zu öffnen ...
„Petrus ist da!" rief sie. „Draußen vor der Tür steht er!"
Die Gläubigen waren völlig verwirrt. Obwohl sie die ganze Zeit für seine Rettung gebetet hatten, glaubten sie jetzt doch nicht daran. „Du mußt verrückt sein", sagten sie zu Rhoda.
„Nein!" beharrte sie. „Er ist es. Wirklich. Er ist es!"
„Er kann's nicht sein!" sagten sie, „Es ist sein Geist!"
Inzwischen klopfte Petrus fester an die Tür, immer noch voller Sorge, es könnte jemand auf der Straße kommen und ihn entdecken.
Schließlich gingen die Gläubigen alle zusammen hin und öffneten.
„Schscht!" Petrus legte den Finger vor den Mund. In ihrer Aufregung hätten sie schreien und seine Anwesenheit verraten können. Sie zogen ihn ins Haus und hörten gespannt zu, als er ihnen erzählte, was geschehen war. „Berichtet alles Jakobus und den anderen Jüngern", sagte er und ging.

Am nächsten Morgen herrschte große Aufregung im Gefängnis. Keiner der Soldaten konnte erklären, wie Petrus entkommen war. Niemand hatte etwas gesehen, gehört oder erinnerte sich an irgend etwas. Herodes tobte. Er ließ nach Petrus fahnden. Die ganze Stadt wurde durchsucht, aber Petrus war anscheinend verschwunden. Herodes ließ die Wachen kommen und befragte sie persönlich. Und da sie keine befriedigende Erklärung hatten, ließ er sie hinrichten.

Herodes verließ dann Judäa und ging nach Cäsarea. Dort hielt er eine feierliche Ansprache an das Volk. Um ihm zu schmeicheln, rief die Menge: „Er spricht wie ein Gott!"

Stolz ließ sich Herodes das gefallen. Er winkte nicht ab, gab aber auch Gott nicht die Ehre. Da streckte ihn ein Engel nieder, und Herodes starb.

Das Evangelium aber, die Frohe Botschaft, breitete sich weiter aus.

Saulus' erste große Reise

Bei der Verfolgung der Gläubigen nach der Ermordung von Stefanus wurden einige von ihnen bis nach Antiochia versprengt. Dort verkündeten sie das Evangelium, und viele Menschen schlossen sich der Gemeinde an.
Barnabas kam von Jerusalem, um beim Aufbau der Gemeinde zu helfen. Er ging voller Freude ans Werk und spornte alle so an, daß sich immer mehr Menschen der Gemeinde anschlossen.
Barnabas erinnerte sich an Saulus. Deshalb reiste er nach Tarsus und lud ihn ein, nach Antiochia zu kommen und dort beim Aufbau der Gemeinde zu helfen.
Eines Tages erhielten die Mitglieder der Gemeinde in Antiochia einen Auftrag vom Heiligen Geist. Sie sollten Saulus und Barnabas als Boten aussenden, um einen besonderen Auftrag zu erfüllen. Beide sollten das Evangelium auch in anderen Ländern verkünden.
Nach gemeinsamem Fasten und Beten wurden die beiden Männer gesegnet und von der Gemeinde verabschiedet. Ein jüngerer Vetter von Barnabas, Johannes Markus, ging als Helfer mit ihnen.
Nach vielen Erlebnissen – unter anderem der Begegnung mit einem Magier auf der Insel Zypern – kamen die drei nach Pamphylien. Hier verließ Johannes Markus die Gruppe und zog heim.
Saulus aber – nun Paulus genannt – reiste mit Barnabas weiter. Sie besuchten ein anderes Antiochia in Pisidien. Die Juden dort baten Paulus, in ihrer Synagoge zu predigen. Und seine Predigt machte so viel Eindruck, daß er für eine weitere Woche eingeladen wurde.
Als Paulus und Barnabas am nächsten Sabbat zur Synagoge gingen, hatte sich dort bereits eine riesige Menschenmenge versammelt. Heiden aus anderen Ländern wollten genauso die Predigt hören wie die einheimischen Juden. Die ganze Stadt war auf den Beinen.
Doch die Juden waren eifersüchtig. Sie wollten das Evangelium über Jesus nicht mit fremden Mitbürgern teilen. So begannen sie, Paulus entsprechend zuzusetzen und ihn sogar zu beschimpfen.
Paulus aber predigte dieses Mal noch eindringlicher und mutiger: „Es war notwendig, daß Gottes Wort zunächst euch Juden verkündet wurde", sagte er. „Aber ihr habt es ja zurückgewiesen. Deshalb bringen wir die gute Botschaft jetzt den anderen Völkern, den Heiden!"
Die hörten Paulus' Worte gern, und viele von ihnen wurden gläubig. Doch die Juden waren aufgebracht. Sie mach-

ten in der Stadt Stimmung gegen Paulus und Barnabas. Diese wollten die beiden Apostel steinigen, doch die wurden rechtzeitig gewarnt und konnten entkommen. Sie gingen nach Lystra und Derbe, Orte in der Nähe.
In Lystra wohnte ein Mann, der von Geburt an gelähmt war. Paulus bemerkte während einer Predigt dessen freudiges Gesicht. Dieser Mann glaubte! Er konnte geheilt werden!
Paulus sah ihn direkt an und rief: „Steh nur auf, du kannst gehen!" Und der Mann sprang auf – und konnte gehen! Alle, die es sahen, waren höchst erstaunt, und rasch sprach sich die Geschichte herum. Hunderte kamen, um den ehemaligen Gelähmten gehen zu sehen und einen Blick auf Paulus und Barnabas zu werfen.
„Sie sind Götter!" riefen sie und nannten Barnabas „Zeus" und Paulus „Hermes". Die Priester des Zeus-Tempels brachten Kälber und Blumengirlanden, um den beiden Opfer zu bringen.
Erschreckt riefen Paulus und Barnabas: „Nein! Nein! Wir sind Menschen wie ihr! Wir bringen euch nur die Botschaft des einen wahren, lebendigen Gottes!" Die Menge wußte nicht mehr, woran sie war. Die Priester gingen in ihre Tempel zurück. Da trafen einige Reisende aus Antiochia in Pisidien und Ikonion ein, die Paulus und Barnabas sofort erkannten.
Die Zuhörermenge war inzwischen sehr enttäuscht. Nun wurde sie von

den Neuankömmlingen aufgehetzt, und wütend brüllten alle: „Tötet sie! Tötet sie!"
Barnabas konnte fliehen, aber Paulus wurde gesteinigt.

Als sie glaubten, er sei tot, schleiften ihn die Leute vor die Stadt und ließen ihn dort liegen. Trauernd standen die Gläubigen um ihn herum. Da öffnete er zu ihrem Erstaunen die Augen. Er war nur ohnmächtig gewesen.
Mutig kehrte er nach Lystra zurück und fand dort am nächsten Morgen Barnabas. Beide zogen weiter, gewannen neue Gläubige und gründeten neue Kirchengemeinden.

Schließlich kamen sie wieder nach Antiochia, von wo sie ausgezogen waren. Erschreckt hörten die Gläubigen dort von den schlimmen Erlebnissen der beiden.
Die blieben in Antiochia, doch dann geschah etwas ...

Ein Brief an die Gemeinden

Aus Jerusalem waren einige Männer nach Antiochia gekommen, die sich dafür einsetzten, daß Heiden, die sich zum Christentum bekehrten, die jüdischen Gesetze einhalten müßten. Paulus und Barnabas aber waren strikt dagegen. Deshalb reisten sie und andere Gemeindemitglieder nach Jerusalem, um dort diese Streitfrage zu klären.
Auf ihrer Reise dorthin besuchten die beiden etliche Gemeinden. Sie berichteten ihnen, daß sich inzwischen auch Menschen anderer Völker der neuen Kirche der Christen anschlossen, was mit Begeisterung aufgenommen wurde.
Doch einige der Kirchenmitglieder in Jerusalem beharrten darauf, Heiden könnten nur Christen werden, wenn sie bereit wären, die Gesetze zu beachten, die Moses den Israeliten gegeben hatte.
Die Apostel und die Gemeindeältesten riefen eine Versammlung ein. Nachdem sie gesprochen hatten, stand Petrus auf. Er berichtete von seinem Traum, und daß Gott auch den Heiden im Haus des römischen Hauptmanns Cornelius den Heiligen Geist gesandt hatte.
Dann berichteten Paulus und Barnabas über die wunderbaren Dinge, die Gott den Heiden erwiesen habe.
Zuletzt stand Jakobus auf und sagte: „Wir sollten den Heiden einen Brief schreiben. Wir sollten es ihnen nicht zu schwer machen, Christen zu werden. Wir sollten ihnen nur schreiben, daß sie kein Fleisch von Götzen-Opfertieren, von erdrosselten Tieren oder Blut essen sollen. Und wir sollten sie ermahnen, daß Männer und Frauen sich in Ehrfurcht behandeln sollten."
Die Versammlung stimmte zu. Damit war ein außerordentlich bedeutender Beschluß gefaßt. Von nun an stand die christliche Kirche jedem offen, der Gott liebte und vertraute.
Ein entsprechendes Schreiben an die Gemeinden wurde verfaßt. Dann wurden Judas, Silas und einige andere Gläubige mit Paulus und Barnabas mit dem Brief nach Antiochia geschickt.
Die Bürger von Antiochia hörten die Botschaft voller Freude. Paulus und Barnabas blieben noch eine Weile dort, doch bald wollten sie wieder weiterreisen ...

Silas und Paulus

Paulus sagte zu Barnabas: „Laß uns zu den von uns gegründeten Christengemeinden gehen und sehen, wie sie sich entwickelt haben."
„Gut!" sagte Barnabas. „Wir werden Johannes Markus mitnehmen!"
„Nein!" entgegnete Paulus. „Er hat uns beim letzten Mal im Stich gelassen. Ich möchte ihn nicht noch einmal mitnehmen!"
Das war hart! Barnabas wollte seinen jungen Vetter nicht allein lassen. So einigten sich die Apostel, getrennte Wege zu gehen. Barnabas segelte mit seinem Vetter nach Zypern. Johannes Markus erwies sich später als ein sehr vertrauenswürdiger Mitarbeiter, und auch Paulus sagte von ihm, er sei ein feiner Kamerad.
Doch zunächst holte sich Paulus Silas und einen jungen Mann namens Timotheus als Gefährten für seine zweite Missionsreise.
Sie reisten durch Syrien und Silizien und besuchten dort die Gemeinden. Paulus hatte vor, auch in anderen Gegenden Kleinasiens Jesu Botschaft zu verkünden, doch es kam etwas dazwischen. Sie waren bis Troas gekommen, wo Paulus einen Traum hatte. Ein Mann aus Mazedonien bat ihn: „Komm und hilf uns!"
Paulus erzählte Silas den Traum, und beiden wurde klar, daß er eine Botschaft Gottes war. Troas war eine Hafenstadt. Die drei gingen also zum Hafen und buchten eine Schiffsreise nach Neapolis. Von dort reisten sie weiter nach Philippi, der Hauptstadt der Region Mazedonien.
Am Sabbat gingen sie an den Fluß. Dort hatten die religiösen Frauen der Stadt ihre Gebetsstätte. Paulus predigte und erzählte ihnen vom Leben und Wirken Jesu. Unter den Zuhörerinnen war auch die Kleiderverkäuferin Lydia. Sie bekannte sich nach der Predigt zum Christentum.
Lydia und alle ihre Familienmitglieder wurden getauft. Anschließend lud sie Paulus und Silas zu sich nach Hause ein.
Eines Tages, als die beiden Apostel unterwegs zu einem Gottesdienst waren, trafen sie eine junge Dienerin. Sie konnte wahrsagen, und ihr Herr verdiente damit eine Menge Geld. Sie schloß sich den beiden Aposteln an und rief immer wieder: „Diese beiden Männer sind Diener des allerhöchsten Herrn. Sie erzählen von Gott und wissen, wie ihr gerettet werden könnt!"
Das ging viele Tage so, und allmählich wurde Paulus die Sache leid. „Sie muß

von einem bösen Geist besessen sein", sagte er, wandte sich zu ihr und sagte mit lauter Stimme: „Du Geist des Bösen, im Namen Jesu Christi befehle ich dir, verlasse diese Frau!" Und der Geist gehorchte.

Die junge Frau war sofort wie verändert. Sie war ruhig und glücklich. Ihr Herr allerdings nicht. Denn jetzt konnte sie nicht mehr die Zukunft voraussagen und für ihn Geld verdienen.

Wütend packte er die beiden Apostel und zerrte sie vor die Stadtbehörden auf den Marktplatz. „Diese Männer sind Juden!" rief er laut. „Sie hetzen die ganze Stadt auf, indem sie uns Dinge lehren, die gegen unsere römischen Gesetze sind!" schrie er.

Das war kein richtiges Gerichtsverfahren, und schon sammelten sich auf dem Marktplatz viele Bürger und beschimpften Paulus und Silas als Gesetzesbrecher. Sie hatten überhaupt keine Chance, sich zu verteidigen, und wurden schuldig gesprochen.

Sie wurden ausgepeitscht und ins Gefängnis gesteckt. Dem Gefängniswärter wurde eingeschärft, alle Sicherheitsvorkehrungen zu treffen, damit die beiden Männer nicht entkommen konnten. So wurden sie in die innerste Gefängniszelle gebracht und mit Eisenketten angeschlossen ...

Das Erdbeben

Paulus und Silas konnten in der Nacht im Gefängnis nicht schlafen. So predigten und sangen sie. Verwundert hörten das die anderen Gefangenen.
Plötzlich, um Mitternacht, gab es ein Erdbeben. Die Grundmauern des Gefängnisses wackelten, die Zellentüren sprangen auf, und die Eisenketten fielen herab.

Der Gefängnisaufseher erwachte und rannte voll Angst zum Gefängnis, um nachzusehen, was passiert war. Alle Zellentüren waren weit offen!
Die Gefangenen mußten entkommen sein! Welche Blamage für ihn! Die Behörden der Stadt würden ihn verantwortlich machen. Deshalb zog er sein Schwert, um sich selbst zu töten.

Da rief Paulus von drinnen: „Halt! Es ist alles in Ordnung. Wir sind alle noch da!“

Der Aufseher rief seine Diener: „Rasch, bringt Licht!“

Und im flackernden Schein der Fackeln kniete er nieder vor Paulus und Silas. Dann stand er auf, führte sie aus der Zelle und sagte: „Was muß ich tun, um gerettet zu werden?“

Eine außergewöhnliche Frage für einen Gefängnisaufseher. Aber Paulus sagte ruhig: „Glaube an den Herrn Jesus Christus, und du wirst gerettet werden samt deiner Familie.“

Der Mann und seine Familie wußten nur wenig über Jesus, und deshalb bat er die Apostel, ihnen mehr darüber zu erzählen.

Paulus und Silas berichteten voller Freude über ihren Glauben. Dann verband ihnen der Gefängnisaufseher ihre Wunden und kümmerte sich rührend um sie. Anschließend ließ er sich und seine Familie taufen und lud die beiden Apostel in sein Haus ein.

Am frühen Morgen schickten die Stadtbehörden Polizeiboten zum Gefängnis mit der Nachricht, daß die beiden Männer frei seien.

Hoch erfreut teilte der Aufseher den beiden diese Botschaft mit: „Ihr seid frei! Ihr könnt gehen!“

„O nein!“ sagte da Paulus. Der Aufseher starrte ihn verwundert an. Paulus wandte sich an die Polizisten: „Wir wurden öffentlich ausgepeitscht ohne eine gerechte Gerichtsverhandlung – obwohl wir römische Bürger sind! Nun wollen uns die Behörden ohne großes Aufsehen abschieben. So nicht! Wenn sie uns freilassen wollen, sollen sie selbst kommen und uns das mitteilen!“

Die Polizisten staunten! Sie berichteten alles den Stadtoberen, und die waren nun in großer Sorge. Denn sie hatten nicht bedacht, daß Paulus und Silas römische Bürger waren. Römische Bürger ohne Gerichtsverfahren auspeitschen zu lassen war ein schwerer Verstoß gegen die Gesetze.

Voller Angst kamen die Mitglieder des Magistrats der Stadtverwaltung zum Gefängnis. Ehrfürchtig geleiteten sie die beiden Apostel aus dem Gefängnistor und erklärten ihnen höflich, sie könnten Philippi verlassen.

Doch Paulus und Silas wollten zunächst nach Lydia und den anderen Gläubigen alles berichten. Erst dann machten sie sich auf, zusammen mit Timotheus.

Nach vielen Erlebnissen erreichten sie Korinth. Paulus fühlte sich von den vielen Erlebnissen erschöpft und niedergeschlagen. Doch Gott sprach zu ihm im Traum: „Gib nicht auf, Paulus, und sei unbesorgt! Ich bin mit dir. Ich habe viele Gläubige in dieser Stadt, und niemand wird dir etwas antun!“

So war es auch, und Paulus blieb achtzehn Monate in Korinth.

Der schlafende Jüngling

Es war an einem warmen Sonntagabend im Obergeschoß eines Hauses in Troas. Paulus sprach mit einigen Christen. Er hatte ihnen viel zu sagen, denn am nächsten Morgen wollte er abreisen.
Ein junger Mann namens Eutychus saß am offenen Fenster und hörte Paulus zu. Als der sprach und sprach, wurde Eutychus müde und nickte ein. Und im Schlaf fiel er aus dem Fenster! Drei Stockwerke tief. Es gab einen dumpfen Aufprall ...
Sofort herrschte riesige Aufregung. Alle rannten nach unten vors Haus. Dort lag Eutychus wie leblos. Jemand nahm ihn hoch und flüsterte: „Er ist tot! Behutsam legte er ihn wieder hin. Da bahnte sich Paulus einen Weg durch die Leute. Er umarmte Eutychus und sagte: „Keine Angst! Er lebt!"
Alle waren völlig erstaunt. Aber es war wirklich wahr. Einige hoben Eutychus auf und brachten ihn ins Haus. Die anderen gingen wieder mit Paulus ins Haus, aßen zusammen, und Paulus fuhr mit seiner Predigt fort.
Er sprach bis zum Morgengrauen. Dann brach er zu einer weiteren Missionsreise auf.

Paulus in Not

Paulus war im Tempel von Jerusalem. Plötzlich wurde er von einigen Juden erkannt, die gegen ihn gehetzt hatten, als er die Gemeinde besuchte. Sie schrien: „Helft, Männer von Israel! Das ist der Mann, der gegen das Volk Israel und seine Gesetze predigt. Er hat Heiden in den Tempel gebracht und am Allerheiligsten vorbeigeführt!"
Diese Anschuldigungen waren falsch, aber es war ein Aufruhr. Von allen Seiten kamen Leute angerannt und zerrten Paulus aus dem Tempel. Hastig wurden die Tore verschlossen. Dann ging die Menge auf Paulus los.
Ein Bote rannte zum römischen Stadtkommandanten, der für Ruhe und Frieden in der Stadt die Verantwortung trug. Der machte sich sofort mit Soldaten auf zum Ort des Geschehens. Als die Menge die Soldaten sah, ließ sie von Paulus ab.
Der Kommandant verhaftete Paulus und ließ ihn in Ketten legen. Dann erst fragte er: „Wer ist dieser Mann? Was hat er getan?" Nun schrien alle durcheinander. Jeder beschuldigte Paulus.

„Bringt ihn in die Kaserne!“ befahl der Kommandant. „Hier werden wir die Wahrheit nicht finden!“
Die Soldaten versuchten zu gehorchen. Aber als sie an die Kasernentreppe kamen, drängte die Menge gewalttätig vor, und die Soldaten mußten Paulus tragen.
Über all den Lärm hinweg rief Paulus dem Kommandanten zu: „Darf ich etwas sagen?“
„Bist du wirklich der Anführer einer Verbrecherbande?“ fragte der Kommandant.
„Nein, das bin ich nicht!“ rief Paulus. „Ich bin Jude, genauso wie meine Eltern. Aber ich bin genauso römischer Bürger, denn ich wurde in Tarsus geboren, einer römischen Provinz. Bitte laßt mich zu den Leuten sprechen!“
Der Kommandant sah Paulus an, dann die Menge und sagte: „Gut, versuch es!“
Aufrecht und furchtlos stand Paulus auf den Stufen der Kasernentreppe und bedeutete den Leuten zu schweigen. Der Lärm ebbte erstaunlich schnell ab, und absolute Stille trat ein. Dann sprach Paulus, und alle hörten ihm zu.
Er berichtete, wie er die Christen verfolgt hatte und wie ihm Jesus auf der Straße nach Damaskus begegnet war. Er kam zu der Stelle, als Gott ihn beauftragt hatte, auch den Heiden das Evangelium zu verkünden.
Das war zuviel! So laut war der Aufschrei der Menge, daß man Paulus nicht mehr verstehen konnte. Aus Furcht vor einem Aufstand ließ der Kommandant Paulus in die Kaserne bringen. „Peitscht ihn aus und prügelt die Wahrheit aus ihm heraus!“ schrie er.
Als ein römischer Hauptmann mit der Auspeitschung begann, fragte Paulus: „Ist das vielleicht rechtmäßig, einen römischen Bürger auszupeitschen, ohne daß etwas gegen ihn vorliegt?“
Der Hauptmann fragte seinen Kommandanten: „Herr! Dieser Mann sagt, er sei römischer Bürger. Was nun?“
Beide wußten, wie gefährlich es war, einen römischen Bürger ohne Gerichtsurteil auszupeitschen. Deshalb fragte der Kommandant Paulus: „Bist du wirklich römischer Bürger?“
„Ja, das bin ich!“ sagte Paulus.
Die zu Paulus' Verhör bestimmten Männer wurden nun fortgeschickt. Der Kommandant hatte Sorge, man könnte entdecken, daß er einen römischen Bürger in Ketten gelegt hatte. Aber er wollte auch herausfinden, warum die Juden so wütend auf Paulus waren.
Deshalb ließ er Paulus zwar am nächsten Tag aus dem römischen Gewahrsam frei, aber gleichzeitig eine Versammlung der Hohenpriester einberufen, vor der sich Paulus verantworten sollte.

Der Schiffbruch und die Schlange

Paulus war tief niedergeschlagen. Er fühlte, daß er eine wichtige Gelegenheit nicht ausreichend genutzt hatte, um mit den einflußreichen jüdischen Bewohnern der Stadt ins Gespräch zu kommen.

Aber da sprach Gott im Traum zu ihm: „Faß dir ein Herz, Paulus. Du hast meine Sache in Jerusalem vertreten, nun wirst du auch in Rom Zeugnis für mich abgeben – meine Botschaft verkünden!"

Paulus freute sich. Denn schon seit langem hatte er Rom besuchen wollen. Und er erkannte, daß Gott sein Versprechen gerade durch das erfüllen konnte, was an diesem Tag geschehen war.

In dieser Nacht ließ ihn der römische Kommandant unter starker Bewachung nach Cäsarea bringen, um jedem Anschlag auf sein Leben vorzubeugen. Felix, der dortige römische Gouverneur, sollte das Verhör durchführen.

Felix hatte Paulus in König Herodes' Palast inhaftiert, bis die neue Gerichtsverhandlung angesetzt war. Und dann stand Paulus wieder vor Hannanias und dem Hohen Rat. Dieses Mal durfte er das Wort ergreifen, aber Felix wollte unmittelbar danach noch kein Urteil fällen. „Wir werden warten, bis der Kommandant eintrifft", sagte er. „Bis dahin wird Paulus gut bewacht. Allerdings dürfen ihn seine Freunde besuchen und sich um ihn kümmern!"

Paulus kam also erneut ins Gefängnis. Felix und seine Frau besuchten ihn oft, um mit ihm zu sprechen. Er hoffte, Paulus würde ihn mit Geld bestechen, um dadurch freizukommen. Doch Paulus tat das nicht. Nach zwei Jahren wurde Felix in eine andere Provinz versetzt, Paulus aber blieb in Haft.

Festus, der neue Gouverneur, wollte wissen, warum Paulus im Gefängnis war. Er besuchte ihn und fragte freundlich, ob er zu einer neuen Gerichtsverhandlung nach Jerusalem wolle.

„Nein!" sagte Paulus. „Ich möchte vom römischen Kaiser verhört werden, vor einem römischen Gericht!"

Festus besprach sich mit seinen Beratern und stimmte dann zu: „Gut, du hast nach dem Kaiser verlangt, also sollst du auch zum Kaiser gehen!"

Noch vor der geplanten Abreise nach Italien traf allerdings König Agrippa ein. Da Paulus ein so bekannter Gefangener war, wollte er selbst mit ihm sprechen. Paulus erzählte ihm von Jesus, und der König hörte aufmerksam zu. Dann sagte er: „Du hast mich schon fast zum Christentum bekehrt!" Und zum Gouverneur Festus bemerkte er: „Wenn dieser Mann nicht darauf bestehen würde, vom Kaiser verhört zu werden, hätte ich ihn schon längst freigelassen!" Aber Paulus bestand darauf, und seine Abreise nach Italien wurde beschlossen.

Zusammen mit anderen Gefangenen wurde Paulus gefesselt und aufs Schiff gebracht. Es war eine stürmische Fahrt, und als das Schiff in Kreta einen Zwischenstop einlegte, warnte Paulus den römischen Hauptmann vor einer Weiterfahrt.
Doch der Kapitän wollte nicht auf Kreta überwintern, und so segelte man weiter.

Nach zunächst gutem Wind kam plötzlich ein Wirbelsturm auf. Hilflos trieb das Schiff dahin. Und obwohl man die Ladung über Bord warf, brachte das keine Erleichterung. Kurz darauf brach sogar der Mast. Der Sturm tobte weiter

und trieb das segellose Schiff durch die hohen Wellen. Besatzung und Gefangene hatten schon jede Hoffnung auf Rettung aufgegeben. Da trat Paulus vor und rief: „Hättet ihr meine Warnung beachtet, wären wir jetzt noch sicher in Kreta. Trotzdem: Seid unverzagt. Ein Engel meines Gottes ist heute nacht zu mir gekommen. Und er sagte: ‚Fürchte dich nicht, Paulus! Du wirst vor dem Gerichtshof des Kaisers stehen. Und Gott wird alle beschützen, die mit dir auf diesem Schiff sind!' Ich vertraue Gott, daß alles so eintrifft. Aber ich warne euch, wir werden an einer Insel stranden!"

Und tatsächlich näherte sich das Schiff in der vierzehnten Nacht dem Land. Die Matrosen warfen vier Anker aus, um das Schiff von den Klippen fernzuhalten. Voll Furcht ließen sie ein Rettungsboot zu Wasser. Angeblich, um weitere Anker zu legen, doch in Wirklichkeit wollten sie sich nur in Sicherheit bringen.
Paulus rief dem römischen Hauptmann zu: „Die Männer werden ertrinken, wenn sie nicht an Bord bleiben!"
Also kappten die Soldaten die Leinen des Rettungsbootes, und das stürzte leer ins Meer.
Als sie auf den Tagesanbruch warteten,

forderte sie Paulus auf: „Eßt! Ihr müßt zu Kräften kommen! Und ich sage euch: Keiner wird untergehen!“ Dann nahm er ein Brot, dankte Gott und aß es vor ihren Augen. Das machte ihnen Mut, und schließlich aßen alle etwas.
Beim ersten Morgenlicht näherte sich das Schiff einer Sandbank. Die Besatzung wollte versuchen, das Land zu erreichen, aber das Schiff lief auf Grund. Hohe Wellen drohten es in Stücke zu zerbrechen. „Tötet die Gefangenen, ehe sie entkommen!“ schrien die Soldaten.
„Nein! Nein!“ rief der Hauptmann. „Springt alle über Bord. Schwimmt! Greift euch eine Planke. Seht zu, daß ihr irgendwie an Land kommt!“
Das taten sie dann auch, und alle erreichten sicher den Strand. Sie waren völlig durchfroren und klitschnaß. Die Inselbewohner machten ein großes Lagerfeuer, und Paulus sammelte Holz dafür. Als er es ins Feuer warf, schoß aus dem Holz eine Schlange hervor und biß sich an seiner Hand fest.
Die Inselbewohner, die das sahen, dachten, Paulus würde tot umfallen. Doch der schüttelte die Schlange einfach ab. Alle warteten, schauten und konnten kaum glauben, daß Paulus nichts passiert war. Schließlich hielten sie Paulus für einen Gott.
Publius, der Befehlshaber der Insel, gewährte den Schiffbrüchigen Gastfreundschaft. Und es dauerte drei Monate, bis sie mit einem neuen Schiff nach Rom weitersegeln konnten.

Briefe an die Christen

In Rom wurde Paulus gestattet, sich eine Wohnung zu mieten. Allerdings wurde er von einem Soldaten bewacht. Er stand also unter Hausarrest. So kamen die Gläubigen zu ihm, und er predigte furchtlos weiter.
Im Jahre 64 nach Christi Geburt brannten große Teile von Rom ab, und Kaiser Nero gab den Christen und Juden die Schuld an dieser Katastrophe.
Paulus war einer der vielen Christen, die zu dieser Zeit umgebracht wurden, weil sie nicht von ihrem Glauben abließen.
Aber seine Botschaft lebte weiter. Während seiner Haft in Cäsarea hatte er viele Briefe an die verschiedenen Christengemeinden geschrieben. Viele davon wurden aufbewahrt und immer wieder gelesen.
Diese Briefe sind Teile der Bibel. Ebenso wie die Briefe von Jakobus, Petrus, Johannes und Judas. Sie sind voller Ermutigung und Weisheit und auch heute noch bei den Christen hoch geschätzt.

Die Vision

Gott gab Johannes eine Vision. Er ließ ihn in die Zukunft schauen. Johannes schrieb auf, was er gesehen hatte:
„Nach dem Jüngsten Gericht sah ich einen neuen Himmel und eine neue Erde ... Und ich hörte eine Stimme vom Himmel sagen: ‚Seht, Gott ist bei den Menschen, er wird unter ihnen wohnen. Er wird alle Tränen abwischen. Es wird keinen Tod mehr geben, kein Weinen und keine Trauer. Denn was früher war, ist vorbei.' Und der Heilige Geist wird sich in seiner Herrlichkeit zeigen, und Gottes Ruhm wird sein Leuchten sein ... Die Gnade des Herrn Jesus Christus sei mit euch allen!"